In Zusammenarbeit mit
der Europäischen Märchengesellschaft
herausgegeben von
Heinrich Dickerhoff und Harlinda Lox

Märchen für die Seele

zum Erzählen und Vorlesen

Mit einem Vorwort von
Prof. Dr. Gerald Hüther

KÖNIGSFURT-URANIA

Neu zusammengestellte Sonderausgabe, teilweise gekürzt, der folgenden Märchenbände:
„Märchen, an denen mein Herz hängt" (2006), „Diebe, Dummlinge, Faulpelze & Co." (2009) und „Traumhaus und Wolkenschloss" (2003). Das Vorwort von Prof. Hüther stammt aus den „Forschungsbeiträgen aus der Welt der Märchen, Bd. 31: Stimme des Norden in Märchen und Mythen / Märchen und Seele" (2006). Alle diese Titel wurden von der Europäischen Märchengesellschaft (EMG) herausgegeben und erschienen im Königsfurt-Urania Verlag, bis auf den Titel „Diebe, Dummlinge, Faulpelze & Co.", welcher im Selbstverlag der EMG erschien.

Bibliographische Information der Deutschen Nationalbibliothek
Die Deutsche Nationalbibliothek verzeichnet diese Publikation in der Deutschen Nationalbibliographie; detaillierte bibliographische Daten sind im Internet über http://dnb.d-nb.de abrufbar.

Die Texte und Abbildungen in diesem Buch sind urheberrechtlich geschützt. Kein Teil dieses Buchs darf ohne schriftliche Genehmigung durch den Verlag reproduziert oder in irgendeiner Weise weiterverwendet werden; das gilt besonders auch für eine Verwendung im Internet. Ausgenommen sind kurze Zitate oder kleine Buchausschnitte innerhalb von Besprechungen dieses Buchs.

Sollte diese Publikation Links zu Webseiten Dritter enthalten, so übernehmen wir für die Inhalte keine Haftung, da wir uns diese nicht zu eigen machen, sondern lediglich auf deren Stand zum Zeitpunkt der Erstveröffentlichung verweisen.

Sonderausgabe
12. Auflage 2025
© 2017 Königsfurt-Urania Verlag GmbH

Königsfurt-Urania Verlag GmbH
Ringstr. 32, D-24103 Kiel
www.koenigsfurt-urania.com
info@koenigsfurt-urania.com

Umschlaggestaltung: Jessica Quistorff unter Verwendung eines Motivs von Lo Scarabeo, Turin
Satz: Noch & Noch, Mende
Druck: Finidr s.r.o., Tschechische Republik
Printed in EU

ISBN 978-3-86826-017-5

Inhalt

Vorworte
Editorial 9
»Weshalb wir Märchen brauchen« 13

Märchen, an denen mein Herz hängt
Märchen, an denen mein Herz hängt 33
Eine Unterweltsfahrt. (Sibirien) 35
Die beiden Alten, die alles wussten. (Sardinien) ... 38
Goldene Äpfel. (Orient) 47
Lumpenkind. (England) 49
Zweimal Glück. (Ungarn) 57
Der Arme und die Groschen. (Griechenland) 60
Elena die sehr Weise. (Russland) 63
Der goldene Schlüssel. (Deutschland) 74
Die Kristallkugel. (Deutschland) 77
Von Dukhu der Glücklichen und Sukhu
der Unglücklichen. (Bengalen) 82
Das Haar an seinem Mantel. (Arabisch) 89
Die vier Brahmanen und der Löwe. (Indien) 96
Die Befreiung der Sonne. (Kamschatka) 100
Von Piet Jan Clas, der den Tod suchte.
(Flandern) 103
Die Königin der Kesselflicker. (Irland) 111
Der Kaiser und der Abt.
(Gottfried August Bürger) 123
Der goldene Schlüssel. (Deutschland) 134
Vom Mannl Spannenland. (Deutschland) 137
Sonne, Mond und Talia. (Italien) 142
Dümmling. (Deutschland) 151
Wer ist der Sünder? (China) 158

Der Schatz. (Chassidisch) 161
Der Streit der Glieder. (Jüdisch) 163

Diebe, Dummlinge, Faulpelze & Co.
Vorwort 169
Der kluge Dieb. (China) 171
Götterjunge Hermes und Battus der Zeiger.
(Ovid) 174
Der Lachpilz. (Japan) 178
Der starke Hansl. (Deutschland) 186
Die beiden Buckligen. (Brasilien) 193
Der halbe Mann. (Molukken) 200
Die Geschichte von Catarina
und ihrem Schicksal. (Sizilien) 204
Der rollende Rindermagen. (Island) 212
Die Schwanfrau als Stamm-Mutter
der burjatischen Schamanen. (Sibirien) 218

Traumhaus und Wolkenschloss
Vorwort 227
Frau Holle. (Deutschland) 230
Die Mammadráa. (Sizilien) 236
Hans und Grete und das verwünschte Schloss.
(Deutschland) 241
Das Königsschloss unter der Alm. (Österreich) ... 246
Die Reise zur Sonne. (Slowakei) 251
Wie König Cormac zu den Feen ging. (Irland) ... 258
Thomas der Reimer im Land der Elfen.
(Schottland) 266
Finna Forvitna. (Island) 274
Die geschwätzige Alte. (Russland) 281
Der siebte Vater im Haus. (Norwegen) 284
Reb Eisiks Suche nach dem Schatz. (Polen) 288

Der Bursche, der keine Geschichte kannte.
(Irland) 292
Jimmy. (Schottland) 297
Im Zaubergarten. (Italien) 303
Der Spiegel, der ins Jenseits führt.
(Argentinien) 310
Das Mädchen, das einen Toten heiratete.
(Frankreich) 316
Die Frau, die das Land der Toten besuchte.
(Grönland) 324
Die drei kleinen Hühnchen. (Frankreich) 328
Das Glück des Tagelöhners. (Armenien) 332
Vom Schafbock und dem Schwein, die im Wald
für sich wohnen wollten. (Norwegen) 336

Nachwort & Anhang
»Dass die Märchen dich erinnern« 345
Quellenverzeichnis 366
Typen- und Motivregister 374
Vorstellung der Europäischen Märchengesellschaft
und der Schweizerischen Märchengesellschaft 381

Märchen für die Seele

Zum Geleit

*Es ist nie zu spät,
eine glückliche Kindheit zu haben*
(Ben Furman)

Märchen, meinen viele, sind phantasievolle, heimelige, manchmal auch seltsam grausame Geschichten für Kinder oder Menschen mit kindlichem Gemüt, Geschichten von einer heilen Welt – zu schön, um wahr zu sein.

An dieser weit verbreiteten Einschätzung ist fast nichts richtig. Echte Volksmärchen sind nie heimelig, harmlos, nett, sie erzählen vom Leben mit all seinen Erfahrungen und Gefahren – freilich auch, von Gefährten, die uns begleiten, und vom Glück hinter allem Grauen. Märchen führen uns an ein glückliches Ende, aber auf dunklen Wegen. Sie muten uns das Un-Heimliche zu, denn, wie man Schwimmen nur im Wasser lernen kann, so kann man Lebensmut nur lernen, wenn man die Angst berührt. Und weil die Märchen uns durch alle Menschen-Ängste führen, darum sind sie eine Schule gegen die Lebens-Angst.

Märchen sind in langen Zeiten verdichtete Lebenserfahrungen. Sie de-finieren das Leben nicht, sie verdichten es in Sinn-Bildern. Und diese Sinn-Bilder informieren uns nicht über »Inhalte«, und sie schreiben kein Verhalten vor. Aber in ihren Sinn-Bildern nehmen Haltungen Gestalt an. So sind Märchen wie eine Stimmgabel, die uns einen Ton vorgibt, mit dem wir uns einstimmen können auf ein Leben, das stimmt.

Darum sind Märchen nicht nur unterhaltsam und – gut vorgetragen - ein ästhetischer Genuss, sie berühren auch unsere Seele. Nun ist das Wort »Seele« alles andere als klar und eindeutig, es ist kaum zu definieren, meint es doch das in uns Menschen, was sich den Definitionen entzieht. Und trotzdem wissen wir alle, was gemeint ist, wenn jemand sagt, etwas täte ihm in der Seele weh, oder er habe einen Seelenverwandten getroffen oder seinen Seelenfrieden gefunden. Die Seele hat es zu tun mit der unsichtbaren Innenseite, die mit unserem leib-haftigen Leben zwar untrennbar verbunden ist, aber doch davon zu unterscheiden. Denn wenn ich meine herangewachsenen Kinder noch immer so liebe wie bei ihrer Geburt, obwohl sich ihr »Leib«, ihre äußere Erscheinung, ihr gesellschaftlicher oder körperlicher Zustand fast völlig verändert hat, so liebe ich etwas an ihnen, was sich dem Begreifen entzieht, was ich mit Worten wie Wesen oder Seele benenne, aber nicht beschreibe.

Und diese Innenseite wird berührt von unseren tiefen eigenen Erfahrungen wie Liebe und Trauer, Scham und Zorn, Stolz und Angst. Aber auch die Erfahrung anderer kann unsere Seele berühren und rühren. Das ist das Geheimnis aller Poesie, aller Kunst: im Bild von Caspar David Friedrich, im Gedicht von Erich Fried erkenne ich mich wieder, erkenne ich mich selbst. Und ähnlich seelenverwandt sind mir (und vielen Menschen) auch die Märchen, nicht alle, aber doch viele, nämlich die, die wiederholen, was mir in meinem Leben begegnet ist an Herausforderung, Angst und Mut.

Wunder der Wandlung

Märchen sind also keine Lügenschichten für Leichtgläubige, sondern eine zauberhafte Poesie gegen die Trostlosigkeit eines

Daseins ohne Wunder. Und das Wunder ist nichts anderes als die erstaunliche Erfahrung, dass sich etwas ändern kann. Dass sogar ich mich ändern kann. Wunder- und Zaubermärchen wollen nicht belehren, sondern bezaubern, nicht ermahnen, sondern ermutigen; sie predigen keine uns fremde Moral, sie erschließen in uns schlummernde Bilder.

Dabei behaupten Märchen keine heile Welt, sie leugnen nicht, dass das Leben oft zum Verzweifeln ist, sie machen auch die Angst anschaulich und erlebbar – das brachte ihnen den Vorwurf der Grausamkeit ein. Aber die Märchen wiederholen nicht nur unsere oft beängstigenden Lebens-Erfahrungen, sie erzählen auch von unseren Großen Wünschen, von unserer Sehnsucht nach einer heilbaren Welt und einem geheilten Leben, und sie trauen dieser Sehnsucht: Du bist erwünscht, erzählen sie, du wirst erwartet. Also geh!

Dennoch sind Märchen kein Heilmittel für die Seele, kein Rezept für ein glückliches Leben. Sie geben mir nicht konkret vor, was ist tun soll. Aber sie machen mir in ihren Bildern Mut, mein Leben zu wagen. Sie können wach und ans Licht rufen, was schon in mir schlummert, können mir – wie alle berührende Kunst und alle menschenfreundliche Religion – helfen, innere Sinn-Reserven zu erschließen.

Sie erzählen mir keine fremde Geschichte, sie verdichten Lebenserfahrungen vieler so, dass auch mein Leben einfließt. Sie erzählen keine objektive Wahrheit, die sich nachrechnen ließe, aber auch keine rein subjektive Einsicht, die nur individuelle Befindlichkeit spiegelt; sie erzählen inter-subjektive Erfahrung, die einerseits ganz persönlich ist, aber doch, weil viele ähnliches erfahren, uns Menschen verbindet. Denn eine Geschichte wird nur dann zum Märchen, wenn sie so vielen Menschen aus der Seele spricht, dass diese die Geschichte und ihre Botschaft, ihre »Mär« – so das mittelhochdeutsche Wort - nicht vergessen wollen.

So sind die Märchen weit weniger ein Fernglas, mit dem wir in längst vergangene Zeiten schauen, als ein Spiegel, in dem wir uns und unsere Seele betrachten können.

Märchen als Wegbegleiter

Anlass für die vorliegende Ausgabe ist das 200-jährige Jubiläum der Märchen der Brüder Grimm in den Jahren 2010 und 2012. Ihre erste Märchensammlung schickten Jacob und Wilhelm Grimm im Oktober 1810 an Clemens Brentano. Diese später oft so genannte »Ölenberger Handschrift« stellt die Urfassung dar. 1812 erschien der erste gedruckte Teil der »Kinder- und Hausmärchen«.

Den Grimms verdanken wir einen entscheidenden Beitrag für das Bewusstsein vom Wert der Märchen. Um sie zu ehren, versammelt diese Sonderausgabe beeindruckende Märchen-Texte und -Gedanken aus zahlreichen Quellen; sie zeigen in ihrer Zusammenstellung, welch elementare Erfahrungen die Zauber- und Wandlungsmärchen für uns bereithalten, wenn sie unser Leben praktisch prägen:

Wir suchen und richten uns danach, was unser Herz bewegt (»Märchen, an denen mein Herz hängt«); dabei begegnen wir auch (eigenen) Schattenseiten, die es zu beleuchten gilt (»Diebe, Dummlinge, Faulpelze & Co.«), und erkennen den persönlichen Platz, den eigenen Standort in der Welt (»Traumhaus und Wolkenschloss«). Vorlieben und Abneigungen, Begabungen und Handicaps sind allesamt unsere Talente; wenn wir sie richtig verstehen und einlösen, wandelt sich jedes Mal eine Welt für uns.

Heinrich Dickerhoff,
Präsident der Europäischen Märchengesellschaft
Johannes Fiebig, Verleger

Gerald Hüther

Weshalb wir Märchen brauchen –

*Neurobiologische Argumente
für den Erhalt einer Märchenerzählkultur*

1.
Einleitung

Stellen Sie sich vor, es gäbe ein Zaubermittel, das Ihr Kind stillsitzen und aufmerksam zuhören lässt, das gleichzeitig seine Fantasie beflügelt und seinen Sprachschatz erweitert, das es darüber hinaus auch noch befähigt, sich in andere Menschen hineinzuversetzen und deren Gefühle zu teilen, das gleichzeitig auch noch sein Vertrauen stärkt und es mit Mut und Zuversicht in die Zukunft schauen lässt. Dieses Superdoping für Kindergehirne gibt es. Es kostet nichts, im Gegenteil, wer es seinen Kindern schenkt, bekommt dafür sogar noch etwas zurück: Nähe, Vertrauen und ein Strahlen in den Augen des Kindes. Dieses unbezahlbare Zaubermittel sind die Märchen, die wir unseren Kindern erzählen oder vorlesen. Märchenstunden sind die höchste Form des Unterrichtens.

Das Lernen funktioniert bei Kindern (wie bei Erwachsenen) immer dann am besten, wenn es ein bisschen »unter die

Haut geht«, wenn also die emotionalen Zentren im Gehirn aktiviert werden und all jene Botenstoffe vermehrt gebildet und freigesetzt werden, die das Knüpfen neuer Verbindungen zwischen den Nervenzellen fördern. Eine Möglichkeit, einen solch offenen, für das Lernen optimalen Zustand zu erreichen, ist das Spiel, in dem Kinder sich und die Welt entdecken. Eine andere, bei der Kinder lernen, etwas über die Welt und das Leben zu erfahren, ist die Märchenstunde. Die wirkt am besten, wenn das Märchen von jemandem vorgelesen oder erzählt wird, zu dem das Kind eine enge, vertrauensvolle Beziehung hat. Damit es richtig »im Bauch kitzelt« (die emotionalen Zentren im Gehirn also anspringen, aber nicht gleich überschießen und »Alarm« melden, weil das Kind in Angst und Schrecken versetzt wird), ist die Atmosphäre wichtig. Man kann dazu eine Kerze anzünden oder die Märchenstunde zu einem richtigen Ritual machen. Das hilft Kindern, Ruhe zu finden und sich zu konzentrieren. Nur so können komplizierte Erregungsmuster in ihrem Gehirn aufgebaut und stabilisiert werden. Auch der Inhalt des Märchens muss »passen«. Ein bisschen furchtbar und aufregend darf es aber schon sein, wenn nur am Ende alles gut wird. Es ist auch nicht gleichgültig, wie ein Märchen erzählt oder vorgelesen wird. Das Kind muss merken, dass der Erzähler oder die Erzählerin selbst ebenfalls begeistert und betroffen, bestürzt oder erschüttert ist. Diese emotionalen Funken können nur überspringen, wenn das Kind immer wieder angeschaut und das jeweilige Gefühl auch zum Ausdruck gebracht wird. Dieser enge Kontakt zum Kind und die Rückversicherung, dass es noch emotional »dabei ist«, lässt sich beim Märchenerzählen besser erreichen, als beim Vorlesen. Rekorder oder Videogeräte sind in dieser Hinsicht gänzlich ungeeignet, denn solche Apparate können sich einfach nicht auf die Reaktionen oder Äußerungen des Kindes einstellen. Sie lassen die Kinder mit ihren Gefühlen allein. Das Zaubermittel sind also nicht die Märchen per se, sondern die emotionale Beziehung zum Inhalt und den Personen des Märchens, auf die sich das Kind beim Hören des Märchens mit der einfühlsamen Hilfe des Erzählers oder Vorlesers einlässt. Märchen sind also Kraftfutter für Kindergehirne.

Aber das ist noch nicht alles, denn im Gehirn derjenigen, die diese Märchen den Kindern erzählen oder vorlesen, passiert ja auch etwas. In seinem oder ihrem Gehirn werden alte Erinnerungen wach, nicht nur Erinnerungen an den genauen Inhalt der Geschichte, sondern vor allem Erinnerungen daran, wie es damals war, als einem als Kind diese Märchen vorgelesen worden sind. Dann wird die Atmosphäre von damals wieder wach, das schöne Gefühl, die Erfahrung der intensiven Begegnung mit einem lieben Menschen. Oft kommen sogar die alten Körpergefühle wieder, das Kuscheln, Schaudern und Kribbeln und der Sessel, das Sofa oder das Bett in dem einem die Märchen vorgelesen wurden. All das taucht erneut ganz deutlich spürbar aus dem im Hirn abgespeicherten Erfahrungsschatz der frühen Kindheit auf. Weil sie im Allgemeinen solche frühen, emotional positiv bewerteten Erinnerungen wachrufen, machen die alten Märchen auch uns Erwachsene auf eine geheimnisvolle Weise wieder stark. Die innere Unruhe, die Sorgen und Ängste verschwinden. Man fühlt sich dann irgendwie besser, gestärkter und zuversichtlicher, mutiger und befreiter, gleichzeitig gefestigter und verwurzelter. Märchen sind also auch Balsam für die Seelen von Erwachsenen.

Aber das ist noch immer nicht alles. Märchen transportieren nicht nur Geschichten, sondern auch die dazugehörigen Bilder, die in ihnen enthaltenen Botschaften von den Erwachsenen einer bestimmten Familie, Sippe, Gemeinschaft, also letztlich eines bestimmten Kulturkreises zu den in diesem Kulturkreis hineinwachsenden Kindern. Sie schaffen so eine gemeinsame Plattform von Vertrautem und Bekanntem, von den Mitgliedern dieser Gemeinschaft gestaltetem und innerhalb dieser Gemeinschaft sich ausbreitendem Wissen. Sie wirken daher Identität-stiftend und festigen auf diese Weise den Zusammenhalt einer Gemeinschaft.

Mit anderen Worten: Märchen sind auch Kitt für den Zusammenhalt einer Kulturgemeinschaft.

Wie die Hirnforscher in den letzten Jahren mit Hilfe ihrer neuen, bildgebenden Verfahren (funktionelle Kernspintomographie) zeigen konnten, werden die im menschlichen Gehirn angelegten Nervenzellverschaltungen als innere Repräsentanzen von Denk-, Gefühls- und Handlungsmustern in viel stärkerem Maß als bisher angenommen durch eigene Erfahrungen herausgeformt. Die für die eigene und kollektive Lebensbewältigung entscheidenden Erfahrungen werden transgenerational weitergegeben (Weitergabe von Wissen, Überlieferung von Fähigkeiten und Fertigkeiten, von Vorstellungen, Regeln und Bewertungsmaßstäben, von Haltungen und Orientierungen). Märchen sind ein wichtiges Instrument zur transgenerationalen Überlieferung wichtiger Botschaften zur eigenen Lebensbewältigung und zur Gestaltung von Beziehungen. Märchen, die Menschen einander erzählen, besitzen also eine strukturierende Kraft, die nicht nur einen entscheidenden Einfluss auf die Beziehungsfähigkeit, Kreativität und Vorstellungswelt menschlicher Gemeinschaften, sondern auch auf die Strukturierung neuronaler Verschaltungsmuster und die Herausformung innerer Repräsentanten (sog. innerer Bilder) im Gehirn der einzelnen Mitglieder dieser Gemeinschaften haben.

2.
Die Bedeutung Sicherheit-bietender Bindungs-beziehungen für die Hirnentwicklung

Wenn Kinder zur Welt kommen, sind sie auf die Hilfe Erwachsener angewiesen. Sie brauchen nicht nur jemanden, der sie wärmt, nährt, sauber hält und sich mit ihnen beschäftigt. Noch wichtiger ist es, dass immer dann, wenn sie Angst haben, jemand da ist, der ihnen beisteht und ihnen zeigt, dass es möglich ist – und später auch, wie es möglich ist –, diese Angst zu überwinden. Wenn ein Kind das Glück hat, jemanden zu finden, der ihm in solchen Situationen regelmäßig hilft und ihm Geborgenheit und Sicherheit bietet, werden alle dabei aktivierten Verschaltungen in seinem Gehirn gebahnt. Auf diese Weise entsteht eine enge Bindung an die primäre(n) Bezugsperson(en).

Viele Eltern wissen das und festigen diese Bindung spielerisch, beispielsweise indem sie sich immer wieder kurzzeitig verstecken, um anschließend, genau dann, wenn das Kind Angst bekommt und nach der Mutter oder dem Vater sucht, wieder aufzutauchen. Wenn Kindern das Gefühl vermittelt wird, dass sie in der Lage sind, die verschwundene Bezugsperson durch eine eigene Reaktion wieder herbeizuholen, wächst ihr Vertrauen in ihre eigene Fähigkeit, bedrohliche Situationen meistern zu können. Auch die dabei aktivierten Verschaltungen werden gebahnt. So entsteht Selbstvertrauen, Vertrauen in die eigene Kompetenz bei der Bewältigung von Problemen. Im Verlauf der Entwicklung erweitert sich der Kreis Sicherheit-bietender Bezugspersonen, und das Kind eignet sich sämtliche Kompetenzen, Grundhaltungen und Verhaltensweisen an, die diese Personen haben und die das Kind für die Aufrechterhaltung seiner inneren Ordnung, d. h. für die Bewältigung von Angst und Stress als wichtig bewertet. Je mehr es sein Wissen, seine Fähigkeiten und seine Kompetenzen erweitert und eigene Erfahrungen macht, desto stärker verlieren die frühen Bindungen ihre ursprüngliche Sicherheit-bietende Bedeutung. Dramatisch verschärft wird diese Entwicklung während der Pubertät, wenn die dann einsetzende Produktion von Sexualhormonen zu tiefgreifenden Veränderungen des eigenen Körpers wie auch des bisherigen Denkens, Fühlens und Verhaltens führt. Am Ende dieses Entwicklungsweges ist aus dem anfänglich noch völlig abhängigen Baby ein sich selbst bestimmender, in ein komplexes Netz sozialer Beziehungen eingebundener Mensch geworden.

Leider klappt das nicht immer. Es gibt nicht wenige erwachsene Menschen, denen es nicht gelungen ist oder die nicht genügend Gelegenheit hatten, sich während ihrer Kindheit und Adoleszenz hinreichend viele Kompetenzen anzueignen, vielfältige eigene Erfahrungen zu machen und das für eine autonome Entwicklung erforderliche Selbstvertrauen auszubilden. Sie bleiben entweder in einer abhängigen Beziehung zu ihren primären Bezugspersonen oder suchen sich Partner, mit denen sie diese abhängige Beziehung weiterführen können. Bekommen sie Kinder, so entwickeln sie auch zu diesen eine abhängige und abhängig-machende »Klammerbeziehung«.

Die wichtigste Ursache für die Entstehung früher Bindungsstörungen ist ein Mangel an emotionaler Zuwendung. Es gibt viele Eltern, die noch sehr stark mit sich selbst beschäftigt sind, denen ihre berufliche Karriere ungeheuer wichtig ist, die sich selbst verwirklichen, viel erleben und das Leben genießen wollen. Sie kümmern sich intensiv um ihr Aussehen, ihre Hobbys, ihre Wohnungseinrichtung und um die Anschaffung und Zurschaustellung unterschiedlicher Statussymbole. Kinder sind so selbstbezogenen Eltern bei der Verwirklichung ihrer individuellen Ziele eher hinderlich, und das kindliche Bedürfnis nach Aufmerksamkeit, Geborgenheit und Zuwendung wird ihnen allzu leicht lästig. Meist tun diese Eltern ihre Pflicht, jedenfalls das, was sie für ihre Pflicht halten, und das bisweilen sogar besonders gut. Sie sorgen für eine besonders ausgewogene Ernährung, für Sauberkeit und angemessene hygienische Verhältnisse, ansprechende, modische Kleidung und beschaffen alle möglichen Gerätschaften, von denen sie glauben, sie seien wichtig für ihr Kind. Sie beruhigen ihr (schlechtes) Gewissen, indem sie das Kind nach Kräften verwöhnen. Was ihr Kind aber wirklich braucht, nämlich dass sie ganz und gar da sind, dass sie sich ihm voll und ganz, also emotional, geistig und körperlich zuwenden, das schenken diese Eltern ihren Kinder nicht oder zumindest nicht dann, wenn sie es besonders dringend brauchen. Deshalb sind solche Kinder oft bereits sehr früh gezwungen, sich auf sich selbst zu verlassen.

Bei ihnen ist die emotionale Bindung an primäre Bezugspersonen nur unzureichend entwickelt. Sie versuchen, den daraus resultierenden Mangel an emotionaler Sicherheit durch verstärkte Selbstbezogenheit zu kompensieren. So schaffen sie sich eine eigene, von ihnen selbst bestimmte Lebenswelt und schirmen sich gegenüber fremden Einflüssen und Anregungen ab, die nicht mit ihren Vorstellungen übereinstimmen. In dieser nur von ihnen selbst bestimmten Welt gibt es keine wirklichen Herausforderungen mehr. Es können keine vielfältigen neuen Erfahrungen gemacht und im sich entwickelnden Gehirn verankert werden. Wichtige Entwicklungsprozesse im kindlichen Gehirn finden nicht mehr oder nur eingeschränkt statt. Sich Märchen erzählen zu lassen, lehnen sie dann meistens ab.

Für das Lernverhalten der Kinder bedeutet dies einen Rückgang an Motivation, Verstehen, Behalten, Erinnern,

Erkennen von Zusammenhängen und eine eingeschränkte Fähigkeit beim Erkennen und Lösen von Konflikten. Ihr Sozialverhalten wird von zunehmendem Rückzug in selbstgeschaffene Welten, Ablehnung fremder Vorstellungen und aggressiver Verteidigung ihrer eigenen Ansichten und Haltungen bestimmt.

Meist handelt es sich hierbei um sehr rigide, einseitige, pseudoautonome Strategien der Angstbewältigung. Die dabei aktivierten neuronalen Verschaltungen werden um so nachhaltiger gebahnt, je früher und je häufiger sie eingesetzt werden. Sie können schließlich das gesamte Fühlen, Denken und Handeln dieser Kinder bestimmen. Die betreffenden Kinder grenzen sich zunehmend von den Vorstellungen anderer, vor allem denen Erwachsener ab. Ihr mangelndes Einfühlungsvermögen behindert sie beim Erwerb vielfältiger sozialer Kompetenzen. Damit fehlt ihnen die Grundvoraussetzung dafür, gemeinsam mit möglichst vielen, unterschiedlichen Menschen nach tragfähigen Lösungen suchen und Verantwortung für sich und andere übernehmen zu können.

Die Auswirkungen früher Bindungsstörungen auf die Entwicklung des Gehirns und der Persönlichkeit sind im späteren Leben nur schwer korrigierbar. Kinder, die keine sicheren Bindungen ausbilden konnten, haben Angst vor körperlicher und emotionaler Nähe. Wenn es ihnen nicht gelingt, diese Angst zu überwinden, bleiben sie zeitlebens isoliert, ich-bezogen und bindungsunfähig. Manche haben Glück und finden einen Lehrer oder Erzieher, der sie versteht und ihnen hilft, allmählich wieder Beziehungen zu anderen Menschen einzugehen, das Vertrauen in menschliche Bindungen wiederzuerlangen und sich auf die gemeinsame Suche nach gemeinsamen Lösungen einzulassen. Manche scheitern irgendwann an den selbstzerstörerischen Folgen ihrer pseudoautonomen Bewältigungsstrategien.

3.
Die Bedeutung Sicherheit-bietender Orientierungen für die Hirnentwicklung

Die frühkindlichen Bindungen sind nur der erste Schritt eines langen und komplizierten Sozialisationsprozesses. Im Verlauf des Prozesses lernt jedes Kind, sein Gehirn auf eine bestimmte Weise zu benutzen, indem es dazu angehalten, ermutigt oder auch gezwungen wird, bestimmte Fähigkeiten und Fertigkeiten stärker zu entwickeln als andere, auf bestimmte Dinge stärker zu achten als auf andere, bestimmte Gefühle eher zuzulassen als andere, also sein Gehirn allmählich so einzusetzen, dass es sich damit in der Gemeinschaft zurechtfindet, in die es hineinwächst.

Die Hirnregion, in der die dafür zuständigen komplexen, nutzungsabhängigen neuronalen Verschaltungen letztendlich geformt werden, ist eine, die sich beim Menschen zuletzt und am langsamsten entwickelt, und die auch bei unseren nächsten tierischen Verwandten weitaus kümmerlicher ausgebildet ist. Anatomisch heißt sie Frontal- oder Stirnlappen. Es ist diejenige Hirnregion, die in besonderer Weise daran beteiligt ist, aus anderen Bereichen des Gehirns eintreffende Erregungsmuster zu einem Gesamtbild zusammenzufügen, und auf diese Weise von »unten«, aus tiefer liegenden und früher ausgereiften Hirnregionen eintreffende Erregungen und Impulse zu hemmen und zu steuern. Ohne Frontalhirn kann man keine zukunftsorientierten Handlungskonzepte und inneren Orientierungen entwickeln, kann man nichts planen, kann man die Folgen von Handlungen nicht abschätzen, kann man sich nicht in andere Menschen hineinversetzen und deren Gefühle teilen, auch kein Verantwortungsgefühl empfinden. Unser Frontalhirn ist die Hirnregion, in der wir uns am deutlichsten von allen Tieren unterscheiden. Und es ist die Hirnregion, die in besonderer Weise durch den Prozess strukturiert wird, den wir Erziehung und Sozialisation nennen.

Wie wenig wir über die Bedeutung nutzungsabhängiger Plastizität für die Hirnentwicklung wissen, wie rasch und wie unerwartet alte, bislang für richtig gehaltene Theorien ins Wanken geraten sind, machen neuere Untersuchungen über die entwicklungsabhängigen strukturellen Veränderungen des menschlichen Gehirns deutlich, die mit bildgebenden Verfahren nachweisbar sind. Bei Kindern von drei bis sechs Jahren kommt es insbesondere in den frontokortikalen Hirnbereichen, welche die Planung und Organisation von Handlungen sowie die Konzentrationsfähigkeit auf bestimmte Aufgaben steuern, zu einer deutlichen Volumenzunahme. Bei Jugendlichen von sechs bis zwölf Jahren lässt sich insbesondere eine verstärkte Ausformung und Vergrößerung in solchen kortikalen Regionen nachweisen, die eine besondere Bedeutung für räumliches Vorstellungsvermögen und abstraktes Denken besitzen. Kurz vor der Pubertät kommt es dann zu einer zweiten Phase des Ausbaus neuronaler Verschaltungen im frontalen Kortex, der erneut mit einer messbaren Volumenzunahme einhergeht. Eine weitere Umstrukturierungsphase beginnt nach der Pubertät. Was während dieser Phase geschieht, wird wesentlich von der Regel »use it, or lose it« bestimmt.

Das alles heißt, dass nicht nur die frühe Kindheit, sondern die gesamte Jugendphase eine entscheidende Entwicklungsperiode darstellt, in der das Gehirn durch die Art seiner Nutzung gewissermaßen »programmiert« wird. Das

Ausmaß und die Art der Vernetzung neuronaler Verschaltungen, insbesondere im frontalen Kortex, hängt also ganz entscheidend davon ab, womit sich Kinder und Jugendliche besonders intensiv beschäftigen, zu welcher Art der Nutzung ihres Gehirns sie im Verlauf des Erziehungs- und Sozialisationsprozesses angeregt werden. Konsequenterweise muss dann zumindest dieser Bereich des menschlichen Gehirns als soziales Produkt angesehen werden.

Diese hochkomplexen Verschaltungsmuster innerhalb des Frontalhirns, wie auch zwischen dem Frontalhirn und den anderen Bereichen der Hirnrinde und den tiefer liegenden, sog. subkortikalen Netzwerken können nur dann ausgebildet werden, wenn Kindern bereits im Säuglingsalter vielfältige Gelegenheiten geboten werden, sich selbst und ihre Wirkungen auf andere Menschen wahrzunehmen. Wenn die Eltern alle Probleme beiseite räumen, hindern sie ihre Kinder daran, die Erfahrung machen zu können, dass es möglich ist, Probleme mit Hilfe anderer (der Eltern) zu lösen. Märchen bieten dazu wichtige Orientierungshilfen. Kinder, denen diese wichtige Erfahrung vorenthalten wird, richten sich nur nach ihren eigenen Wünschen, Vorstellungen und Bedürfnissen. Sie bleiben selbstbezogen, trotzig, tyrannisch. Zur Bewältigung der altersentsprechenden Aufgaben fehlen ihnen wichtige Ichfunktionen wie Interesse und Aufmerksamkeit an der Lösung solcher Aufgaben. Ihr Selbstbewusstsein ist nur schwach ausgeprägt, ihr Ich ist zu dünnhäutig, überempfindsam und reizoffen. Oft fühlen sich diese Kinder überfordert, wenn sie in Kindergarten und Schule gezwungen sind, auf eine bestimmte Weise zu denken und zu handeln, sich bestimmten Denkweisen und Handlungsformen anzupassen. Obwohl das Verhalten dieser Kinder äußerlich entwicklungsgerecht erscheinen mag, sind sie oft in ihrer emotionalen und sozialen Entwicklung auf der Stufe eines Kleinkindes stehen geblieben.

In fataler Weise unterstützt wird diese Entwicklung durch alles, was Kinder daran hindert, mit anderen Menschen in eine aktive Interaktion zu treten, ihre bisher erworbenen Fähigkeiten und Fertigkeiten zu erproben und weiterzuentwickeln. So geht es beispielsweise Kindern, die täglich viele Stunden vor einem Fernsehgerät zubringen. Zur Passivität verurteilt, werden sie mit bunten Bildern, Handlungsfetzen, Aktionsbruchstücken und ständig neuen, emotional erregenden Eindrücken und angstauslösenden Vorstellungen in Erregung gesetzt. Auf ihre Fragen bekommen sie keine Antworten, ihre Vorschläge hört niemand, sie können nichts ändern, nichts verhindern und auch nicht helfend eingreifen. Was in ihnen zurückbleibt, ist die Erfahrung, dass es auf ihr eigenes Denken und Handeln nicht ankommt, dass ihre selbständige Suche nach Lösungen nutzlos ist, dass das Geschehen abläuft, ohne dass sie selbst darauf Einfluss nehmen können. Solche Kinder können nur schwer das Gefühl eigener Handlungskompetenz, eigener Gestaltungsfähigkeit und eigener Bedeutsamkeit entwickeln. Sie werden allzu leicht zu Konsumenten, die immer nur etwas von anderen haben wollen. Weil sie keine Gelegenheit hatten, sich selbst einzubringen, fehlt ihnen das Gefühl, dass sie anderen etwas geben können. Sie sind und bleiben allzu oft allein, finden keine Freunde, können sich nicht in Beziehungen weiter entwickeln und sind ohne sichere emotionale Bindungen schutzlos ihren Ängsten ausgeliefert.

Unsicherheit und Angst stören die Integration und Organisation komplexer Wahrnehmungen und Reaktionsmuster. Sie zwingen das Kind zu raschen, eindeutigen Entscheidungen und damit zum Rückgriff auf ältere, bereits gebahnte Bewältigungsstrategien. Was unter diesen Bedingungen nicht stattfindet und auch nicht gelingen kann, ist eine über die bereits vorhandenen Möglichkeiten hinausgehende Fortentwicklung der eigenen Fähigkeit zur Integration, Bewertung und Filterung komplexer Wahrnehmungen. Ihre Wahrnehmungen können Kinder nur dann integrieren, wenn diese in einem zusammenhängenden Kontext erlebt werden. Neue Wahrnehmungen müssen an bereits vorhandene Erfahrungen anknüpfbar sein. Ein Zustand, bei dem zu viele Wahrnehmungen ungeordnet auf einen Menschen einprasseln, ist schon für Erwachsene unerträglich, für Kinder erst recht. Er macht Angst und setzt gewissermaßen all das außer Kraft, was normalerweise vom Frontalhirn geleistet werden muss, aber angesichts des dort herrschenden Durcheinanders nicht geleistet werden kann.

Es mag noch mehr Faktoren geben, die dazu beitragen, dass es heutzutage auffällig vielen Kindern nicht gelingt, hinreichend komplexe Verschaltungen in ihrem Frontalhirn auszuformen und zu stabilisieren. Aber all diese Einflüsse zeichnen sich durch eine bemerkenswerte Gemeinsamkeit aus: Sie helfen dem Kind nicht, eine brauchbare Antwort auf die Frage zu finden, worauf es im Leben ankommt. Sie sagen entweder: »Auf alles!« oder »Auf gar nichts« oder sie behaupten gar, dass das keine vernünftige Frage sei. Für Kinder und Jugendlichen sind alle drei Antworten gleichermaßen fatal. Sie brauchen so etwas wie ein fernes Ziel, eine Vorstellung oder wenigstens eine Vision davon, weshalb sie auf der Welt sind, wofür es lohnt, sich anzustrengen, eigene Erfahrungen zu sammeln, sich möglichst viel Wissen, Fähigkeiten und Fertigkeiten anzueignen. Wer keine Ahnung davon hat, wohin die Reise gehen soll, weiß auch nicht, was er sich besorgen und in seinen Koffer packen müsste. Das einzige, was Kinder und vor allem Jugendliche unter diesen Bedingungen tun können, besteht darin, heute dieses und morgen jenes nach ihrem eigenen Gutdünken in den Koffer zu stecken, bis dieses sinnlose Tun sie so sehr »anstinkt«, dass sie den ganzen Koffer angewidert in die Ecke werfen und »Null Bock« haben.

Die Suche nach Orientierung, nach einer Sinngebung für das eigene Leben ist dann zwangsläufig auch zu Ende. Was erhalten bleibt, ist der (natürliche) Hang zur Bequemlichkeit und zum Konsumieren. Das »Ich« wird nun zum einzigen Brennpunkt der Aufmerksamkeit. Wer dort angekommen ist, hat auch keine Lust mehr erwachsen zu werden, geschweige denn, sich Märchen anzuhören.

Damit es Kindern gelingt, sich im heutigem Wirrwarr von Anforderungen, Angeboten und Erwartungen zurechtzufinden, brauchen sie Orientierungshilfen, also äußere Vorbilder und innere Leitbilder, die ihnen Halt bieten und an denen sie ihre Entscheidungen ausrichten. Nur unter dem einfühlsamen Schutz und der kompetenten Anleitung durch erwachsene »Vorbilder« können Kinder vielfältige Gestaltungsangebote auch kreativ nutzen und dabei ihre eigenen Fähigkeiten und Möglichkeiten erkennen und weiterentwickeln. Nur so kann im Frontalhirn ein eigenes, inneres Bild von Selbstwirksamkeit stabilisiert und für die Selbstmotivation in allen nachfolgenden Lernprozessen genutzt werden. Bildung kann nicht gelingen,

- wenn Kinder in einer Welt aufwachsen, in der die Aneignung von Wissen und Bildung keinen Wert besitzt (Spaßgesellschaft),
- wenn Kinder keine Gelegenheit bekommen, sich aktiv an der Gestaltung der Welt zu beteiligen (passiver Medienkonsum),

- wenn Kinder keine Freiräume mehr finden, um ihre eigene Kreativität spielerisch zu entdecken (Funktionalisierung),
- wenn Kinder mit Reizen überflutet, verunsichert und verängstigt werden (Überforderung),
- wenn Kinder daran gehindert werden, eigene Erfahrungen bei der Bewältigung von Schwierigkeiten und Problemen zu machen (Verwöhnung),
- wenn Kinder keine Anregungen erfahren und mit ihren spezifischen Bedürfnissen und Wünschen nicht wahrgenommen werden (Vernachlässigung).

Das Gehirn, so lautet die vielleicht wichtigste Erkenntnis der Hirnforscher, lernt immer, und es lernt das am besten, was einem Heranwachsenden hilft, sich in der Welt, in die er hineinwächst, zurecht zu finden und die Probleme zu lösen, die sich dort und dabei ergeben.4

4.
Wenn keine Märchen mehr erzählt würden ...

Damit nun auch diese Frage klar beantwortet werden kann, brauchen wir uns nur umzuschauen, und zu fragen, was passiert, wenn Kinder zu viel von dem bekommen, was sie haben wollen und zu wenig von dem, was sie brauchen. Schon das ungeborene Kind macht im Mutterleib Erfahrungen, die in seinem Gehirn dazu führen, dass die Nervenzellen bestimmte Verschaltungsmuster miteinander ausbilden. Die werden dann später als innere Repräsentanten, als »Erinnerungsbilder« benutzt, um sich in der Welt zurechtzufinden. Dabei werden diese einmal entstandenen Muster ergänzt und erweitert. Da es sich bei all diesen im

Gehirn verankerten Erfahrungen um typisch menschliche, von diesem Kind gemachte Erfahrungen handelt, bildet sich auf diese Weise das heraus, was wir »menschliche Individualität« nennen. Alle Säugetiere, ja sogar Vogelküken im Ei machen auch schon spezifische Erfahrungen, bevor sie auf die Welt kommen. Bei Hühner- oder Entenküken ist das gut zu beobachten. Bevor sie schlüpfen »unterhalten« sie sich bereits mit ihrer Mutter. Sie piepsen aus dem geschlossenem Ei heraus und die Mutter antwortet ihnen. Wenn sie auf die Welt kommen, haben sie also auch schon eine Individualität, keine menschliche sondern eben die eines Enten- oder Hühnerkükens. Bei Singvögeln, z. B. bei den Nachtigallen, reift später, wenn die kleinen Vögel noch im Nest sitzen, das sog. Gesangszentrum in ihrem Hirn aus. Hier bilden die Nervenzellen zunächst ein dichtes Gestrüpp an Vernetzungen und Verschaltungen aus. Immer dann, wenn der Vater in der Nähe des Nestes seine Lieder singt, entsteht in diesem Wirrwarr von Verschaltungen ein durch das Hören des Liedes ausgelöstes charakteristisches Aktivierungsmuster. Je häufiger das geschieht, desto fester werden die dabei aktivierten Nervenzellverschaltungen miteinander verbunden, und je komplexer der Gesang ausfällt, desto komplexer können die auf diese Weise stabilisierten inneren Repräsentanten herausgeformt werden. Alle anderen nicht benutzten Verschaltungen werden wieder abgebaut. Was übrig bleibt, ist ein bestimmtes, durch das Hören des Gesangs herausgeformtes, diesen Gesang repräsentierendes neuronales Verschaltungsmuster im Gesangszentrum des Nachtigallengehirns. Damit diese Verschaltungen herausgeformt und stabilisiert werden können, muss der Vater in der Nähe des Nestes singen, möglichst oft, möglichst kunstvoll und fantasiereich – und ungestört durch Nebengeräusche (deshalb singen Vögel, die so komplizierte Gesänge wie die Nachtigallen an ihre Jungen weitergeben müssen, nachts, wenn alle anderen still sind). Und damit die Jungen diesen Gesang auch wirklich in sich aufnehmen können, darf natürlich nicht ständig jemand kommen und im Nest herumrühren. Wenn die Nachtigalleneltern ihnen ihre Lieder nicht mehr ungestört vorsängen, würde also genau das verschwinden, was die Nachtigall ausmacht.

Und wenn wir uns entschließen würden, unseren Kindern keine Märchen mehr zu erzählen, verschwände eben all das, was durch das Märchenerzählen stabilisiert wird. Und wer vergessen hat, was das ist, der muss noch einmal von vorn anfangen.

Weiterführende Literatur

Hüther, Gerald: *Biologie der Angst.* Göttingen 1997.

Hüther, Gerald: *Die Evolution der Liebe.* Göttingen 1999.

Hüther, Gerald: *Bedienungsanleitung für ein menschliches Gehirn.* Göttingen 2001.

Hüther, Gerald: *Die Macht der inneren Bilder.* Göttingen 2004.

Hüther, Gerald/Bonney, Helmut: *Neues vom Zappelphilipp.* Düsseldorf 2002.

Hüther, Gerald/Krens, Inge: *Das Geheimnis der ersten neun Monate.* Düsseldorf 2005.

Gebauer, Karl/Hüther, Gerald: *Kinder brauchen Wurzeln.* Düsseldorf 2001.

Gebauer, Karl/Hüther, Gerald: *Kinder suchen Orientierung.* Düsseldorf 2002.

Gebauer, Karl/Hüther, Gerald: *Kinder brauchen Spielräume.* Düsseldorf 2003.

Gebauer, Karl/Hüther, Gerald: *Kinder brauchen Vertrauen*. Düsseldorf 2004.
Nitsch, Cornelia/Hüther, Gerald: *Kinder gezielt fördern*. München 2004.

Märchen,
an denen
mein Herz hängt

Märchen, an denen mein Herz hängt

»Was ist dein Lieblingsmärchen?« – diese Frage wird im Kreise von Märchenfreunden häufig gestellt – und selten beantwortet; sei es, weil die Gefragten sich nicht entscheiden können, sei es, weil sie etwas so Persönliches nicht preisgeben wollen. Die Frage ist also eher ungenau und ziemlich indiskret – aber dennoch spannend.

Darum haben wir im Jubiläumsjahr der Europäischen Märchengesellschaft, anlässlich ihres 50. Geburtstages, die Frage nicht nach dem Lieblingsmärchen, wohl aber nach einem Märchen, an dem das Herz hängt, unterschiedlichen Märchenkennerinnen und -kennern gestellt: solchen, die die Märchen, ihre Motive und Hintergründe wissenschaftlich erforschen; solchen, die Märchen erzählen; solchen, die in der Märchengesellschaft Verantwortung übernommen haben. Und herausgekommen ist die folgende Sammlung.

Alle, die uns ein »Herzens-Märchen« geschickt haben, haben auch einige kurze Gedanken zu diesem Märchen beigefügt. Und diese in Stil und Inhalt ganz unterschiedlichen Überlegungen spiegeln auch wider, wie verschieden man Märchen betrachten und befragen kann – und: wie gut es ist, die Märchen (wie das ganze Leben) nicht nur aus einer Perspektive anzuschauen.

Vielleicht entdecken Sie ja einen Geistes- oder Seelenverwandten unter denen, die hier ein Märchen mitteilen, das ihnen am Herzen liegt. Oder, schöner noch, vielleicht lernen auch Sie in diesem Band ein Märchen kennen, das einen Platz in Ihrem Herzen findet.

Harlinda Lox
Heinrich Dickerhoff

Eine Unterweltsfahrt
(ein Ainu-Märchen)

Ein junger Ainu durchstreifte die Wälder. Ein Jäger war er. Und er hatte einen Bären gesichtet, dem er auf der Spur blieb. Der Bär lief und lief, und der Jäger ihm nach: über Berghöhlen, durch Schluchten – doch konnte er dem Tier nie so nahe kommen, dass er es mit seinem giftigen Pfeil hätte schießen können. Schließlich war der Bär auf dem Gipfel eines kahlen Berges angelangt und verschwand da in einer Höhle, die in die Tiefe führte. Der junge Ainu folgte ihm. In einen riesigen Höhlengang war er gelangt, an dessen äußerstem Ende ein Lichterglanz schimmerte. Er tastete sich vor, immer auf das Licht zu, und als er schließlich herauskam, befand er sich in einer anderen Welt. Sie war wie die Menschenwelt, aber viel schöner. Bäume gab es, Berge, Häuser, Menschenwesen. Der Jäger aber kümmerte sich um nichts, dem Bären wollte er nach, den er völlig aus den Augen verloren hatte. Also schritt er auf die Berge zu, ein Tal entlang. Während er so entlang ging, entdeckte er Weintrauben und Maulbeeren in dieser Unterwelt. Und da er müde und hungrig war, pflückte er davon und aß sie im Weitergehen.

Plötzlich, als er an seinem Körper hinabsah, bemerkte er, dass er in eine Schlange verwandelt war. Er weinte und schrie, aber sein Weinen verwandelte sich in Schlangenzischen. Was nun? Als Schlange konnte er nicht zu den Seinen zurückkehren. In seiner Heimat verabscheute man Schlangen, er würde sofort getötet werden. Der Mann wusste sich keinen Rat und kroch als Schlange dahin. Da kam er wieder zur Mündung des Höhlenganges, der in die Menschenwelt zurückführte. Am Fuß einer sehr großen Fichte fiel er in Schlaf. Im Traum erschien ihm der Gott jenes Fichtenbaumes und sprach zu ihm: »Es tut mir leid, dich so verwandelt zu sehen. Warum hast du von den giftigen Früchten der Unterwelt gegessen? Wenn du deine Menschengestalt wiedererlangen willst, musst du den Wipfel dieser Fichte erklimmen und dich dann hinabfallen lassen.«

Der Mann in Schlangengestalt erwachte – voll Hoffnung und Furcht zugleich. Doch beschloss er, den Rat des Gottes zu befolgen. Er kroch den Fichtenbaum hinauf bis zum Wipfel und ließ sich dann hinunterfallen. Er brach entzwei. Als er wieder zur Besinnung kam, merkte er, dass er in Menschengestalt am Fuße jenes Baumes stand. Und neben ihm lag eine riesige Schlangenhaut, wie wenn ihr gerade jemand entschlüpft wäre. Der Mann dankte dem Fichtenbaume und errichtete ihm ein Inau-Opfer (ein Opfer aus Holzstäben). Dann beeilte er sich, durch den langen Höhlengang seinen Heimweg anzutreten.

Nach einer Weile kam er wieder auf die Oberwelt, und zwar genau auf jenen Berggipfel, von wo aus er dem Bären gefolgt war – den Bären hatte er nicht mehr gesehen.

Als er nach Hause kam, hatte er wieder einen Traum. Derselbe Gott des Fichtenbaumes erschien ihm abermals und sagte: »Ich komme, um dir mitzuteilen, dass du nicht mehr lange auf der Menschenwelt verweilen darfst. Du hast von den Weintrauben und Maulbeeren der Unterwelt gegessen. Deshalb musst du wieder zurück. Dort unten aber wohnt eine Göttin. Sie war es, die dich in Gestalt einer Bärin in die Höhle und in die Unterwelt gelockt hat. Sie möchte dich heiraten. Bereite du dich darauf vor, wieder dorthin zurückzukehren.«

Und das geschah wahrhaftig: Der junge Mann erwachte und erhob sich. Doch bald wurde er von einer schweren Krankheit befallen, so dass er sich nach ein paar Tagen zum zweiten Male in die Unterwelt begab. Er kam nie mehr zurück – er muss dort wohl – mit der Göttin leben.

Sibirien

Dieses Märchen habe ich gern, und ich erzähle es gern, weil so viel darin ›passiert‹: Das Verfolgen des Bären, der Gang durch die finstere Höhle, das Erreichen der Licht-Landschaft, wo es »so schön« ist, das Pflücken der Beeren und die Verwandlung in eine Schlange; dann das Erscheinen des Geistes, der in die Zukunft weist. Es folgt der Entschluss des Menschen, er wagt den Sturz vom Baumgipfel – und er findet sich wieder in seiner menschlichen Gestalt vor. – Hier könnte das Märchen ja eigentlich enden. Aber nein: Der »Geist«, der ihm geholfen hat, erscheint abermals und verheißt ihm Hochzeitsglück mit der Göttin, die schon um ihn geworben hat: in Bärengestalt. Wer wollte sich da nicht aufmachen, um abermals den Höhlengang zu durchschreiten?

Dieses Märchen hat seinen Ursprung in mythischer Zeit und kann doch als Vorbereitung der christlichen Botschaft angesehen werden.

Felicitas Betz

Die beiden Alten,
die alles wussten

In einer fernen Zeit, da lebte einmal eine arme Familie, die hatte kaum etwas zu beißen, so arm war sie. Aber der älteste Sohn war trotzdem immer vergnügt und hoffnungsvoll. Und eines Tages sagte er zu seinem Vater: »Papa, es ist das beste, ich ziehe in die Welt. So Gott hilft, mach ich mein Glück, und dann komme ich heim und du und Mama und meine Geschwister, ihr sollt es dann auch gut haben.«

Der Vater war einverstanden, und er gab seinem Sohn alles mit, was er noch im Hause an Essbarem fand: das waren drei Brotfladen: »Geh sparsam damit um«, sagte er, »der Weg in die Stadt ist viele Tagreisen weit, und niemand wird dir zu essen geben, ehe du nicht irgendwo einen Dienst findest.«

Der Bursche zog also los, und er marschierte den ganzen Tag dahin, und als es dunkelte, wollte er sich unter eine Brücke setzen, um dort zu übernachten. Als er aber unter die Brücke kroch, sah er, dass dort drei alte Männer saßen.

»Komm nur her, Bursche«, rief der älteste, »du hast hier auch noch Platz, wenn wir zusammenrücken.«

Der Bursche bedankte sich, setzte sich unter die Brücke und wollte einen Brotfladen herausholen, um ihn zu essen, aber da sah er die hungrigen Augen der Alten und fragte:

»Habt ihr schon genachtmahlt?«

»Nein, Söhnchen. Wir haben schon lange kein Brot mehr gesehen und uns nur von Brombeeren genährt.«

»Ach, dann ging es euch schlechter als mir. Seht her! Ich habe gerade drei Brote, so dass jeder von euch eines haben kann.«

»Vielen Dank, Söhnchen, aber dann bleibt dir ja selber nichts.«

»Das macht nichts. Ich habe heute morgen noch gefrühstückt und habe keinen großen Hunger.«

Da ließen sich die Alten nicht zweimal bitten, und jeder aß sein Brot. Dann legten sich alle eng zusammen, um sich gegenseitig zu wärmen, und schliefen ein.

Am nächsten Tag sagte der Älteste: »Söhnchen, du hast uns geholfen. Wenn du einmal Hilfe und Rat brauchst, dann komm hierher, und dann werden wir dir ebenso helfen.«

Dann nahmen sie Abschied, und der Bursche marschierte weiter in die Stadt. Als er dort ankam, hörte er einen Ausrufer, der schrie: »Der König gibt bekannt: Wer drei Aufgaben erfüllt, die er stellen wird, der soll seine Tochter zur Frau erhalten und das Königreich erben.«

Unser Bursche – es ist an der Zeit, dass wir seinen Namen nennen – also Antine überlegte nicht lange, sondern er ging zum Palast des Königs und meldete sich dort. Als die Offiziere ihn sahen, lachten sie ihn aus und sagten: »Was, du willst die drei Aufgaben erfüllen, wo doch so viele Prinzen und Generäle daran gescheitert sind! Die Prinzen hat man ausgehöhnt und mit Schimpf und Schande heimgejagt, die Generäle hat man zu gemeinen Soldaten gemacht. Aber dich, dich wird man prügeln, dass du nicht mehr stehen, noch gehen kannst.«

Antine aber ließ sich nicht abbringen. Und so führte man ihn vor den König. Der König war sehr freundlich und sagte: »Warum sollst du es nicht auch probieren? Du kennst die Bedingungen?«

»Ja, Majestät.«

»Nun, so hör zu! Früher einmal hausten meine Vorfahren auf jenem Berg, den du dort drüben siehst. Nun aber ist vor vielen Jahren das Schloss dort oben eingestürzt, und sooft man es wieder aufzubauen versucht hat, hat es ein Erdbeben gegeben, und immer wieder ist alles zusammengefallen. Bau du dort das Schloss und nimm dazu so viele Arbeiter, wie du brauchst. Und wenn das Schloss steht, ohne einzustürzen, dann hast du die erste Aufgabe erfüllt.«

Antine ließ es sich zuerst drei Tage gut gehen. Dann sagte er: »Ruft die Arbeiter zusammen! Ich werde gleich wiederkommen.« Und er packte so viele Brote in seinen Sack, wie hineinging, und marschierte zu der Brücke, wo die drei Alten waren.

»Hier habt ihr Brot. Nun aber helft mir! Ich soll dem König ein Schloss auf dem Berg bauen, aber dort gibt es immer ein Erdbeben, und dann stürzt alles ein.«

Da überlegten die Alten eine Weile, dann sagten sie: »Ja, Antine. Da musst du zu unserm Großvater und unserer Großmutter gehen. Wir werden dich hinführen.«

Und sie stiegen mit ihm durch Gesträuch und Wald und Gebirge hinauf. Und vor einer Höhle machten sie halt und sagten: »Antine, hab keine Angst! Geh in diese Höhle hinein, bis du in einen großen Raum kommst. Dort schlafen ein alter Mann und eine alte Frau. Lege dich getrost dort nieder. Das Weitere wird sich finden.«

Antine machte sich auf den Weg in die Höhle, und er hätte oft nicht gewusst, ob er rechts oder links gehen solle, wenn sich der Weg gabelte, aber er hörte immer Bienen vor sich hersummen, und diesen Bienen ging er nach.

Antine war eine ganze Weile gegangen, als er in einen Raum kam, der von Bienen schwirrte und in dem eine

Kerze brannte. Und da sah er, dass dort ein alter Mann und eine alte Frau lagen und schliefen. Er dachte nicht weiter nach, sondern legte sich in die Mitte zwischen beiden, und kaum hatte er sich niedergelegt, da fielen ihm schon die Augen zu.

Und da hörte er, wie die Frau sagte: »Mann?«

»Ja.«

»Ist da einer gekommen?«

»Ja, es ist einer gekommen, den haben unsere Enkel gebracht.«

»Dann wird er wissen wollen, wie er das Schloss des Königs auf jenem Berg aufbauen kann, ohne dass es einstürzt.«

»Das ist sehr einfach. In jenem Berg haust ein Drache, und der will nicht, dass man dort eine menschliche Behausung errichtet. Und immer, wenn er mit dem Schwanz schlägt, gibt es ein Erdbeben, und alles stürzt ein.«

»Und was kann man dagegen tun?«

»Hier in der Höhle wächst ein Kraut. Man muss davon einen Strauß pflücken. Wenn man dann zu dem Drachen geht, muss man ihn daran riechen lassen, dann schläft er für tausend Jahre ein.«

Nach einiger Zeit wurde Antine wieder wach und rieb sich die Augen. Da sah er, dass dort tatsächlich ein Kraut wuchs. Und davon pflückte er, bis er einen großen Strauß beisammen hatte. Dann verließ er wieder die Höhle.

»Weißt du jetzt, was du machen musst?« fragten ihn die drei Alten, als er wieder vor der Höhle ankam.

»Ja, ich weiß es.«

»Gibt es in dem Berg, wo der König das Schloss haben will, einen Schacht?« fragte Antine die Arbeiter.

»Es gibt ihn.«

»Dann führt mich einmal dorthin!«

Oben auf dem Berg war ein Loch. Und durch das Loch ließen die Arbeiter den Antine mit einem Seil hinunter, und er kam in eine Kammer, und dort war ein Drache und schlug mit dem Schwanz. Aber als ihm Antine den Strauß mit dem Kraut hinhielt, roch er daran, und kaum hatte er einen Atemzug getan, schlief er ein und rührte sich nicht mehr.

Als der Drache mit dem Schwanz schlug, hatte es ein kleines Erdbeben gegeben, und die Arbeiter waren davongelaufen. Aber als weiter nichts passierte, kehrten sie zurück, und sie dachten, Antine würde wohl tot sein. Aber sie zogen ihn herauf: und er war lebendig.

Dann fingen sie an zu bauen, und nach einem Monat war das Schloss fertig. Der König wartete noch einige Zeit, und als das Schloss nicht einstürzte, ließ er den Antine rufen und sagte: »Das hast du gut gemacht. Wenn du auch die zweite Aufgabe erfüllst, wirst du ein Stück weiter sein. Höre! Was ist ein Schloss ohne Wasser? Nun gibt es aber auf dem ganzen Berg keine Quelle, und bergaufwärts fließt nun einmal kein Wasser. Sieh zu, dass du Wasser findest, damit ich in jenes Schloss umziehen kann!«

Antine ging wieder zu den drei Alten, und er brachte ihnen einen ganzen Maulesel beladen mit Brot, Speck und Wein mit. Nachdem die Alten gegessen hatten, führten sie ihn wieder zu der Höhle – allein hätte er den Weg nicht gefunden, denn es ging durch dichten Wald. Und Antine ging wieder in die Höhle hinein, legte sich zwischen die beiden Alten und schlief ein.

»Mann?«

»Ja, Frau.«

»Ist der eine wiedergekommen?«

»Ja, unsere Enkel haben ihn wieder hergeführt.«

»Dann wird er diesmal wissen wollen, wo man auf jenem Berg, auf dem nun das Schloss wieder steht, Wasser finden kann.«

»Ja, so ist es. Er braucht nur hier eine Kerze zu nehmen. Ist er auf dem Berg, dann soll er dort die Kerze anzünden, und er soll so lange auf dem Berg herumgehen, bis ein Tropfen Wachs von der Kerze herunterfällt. Und dort, wo der Tropfen Wachs hinfällt, da soll er graben, dann wird er eine Quelle finden.«

Als Antine wieder wach wurde, sah er sich um, nahm eine Kerze und verließ die Höhle. Und am nächsten Abend stieg er auf den Berg, wo einsam das Schloss lag, denn es wohnte noch niemand darin. Und dann zündete er die Kerze an und ging umher. Und nach einer Weile rieselte ein Wachstropfen die Kerze hinunter und fiel zur Erde. Da ergriff Antine den Spaten, den er mitgenommen hatte, und fing an zu graben. Und er brauchte nicht sehr lange zu graben, da sprudelte plötzlich eine Quelle hervor. Man musste sie nur noch in einem Becken auffangen.

»Antine«, sagte der König, »du bist tüchtiger als alle Prinzen und Generäle, die bisher versucht haben, die Aufgaben zu lösen. Nun erfülle auch noch die dritte Bedingung, dann soll am Tage darauf die Hochzeit stattfinden!«

»Und was ist die dritte Aufgabe?«

»Die ist sehr schwer. Meine Vorfahren haben auf dem Berg eine Kiste mit Gold, Silber und Edelsteinen vergraben. Aber sie haben dort auch eine Kiste mit giftigen Fliegen vergraben. Wenn man die falsche Kiste öffnet, kommen die Fliegen heraus und stechen einen zu Tode.«

Antine ging zu den drei Alten, und er nahm auch schöne Kleider mit, damit sie sich neu kleiden könnten. Und die

Alten dankten ihm für alles und führten ihn wieder zu der Höhle ihrer Großeltern.

Antine kannte sich nun schon gut aus. Er ging in die Höhle, legte sich nieder und schlief zwischen den beiden Uralten ein.

»Mann?«

»Ja, Frau, was willst du?«

»Antine ist wieder da.«

»Ja, unsere Enkel haben ihn zum dritten Mal hergeführt.«

»Dann wird er wissen wollen, in welcher Kiste der Schatz des Königs und in welcher die giftigen Fliegen sind.«

»So ist es. Antine braucht nur eine Handvoll Zucker zu nehmen, der hier in diesem Korbe steht. Dann werden ihm einige Bienen folgen. Hat er dann die Schatzkisten ausgegraben, so muss er aufpassen: die Bienen werden eine Kiste meiden, weil dort die bösen Fliegen sind, und sie werden sich auf die zweite Kiste setzen. Das ist die Schatztruhe. Wenn er dann den Bienen den Zucker hinstreut, werden sie ihn nicht daran hindern, die Schatztruhe aufzumachen.«

Als Antine wachgeworden war, nahm er eine Handvoll Zucker und ging damit aus der Höhle hinaus, und es folgten ihm einige Bienen, die den Zucker rochen.

Antine aber nahm Abschied von den drei Alten und ging auf den Berg, wo jetzt der König im Schloss wohnte. Und einige Bienen flogen vor ihm her, als ob sie etwas suchten. Und als er merkte, dass sie an einer bestimmten Stelle immer im Kreis flogen, begann er dort zu graben, und nach einiger Zeit stieß er auf zwei Kisten. Die zog er aus dem Loch heraus. Und die Bienen flogen zuerst um die eine Kiste herum, dann flogen sie zu der zweiten, und dort ließen sie sich nieder. Da beugte sich Antine zu jener Kiste, die von den Bienen gemieden worden war, und es war ihm, als höre er drinnen ein bedrohliches Brummen. Da stieß er die Kiste wieder in das Loch hinunter und grub es zu.

Dann streute er den Bienen den Zucker hin, und sie ließen zu, dass er die zweite Kiste öffnete. Und darin erblickte er lauter Gold und Edelsteine.

»Nun gehört alles dir, Antine!« sagte der König.

Und zur Hochzeit ließ Antine auch die drei Alten kommen, die unter der Brücke hausten. Und er wollte sie im Schloss behalten, sie aber verabschiedeten sich und wurden nie mehr gesehen.

So lautet die Geschichte. Ich habe nichts hinzugefügt und nichts weggelassen.

Sardinien

Ein armer junger Mann zieht in die Welt und hofft, sein Glück zu machen. Und weil er barmherzig ist und ein paar Alten sein Reisebrot gibt, bekommt er eine Chance, Aufgaben zu lösen, die eigentlich unlösbar sind. Nun, solche Geschichten kennen wir alle und haben sie in vielen Varianten immer wieder gehört und gelesen. Was mir an dieser Geschichte besonders auffällt, ist die Begegnung mit den Uralten. Schon die hungrigen Männer unter der Brücke waren alt, nun wird der Antine zu deren Großeltern geschickt, ihre Lebensgeschichte muss in die Urzeit zurückreichen. Es ist ein langer Weg durch Öde und Einsamkeit, dann noch ein Abstieg in eine dunkle Höhle, bis er zu den schlafenden Ahnen gelangt, sich zwischen sie legt und offenbar an ihrem dämmerigen Halbschlaf teilnimmt. Und jetzt kommt es zu dem faszinierenden Dialog zwischen dem merkwürdigen Urpaar. Sie sind Wissende, können ahnungsvolle Winke und Weisungen geben und dem Antine immer die Hilfestellung leisten, die er gerade nötig hat. Aber er bekommt nicht den ganzen Lösungsweg verraten, sondern muss immer wieder zu den Alten hinuntersteigen, muss sich von neuem beraten lassen, was jetzt zu tun ist. So gelingt es ihm, den Drachen einzuschläfern, den ›Untergrund‹ zu stabilisieren, das Lebenswasser wieder sprudeln zu lassen und den geheimnisvollen Schatz zu heben. Nun hat er wirklich sein Glück gefunden und kann König werden.

Wir gegenwartsversessenen und vergangenheitsvergessenen Menschen haben kein rechtes Verständnis mehr dafür, dass ›die Alten‹ auch die Hüter der Weisheit sind, dass ihre Erfahrungen wichtig sind für die nachkommenden Generationen. Unsere Geschichte erzählt nun ein Beispiel dafür, dass der Weg ›zurück‹ die Voraussetzung ist, um den Weg nach vorn zu finden. Und die Geschichte wird nicht mit einem erhobenen Zeigefinger erzählt, sondern gleichsam mit einem Schmunzeln: Wer Ohren hat zu hören, der höre.

Otto Betz

Goldene Äpfel

Yah Allah, Schwestern und Brüder, kommt und hört, wisst und seht, was unser ist und ich Euch gebe. Seht Ihr in meinen leeren Händen goldene Äpfel, seht Ihr sie?

Habt acht, ich werfe sie Euch zu: dir einen, dir dort ganz hinten einen, dir so verborgen im Winkel einen, und diesen noch und den letzten auch.

Haltet sie, derweil ich Euch berichte von vielem, das geschah, vielleicht geschah, vielleicht gehört ward, vielleicht nur gesehen – wer kann es sagen? Wer weiß, was wirklich ist, wer, was nur Gedankenschatten?

Wenn wir alles sahen und hörten, werft sie mir zurück, meine goldenen Äpfel. Aus leeren Händen gab ich sie Euch und aus Euren Augen werde ich sie empfangen und halten.

Habt ihr vernommen, Schwestern und Brüder?

Orient

Mit diesem kurzen Text – natürlich kein Märchen, wie gewiss so mancher beim Lesen skeptisch registriert hat – eröffnete die bekannte Märchenerzählerin Elsa Sophia von Kamphoevener 1956 ihre dreibändige Märchensammlung *An Nachtfeuern der Karawan-Serail*. (Wer diese Sammlung noch nicht kennt und ein Faible für lange, orientalische, wunderschöne Geschichten hat, dem sei sie dringend ans Herz gelegt.)

Ich selbst beginne jeden orientalischen Erzählabend, aber auch manch anderen mit den »Goldenen Äpfeln«, weil für mich darin auf poetische Weise zum Ausdruck kommt, was Erzählen bedeutet.

Laden nicht alle Erzählerinnen und Erzähler ihre Hörerschar ein, das Märchen von ihnen in Empfang zu nehmen – das doch Besitz aller ist – und es miteinander zu teilen?

Die Erzählerin schöpft mit leeren Händen aus dem Vollen und teilt freigebig aus an alle, die bereit sind, mit offenen Ohren und Herzen zu lauschen, die bereit sind, die goldenen Äpfel zu fangen und zu halten.

So wird bereits mit den ersten Worten eines langen Erzählabends eine Verbindung geknüpft zwischen Erzählen und Hören, und es wird deutlich, wer schon die Hände ausbreitet, um die Äpfel zu fangen, und wer noch nicht ganz angekommen ist.

Weiter beschreibt der Text wunderbar die Schwebe, in der sich die Märchen befinden, – zwischen Vergangenheit und Gegenwart, Realität und Phantasie – ohne ihre innere Wahrheit anzutasten.

Aber am wichtigsten ist mir der Gedanke, dass ich als Erzählerin nicht nur austeile, sondern durch den intensiven Augenkontakt – der gerade das Erzählen auf besondere Weise auszeichnet – sehr viel empfange, verraten doch die Augen als Spiegel der Seele unmittelbar, ob die Geschichte mein Gegenüber berührt hat.

So kann man sich selbst und sein Publikum wunderbar einstimmen, auf das, was folgen wird, »das geschah, vielleicht geschah«.

Christel Bücksteeg

Lumpenkind

In einem großen grauen Schloss am Meer lebte ein alter Edelmann. Reich war er, aber einsam. Weder Frau noch Kinder waren ihm geblieben, nur eine kleine Enkelin. Doch der hatte er noch niemals ins Gesicht geschaut, so hasste er sie. Denn bei ihrer Geburt war seine Lieblingstochter gestorben, und als ihm die alte Kinderfrau das Neugeborene bringen wollte, da hatte er einen Schwur getan: niemals, niemals werde er dieses Kind ansehen.

Nun saß er Tag um Tag am Fenster, starrte hinaus auf die See und weinte um seine tote Tochter. Haar und Bart wurden ihm weiß und wuchsen so lang, dass sie bis zum Boden niederhingen, und seine Tränen tropften auf das Fenstersims, höhlten den Stein aus und rannen die grauen Mauern hinab ins Meer.

Die kleine Enkelin wuchs heran, ohne dass sich jemand um sie kümmerte; nur die alte Kinderfrau gab ihr manchmal – wenn niemand es sah – ein paar Essensreste aus der Küche oder einen zerrissenen Unterrock aus dem Lumpensack; die anderen Dienstboten aber spielten ihr übel mit, stießen sie herum, schlugen sie und zeigten mit Fingern auf ihre bloßen Füße und nackten Schultern. »Lumpenkind, Lumpenkind«, riefen sie ihr nach, bis das Mädchen weinend aus dem Schloss floh und sich in den Büschen verbarg.

Ja, so wuchs sie auf, mehr draußen als drinnen, nur Lumpen am Leib, kein Bett für die Nacht, keinen Platz am Tisch und kein gutes Wort für sie im ganzen Schloss.

Aber einen Freund hatte sie, das war der kleine Gänsehirt. Viel geben konnte der ihr auch nicht, aber immer wenn sie ganz verzweifelt war vor Hunger oder Kälte oder Müdigkeit, spielte er für sie auf seiner Flöte. Und dann vergaß sie allen Kummer und tanzte, und die Gänse schnatterten dazu.

Eines Tages ging die Kunde durchs Land, der König werde die Stadt besuchen, die nahe beim Schloss lag, und in seinem dortigen Palast werde er einen großen Ball geben für alle Edlen des Reiches. Und der Kronprinz, des Königs einziger Sohn und Erbe, werde sich auf diesem Ball unter den Töchtern des Landes eine Braut wählen.

Auch in das Schloss am Meer kam die königliche Einladung, die Diener brachten sie ihrem Herrn, der saß wie immer am Fenster, eingehüllt in sein langes weißes Haar, und seine Tränen tropften aufs Fenstersims. Aber als er die Botschaft des Königs vernahm, da trocknete er seine Tränen und ließ sich prächtige Gewänder bringen und edelsteingeschmückte Ringe, die legte er an. Dann befahl er, sein weißes Pferd zu satteln und mit Seide und Gold zu schmücken, so wollte er dem König entgegenreiten.

Selbst das Lumpenkind hatte von den großen Festlichkeiten in der Stadt gehört, nun saß sie weinend bei der Küchentür, sie durfte ja gewiss nicht mitkommen und all die Pracht betrachten. Die alte Kinderfrau hörte sie schluchzen, da ging sie zu ihrem Herrn, der gerade aufbrechen wollte.

»Herr«, sagte sie, »nehmt doch die Kleine, Eure Enkelin, mit auf den Ball.«

Der alte Lord runzelte nur die Stirn: »Schweig, davon will ich nichts hören.«

Und die Dienstboten lachten: »Was soll das Lumpenkind denn auf dem Ball – wenn sie tanzen will, kann doch der Gänsehirt für sie spielen.«

»Herr, nehmt das Kind mit«, bat die alte Kinderfrau noch einmal, aber der Lord schüttelte nur den Kopf, und als sie noch immer nicht aufgab, scheuchten die anderen Diener sie mit Spott und Stößen davon. Mit schwerem Herzen ging sie zurück in die Küche, da hatte die Köchin das Lumpenkind längst davongejagt, und die war fortgelaufen zu ihrem Freund, dem Gänsehirten. Dem erzählte sie unter Tränen, wie unglücklich sie sei, weil sie nicht mitdürfe auf den Ball des Königs.

»Ach, wein' doch nicht und verlier nicht gleich den Mut«, sagte der, »weißt du was, wenn der Lord dich nicht mitnimmt, dann geh' ich mit dir in die Stadt, gewiss bekommen wir da etwas zu sehen vom Fest und vielleicht sehen wir sogar den König und die Braut.«

Doch das Lumpenkind ließ nur den Kopf hängen und schaute traurig an sich herab auf ihren zerlumpten Rock und ihre nackten Füße. Da blies der Gänsehirt in seine Flöte, mit der rechten Hand spielte er eine fröhliche Melodie, da vergaß sie ihren Kummer, und mit der linken zog er sie mit sich, und dann tanzten Lumpenkind und Hirtenjunge Hand in Hand, die Gänse voraus, die Straße hinab zur Stadt.

Sie waren noch nicht weit gekommen, da überholte sie auf einem prächtigen Pferd ein schöner junger Mann in kostbaren Kleidern. »Grüß Gott, ihr beiden«, rief er ihnen zu, »sagt mir doch: führt diese Straße in die Stadt, wo heute der König zum Ball einlädt.«

»Ja, dahin wollen wir auch«, sagte das Lumpenkind, »reitet nur immer geradeaus, Ihr könnt den Weg nicht verfehlen.«

»Oh, gut«, sagte der Reiter, aber er trabte nicht weiter, sondern schwang sich aus dem Sattel und schritt, sein Pferd am Zügel, neben ihnen her, und Lumpenkind und Hirtenjunge hüpften Hand in Hand zum fröhlichen Klang der Flöte weiter die Straße hinab.

Der Fremde konnte aber seinen Blick nicht abwenden vom Gesicht des Lumpenkindes; das war zwar nicht ganz sauber, man sah noch die Tränenspuren auf ihren Wangen, auch war ihr Haar nicht geflochten, sondern fiel in wilden Locken auf ihre Schultern – aber nie hatte er ein schöneres Mädchen gesehen, und nie zuvor war er so verliebt. Endlich fasste er sich ein Herz: »Ich bitte dich, Mädchen«, sagte er zu ihr, »werde meine Frau.«

Sie lachte und schüttelte den Kopf mit den wilden goldenen Locken. »Man würde Euch doch nur auslachen, wenn Ihr ein Gänsemädchen heiraten wolltet«, sagte sie, »sucht Euch eine der hohen Damen aus, die Ihr heute Abend auf dem Ball des Königs sehen könnt, und macht Euch nicht lustig über ein armes Lumpenkind!«

Der Fremde gab aber nicht auf, und wenn sie ihn auch immer wieder abwies – »Nein, das geht doch nicht, das wisst Ihr doch selbst!« – mit jedem Nein klang die Flöte süßer, mit jedem Nein liebte er sie mehr. »Wenn wir nur wollen, so wird uns nichts und niemand trennen«, rief er endlich, als sie ans Stadttor kamen und voneinander Abschied nahmen, »und damit du glaubst, dass es mir ernst ist und ich mir keinen Scherz mit dir erlaube: komm heute Nacht auf den Ball, so wie du bist, ohne Schuhe und mit zerrissenem Rock und mit deinen Gänsen. Sei um Mitternacht dort, ich werde mit dir tanzen und dich dem König und all den edlen Damen und Herren vorstellen als meine Braut!«

Nun war es bald Mitternacht auf dem Ball des Königs, die Halle glänzte im Licht ungezählter Kerzen, festliche Musik erklang und die vornehmen Damen und Herren drehten sich fröhlich im Reigen. Da schlug es Zwölf, die Tür der Halle öffnete sich und herein kam das Lumpenkind, gefolgt von dem Hirtenjungen und der schnatternden Gänseschar. Sie blieb an der Schwelle stehen, alle starrten sie an, die Musik brach ab, und das Lumpenkind hörte die Damen tuscheln und die Herren lachen, und sie sah den König auf dem Thron verwundert aufblicken.

Und an der Seite des Königs sah sie den schönen Fremden, der sie eingeladen hatte; der sprang auf, lief zu ihr, nahm sie bei der Hand und führte sie vor den Thron. Und dort küsste er sie dreimal. Dann wandte er sich zum König.

»Vater«, sagte er – denn es war, wie Ihr euch sicher schon gedacht habt, der Königssohn, der eine Braut auswählen wollte – »Vater, ich habe meine Wahl getroffen. Dies hier ist meine Braut, und keine im Land ist schöner und mir lieber!«

Aber noch eher er zu Ende gesprochen hatte, setzte der Hirtenjunge seine Flöte an die Lippen und blies eine leise süße Melodie, die schwebte durch den Saal wie das Lied eines Vogels im fernen Wald; und da verwandelten sich die Lumpen des Mädchens in prächtige Kleider, die waren übersät mit glänzenden Edelsteinen, und eine goldene Krone saß auf ihrem goldenen Haar, und aus den Gänsen waren anmutige Pagen geworden, die trugen ihr eine lange Schleppe nach.

Und der König erhob sich von seinem Thron, umarmte das Mädchen und sprach, die sei gewiss die rechte und ihm von Herzen willkommen als Braut seines Sohnes und als geliebte Tochter. Fanfaren tönten zu Ehren der Braut, und das Volk auf den Straßen jubelte und rief: »Ja! Der Prinz hat wirklich gut gewählt!«

Der Gänsehirt aber war verschwunden, so wie sein Lied verklungen war, niemand wusste, wie und wohin. Und auch der alte Lord war gleich wieder heimgekehrt in das graue Schloss am Meer, er konnte ja nicht bei Hofe bleiben, weil er geschworen hatte, seine Enkelin niemals anzusehen. Und so sitzt er wohl noch immer am Fenster, starrt hinaus auf die See und seine Tränen rinnen die grauen Mauern hinab ins Meer.

England

൪ᎮᎦ

Als Erzähler bin ich immer auf der Suche nach Märchen, die mir so gefallen, dass ich sie erzählen möchte, und die so zu mir passen, dass ich sie erzählen kann. Weil ich schon viele schöne Märchen in unterschiedlichen Varianten kenne und weil meine Ansprüche an Märchen durchaus steigen, darum wird die Suche immer schwieriger. In diesem Jahr habe ich bislang erst oder immerhin zwei Märchen für mich entdeckt, eines davon ist das »Lumpenkind«.

Ich erzähle sonst eher gruselig-unheimliche Märchen oder solche, die männliche Lebenserfahrung spiegeln – warum hat mir dann das Lumpenkind gleich gefallen, das ja weder besonders unheimlich noch männlich ist, ja fast ein wenig kitschig. Aber ich mochte es gleich – und mag es immer noch. Es erzählt in für mich anrührenden Bildern von der Sehnsucht der Menschen nach Glück und Liebe und nach der Erlösung aus der Verlorenheit und Einsamkeit.

Besonders schön und wahr finde ich an dieser eher kurzen und schlichten Aschenputtelgeschichte, dass die Liebe des Königssohns nicht erst der in Gold gehüllten Pracht-Frau gilt, sondern dass er die Schönheit in Lumpen sieht und liebt und dass die Verwandlung des Lumpenkindes nicht Bedingung, sondern eher Folge dieser liebevollen Annahme ist.

Das Lumpenkind ist kein Märchen, über das man sprechen muss – es spricht für sich. Aber mich erinnert das Märchen an einige mir ein-gebildete Wahrheiten. Um nicht missverstanden zu werden: das Lumpenkind ist ein Märchen und keine Allegorie, deren Bilder mit Bedacht gewählt werden, um einen höheren Sinn zu verschlüsseln oder zu verdeutlichen. Und meine Assoziationen zum Lumpenkind sind nicht zwingende Botschaften des Märchens, sondern das, was es in mir wachruft, eher im Herzen als im Kopf:

Obwohl ich nie ein Mädchen war und keineswegs eine lieblose Kindheit hatte, kann ich mich leicht mit dem Lumpenkind identifizieren. Denn das Lumpenkind ist wie jede typische Märchengestalt Ausdruck typischer Menschenerfahrung, und mir erscheint es wie ein Bild der (immer weiblich dargestellten) Menschen-Seele, die nie ganz zuhause ist in den Mauern dieser Welt und deren Hunger nach Glück nichts stillen kann.

Im alten Edelmann finde ich ein verbittertes Nein zu dieser unvollkommenen Welt, die meine Wünsche nicht erfüllt, die meinen Ansprüchen nicht gerecht wird, in der nichts meinen Idealen genügt – auch ich selbst nicht. Dieser Große Vater zeigt eine Lebens-Überforderung, an der er selbst auch leidet, während der alte König mir erscheint wie sein erlöstes und erlösendes Gegenbild.

Der Königssohn, der herabsteigt von Thron und Ross und auf dem Weg das Lumpenkind lieb gewinnt, erinnert mich daran, das wir uns ein Ja zu unserem Leben wohl immer wie ein Wunder schenken lassen müssen, dass dieses Ja uns aber auch geschenkt wird, wenn wir unseren Weg zu gehen oder gar zu tanzen wagen.

Und der Gänsehirt? Im Märchen ist er sicher ein Feenjunge, einer aus der Anderswelt, der wie ein »Schutzengel« dem Lumpenkind zur Seite steht, dass sie den Mut nicht verliert und die Melodie des Lebens nicht ganz vergisst. Aber für mich ist dieser Hirtenjunge auch wie eine Verkörperung der Märchen. Er gibt nicht das Ja-Wort, das das Lumpenkind am Ende braucht und bekommt, aber er begleitet es auf dem Weg, und ohne die Töne seiner Flöte wäre das Leben kaum erträglich, hätten wir den Traum von der Hoch-Zeit und uns selbst längst aufgegeben.

Dass die Märchen uns wie der feenhafte Gänsehirt Mut machen in trostlosen Augenblicken, dass sie unsere Seele in Schwingung versetzen, uns tanzen lassen, und uns immer wieder auf den Weg schicken, auf dem wir unserer Bestimmung begegnen – das wünsche ich mir und allen, die Märchen hören, lesen und lieben.

Heinrich Dickerhoff

Zweimal Glück

Es waren einmal zwei Bauern. Der eine war reich, der andere arm. Der Arme war arm, obwohl er fleißig arbeitete. Eines Nachts ging er auf sein Feld, das an die Felder des Reichen grenzte. Und was bekam er da zu sehen? Ein Wildfremder säte Roggen auf einem Felde des Reichen.

»Was machst du da?«, fragte der Arme.

»Ich säe Roggen«, antwortete der Fremde.

»Und wann wirst du auf meinem Felde säen?«

»Niemals«, sagte der Fremde. »Ich säe hier, weil ich *sein* Glück bin, das Glück deines Nachbarn.«

»Und wo ist *mein* Glück?«, fragte der Arme.

»Dein Glück schläft dort neben dem großen Stein.«

Gleich ging der Arme zum großen Stein, um sein Glück aufzuwecken. »Steh auf und säe Roggen auf meinem Feld!«, sagte der Arme.

Der Schläfer blieb liegen. »Hab keine Lust dazu«, sagte er.

»Warum nicht?«, fragte der Arme: »Bist du denn nicht mein Glück?«

»Oh doch.«

»Und warum willst du nicht auf meinem Feld säen?«

»Bin eben kein Bauernglück«, sagte der Fremde. Er stand auf und sah dem Armen ins Gesicht. »Werde Kaufmann!«, sagte er. Da verkaufte der Arme sein Feld und seine Hütte, zog in die Stadt und machte einen Laden auf. Das Geschäft ging gut. Denn nun sorgte *sein* Glück für ihn.

Ungarn

Für manche ist das Glück selbstverständlich: sie setzen fort, was sie einst begonnen und was die Eltern und Vorfahren vielleicht schon so oder ähnlich getan haben. Für andere ist das Glück zunächst ein Rätsel, ein Manko: er »war arm, obwohl er fleißig arbeitete«. Hier ist ein Wandel nötig – Beruf B statt A, Ort B statt A –, um glücklich zu werden.

Wie finden *wir* unser Glück, falls es für uns ebenfalls einmal nicht selbstverständlich ist? Es gibt darauf eine allgemeingültige Antwort. Denn Glück ist nicht nur eine individuelle Angelegenheit. Glück besteht nicht nur in Selbstverwirklichung oder Pflichterfüllung. Offenkundig auch nicht allein im Besitz oder dem Erwerb bestimmter Güter. Glück bedeutet, dass uns etwas *glückt*.

Wir tragen bestimmte Wünsche und Talente in uns, die zu wichtig sind, als dass sie einfach untergehen dürften. Und jeder besitzt gewisse Ängste und Handicaps, die schlimm sind, die jedoch beseitigt oder gelindert werden können. *Diese wesentlichen Wünsche und Ängste zu erfüllen bzw. aufzuheben, ist entscheidend.* Sie führen uns immer wieder zum »richtigen« Beruf, an den »passenden« Ort und zu allem Weiteren.

Das aber verbindet uns, das haben wir gemeinsam, auch wenn der Inhalt der Wünsche und Ängste für jeden anders ist.

In die gleiche Richtung zielt auch ein bekanntes Zitat von Simone de Beauvoir: »Das Glück besteht darin, zu leben wie alle Welt und doch wie kein anderer zu sein.«

Johannes Fiebig

Der Arme und die Groschen

Es war einmal ein armer Mann, der hatte viele Kinder. Er arbeitete zusammen mit seiner Frau den ganzen Tag. Jeden Abend, wenn sie müde waren, aßen sie in Ruhe und Frieden ihr Brot, und danach griff der Vater nach seiner Leier und ließ die Kinder tanzen, so dass sie ein himmlisches Leben führten.

Dicht nebenan wohnte ein Reicher, und wenn der jeden Abend das Gelächter und die Fröhlichkeit bei dem Armen hörte, wunderte er sich: »Warum bin ich eigentlich nicht zufrieden und seelenruhig wie der? Den ganzen Tag Schufterei und abends Feiern!«

Er dachte: »Ich will ihm Geld geben und dann sehen, was er damit macht.«

Er suchte den Armen auf und sagte zu ihm: »Da ich dich als ehrlichen Mann kenne, sieh, gebe ich dir hier tausend Groschen, damit du einen Handel eröffnen kannst, wie du willst, und wenn du reich wirst, gibst du sie mir zurück, wenn nicht, schenke ich sie dir.«

Den ganzen Tag nun grübelte der Arme darüber nach, was er mit so viel Groschen machen sollte. Er trug sie hierhin und dorthin: »Soll ich ein Geschäft eröffnen? Soll ich sie auf Zinsen legen? Soll ich ein Weinland übernehmen?«

Der Abend kam, keine Leier wurde angerührt, keinen Laut gaben die Kinder von sich. Wenn sie lachten, schalt er sie. Die ganze Nacht schloss er kein Auge vor lauter Grübeln. Am nächsten Tag ging er weder auf Tagelohn, noch sonst wohin vor lauter Grübeln. Seine Frau fragte ihn, was ihm fehle? Sie wollte ihn lachen machen, da schalt er sie, sie solle ihn in Ruhe lassen.

Es vergeht ein Abend, es vergeht ein zweiter, es vergehen drei. Der Reiche hört weder Leier, noch Gelächter, noch Tanz der Kinder.

Am nächsten Morgen sieht er den Armen kommen:

»Hier, guter Christenmensch, sind deine Groschen. Ich will weder sie, noch die Sorge um sie.«

Seitdem spielte der Arme wieder vergnügt in seinem Haus die Leier und seine Kinder tanzten wie früher, und am nächsten Morgen – zur Arbeit! Und sie lebten gut – wir aber noch viel besser.

Griechenland

Bei meiner Suche nach Märchen auf griechischen Inseln oder in Dörfern stoße ich zunächst immer auf Zurückhaltung. Ja, meist negieren die Alten, überhaupt Märchen zu kennen. Sie schämen sich und meinen, Märchen seien etwas Minderwertiges.

Zum Märchensammeln muss man Zeit mitbringen, ein Vertrauensverhältnis aufbauen. Beim gemeinsamen Essen und Trinken fängt mein Mann an zu berichten, ich sei in Deutschland Märchenerzählerin und würde vor allem vor Erwachsenen erzählen – auch an der Universität. Das Staunen der Leute ist groß, lockt sie aber immer noch nicht aus ihrer Reserve.

Irgendwann fange ich dann an, das kleine in vielen Varianten bekannte Märchen »Der Arme und die Groschen«

auf griechisch zu erzählen. »Das kenne ich auch« heißt es dann jedes Mal. »Aber bei mir geht das so ...«

Die »Märchenfalle« hat gewirkt; die Türe zum weiteren Erzählen ist offen.

Elfriede Gazis

Elena die sehr Weise

In alten, uralten Zeiten, in irgendeinem Zarenreich – nicht in unserem Land – stand einmal ein Soldat bei einem steinernen Turm auf Wache. Der Turm war mit einem Schloss verschlossen und mit einem Siegel versiegelt, und es war Nacht. Schlag zwölf hört der Soldat, dass jemand aus diesem Turme spricht: »Heda, Kamerad!«

Der Soldat fragt: »Wer ruft mich?«

»Ich bin es, der böse Geist«, antwortete die Stimme hinter dem eisernen Gitter. »Seit dreißig Jahren sitz ich hier gefangen, ohne zu trinken, ohne zu essen.«

»Was willst du?«

»Lass mich frei, und wenn du in Not gerätst, so will ich selbst dir's vergelten. Du musst nur an mich denken: im gleichen Augenblick werde ich erscheinen und dir helfen.«

Sofort erbrach der Soldat das Siegel, brach das Schloss auf und öffnete die Pforten: der Böse flog aus dem Turm heraus, schwang sich in die Luft und verschwand schneller als der Blitz.

»Oje«, denkt der Soldat, »da habe ich ja was angestellt! All mein Verdienst ist futsch, keinen Groschen mehr wert. Jetzt wird man mich verhaften, vor ein Kriegsgericht stellen, und am Ende muss ich gar – Spießruten laufen! Ich werde wohl besser türmen, solange noch Zeit ist.« Und er warf Flinte und Tornister auf die Erde und lief davon, immer der Nase nach.

So ging er einen Tag lang, ging den zweiten und den dritten. Da packte ihn der Hunger, aber er hatte nichts zu essen und zu trinken. Er setzte sich an den Wegrand, weinte bittere Tränen und grübelte: »Nun, bin ich nicht dumm? Da habe ich dem Zaren zehn Jahre lang gedient, war immer satt und zufrieden, bekam alle Tage meine drei Pfund Brot, aber nein: ich bin einfach weggerannt, um Hungers zu sterben! Oh, du böser Geist, an allem bist du schuld.«

Urplötzlich stand da der Böse vor ihm und sagt: »Guten Tag, Kamerad! Worüber grämst du dich?«

»Wie soll ich mich nicht grämen, wenn ich seit drei Tagen vor Hunger fast umkomme!«

»Wozu Trübsal blasen: das kann ich doch ändern!« sagte der Böse, sprang hierhin und dorthin, schleppte allerlei Weine und Speisen herbei und ließ den Soldaten sich satt essen und trinken. Dann ruft er ihn zu sich: »In meinem Haus wirst du ein freies Leben führen. Du kannst essen, trinken und dich nach Herzenslust vergnügen; nur auf meine Töchter musst du aufpassen: mehr verlange ich nicht.« Der Soldat war einverstanden. Da packte der Böse ihn unter den Armen, erhob sich hoch – ganz hoch in die Luft und flog mit ihm über dreimal neun Länder ins dreimal zehnte Reich, zu einem Palast aus weißem Stein.

Der Böse hatte drei Töchter, wahre Schönheiten. Und er befahl ihnen, dem Soldaten zu gehorchen und ihm Speis und Trank in Hülle und Fülle vorzusetzen. Er selbst aber flog davon, um Unheil zu stiften – natürlich: ist er doch der böse Geist! Der bleibt niemals an einem Ort sitzen, sondern stöbert immerfort in der Welt herum und verwirrt die Menschen, verführt sie zur Sünde.

So blieb der Soldat bei den schönen Mädchen und führte ein Leben – also, dass ans Sterben nicht mehr zu denken war. Eines aber betrübt ihn: jede Nacht verlassen die schönen Mädchen das Haus, aber wohin sie gehen, das weiß der Kuckuck. Da fing er an, sie auszufragen, doch sie verrieten nichts, leugneten alles ab. »Na schön«, denkt der Soldat, »ich werde die ganze Nacht wachen; ich will schon herausbekommen, wo ihr euch herumtreibt.« Am Abend legt er sich auf sein Bett und tat, als ob er fest schliefe, aber in Wirklichkeit kann er es kaum erwarten: etwas wird doch geschehen?

Als nun die Stunde – der Augenblick gekommen war, schlich er klammheimlich zum Schlafzimmer der Mädchen, blieb vor ihrer Pforte stehen, bückte sich und schaut durchs Schlüsselloch. Die schönen Mädchen trugen einen Zauberteppich herbei, breiteten ihn am Boden aus, warfen sich auf jenen Teppich und verwandelten sich in Tauben. Dann flogen sie auf und zum Fenster hinaus. »Was für ein Wunder!« denkt der Soldat. »Das will ich auch mal versuchen.« Er stürzte ins Schlafzimmer, warf sich auf den Teppich und verwandelte sich in ein Rotkehlchen. So flog er aus dem Fenster und jagte ihnen nach.

Die Tauben ließen sich auf einer grünen Wiese nieder; das Rotkehlchen aber setzte sich unter einen Johannisbeerstrauch, verbarg sich dort und späht hinter den Blättern hervor. Unzählige Tauben kamen an jenen Ort geflogen, bedeckten die ganze Wiese; in ihrer Mitte stand ein goldener Thron. Mit einem Mal wurden Himmel und Erde erleuchtet: da fliegt durch die Luft ein goldener Wagen, von sechs feurigen Drachen gezogen. In dem Wagen sitzt die Königstochter Elena die sehr Weise – sie ist so unbeschreiblich schön, dass man es weder ausdenken noch erraten noch im Märchen erzählen kann! Sie stieg aus dem Wagen, setzte sich auf den goldenen Thron und begann, die Tauben der Reihe nach zu sich heran zurufen und sie verschiedene Weisheiten zu lehren. Nachdem sie den Unterricht beendet hatte, sprang sie auf den Wagen, und weg war sie!

Alsdann erhoben sich die Tauben, alle bis zur letzten, von der grünen Wiese, und jede flog nach ihrer Seite. Das Vöglein – das Rotkehlchen flatterte hinter den drei Schwestern her und gelangte zur gleichen Zeit in ihrem Schlafzimmer an. Die Tauben warfen sich auf den Teppich und verwandelten sich in schöne Mädchen; das Rotkehlchen warf sich darauf und wurde zum Soldaten.

»Woher kommst du?« fragen ihn die Mädchen.

»Ich war doch mit euch auf der grünen Wiese und habe die wunderschöne Königstochter auf dem goldenen Thron gesehen. Und ich habe gehört, wie die Königstochter euch verschiedene Weisheiten lehrte.«

»Na, dein Glück, dass du am Leben geblieben bist! Diese Königstochter ist nämlich Elena die sehr Weise, unsere mächtige Gebieterin. Hätte sie ihr Zauberbuch bei sich gehabt, so hätte sie dich ja sofort erkannt, und dann wärst du einem grausamen Tode nicht entronnen. Hüte dich, Kamerad! Flieg nicht mehr zu der grünen Wiese, und staune nicht länger Elena die sehr Weise an! Sonst verlierst du deinen ungestümen Kopf.«

Der Soldat lässt sich nicht beirren: jene Reden gehen ihm zum einen Ohr hinein und zum anderen wieder heraus. Er wartete die folgende Nacht ab, warf sich auf den Teppich und verwandelte sich in ein Vöglein – ein Rotkehlchen. So flog er zur grünen Wiese, versteckte sich unter dem Johannisbeerstrauch, schaut Elena die sehr Weise an, weidet sich am Anblick ihrer herzallerliebsten Schönheit und denkt: »Wenn man eine solche Frau gewinnen könnte, so bliebe einem nichts mehr auf der Welt zu wünschen übrig! Ich will hinter ihr herfliegen und versuchen herauszubekommen, wo sie wohnt.«

Eben da verließ Elena die sehr Weise den goldenen Thron, setzte sich in ihren Wagen und jagte durch die Luft zu ihrem herrlichen Schloss; das Rotkehlchen flog hinter ihr her. Als die Königstochter vor ihrem Schloss anlangte, kamen die Kinderfrauen und Ammen ihr entgegengelaufen, fassten sie bei den Händen und führten sie in den ausgemalten Palast. Das Vöglein – das Rotkehlchen aber flatterte in den Garten, suchte sich einen wunderschönen Baum aus, der gerade unter dem Schlafzimmerfenster der Königstochter stand, setzte sich auf ein Zweiglein und fing an, so schön und so traurig – klagend zu singen, dass die Königstochter die ganze Nacht lang kein Auge zutun konnte – immer nur zuhörte. Kaum war die Sonne aufgegangen, da rief Elena die sehr Weise mit lauter Stimme: »Ihr Kinderfrauen und Ammen, schnell, lauft in den Garten und fangt mir das Vöglein – das Rotkehlchen!« Die Kinderfrauen und die Ammen rannten in den Garten und versuchten, das Vögelchen, den kleinen Sänger zu erhaschen, aber wie denn: diese Alten? Das Rotkehlchen hüpft von Strauch zu Strauch, fliegt nicht weit und lässt sich doch nicht fangen. Da verlor die Königstochter die Geduld und sie lief hinaus in den grünen Garten: sie selbst will das Vöglein – das Rotkehlchen fangen. Als sie an den Strauch herantritt, rührt sich das Vöglein nicht vom Fleck, sondern sitzt und lässt die Flügelchen hängen, gerade so, als erwarte es sie. Da freute sich die Königstochter, nahm das Vöglein in ihre Hände, trug es ins Schloss, setzte es in einen goldenen Käfig und hing diesen in ihrem Schlafzimmer auf.

Der Tag verstrich. Die Sonne ging unter, und Elena die sehr Weise flog zur grünen Wiese. Als sie zurückkehrte, nahm sie ihren Schmuck ab, entkleidete sich und legte sich ins Bett. Das Rotkehlchen schaut ihren weißen Leib an, ihre herzallerliebste Schönheit und es zitterte am ganzen Körper. Kaum war die Königstochter eingeschlafen, da verwandelte sich das Vöglein – das Rotkehlchen in eine Fliege, flog aus dem goldenen Käfig heraus warf sich zu Boden und war wieder ein wackerer Bursche. Der wackere Bursche trat an das Bett der Königstochter, schaute die Schönheit an, schaute, konnte nicht widerstehen und gab ihr einen Schmatz auf den zuckersüßen Mund. Da merkte er, dass die Königstochter wach wird. Schnell verwandelte er sich in eine Fliege, flog in den Käfig und wurde zum Vöglein – zum Rotkehlchen.

Elena die sehr Weise öffnete ihre Augen, guckte im Kreis herum: Nein, niemand. »Das habe ich offenbar geträumt!« denkt sie. Sie dreht sich auf die andere Seite und schlief wieder ein. Aber dem Soldaten juckte es mächtig in den Fingern: Er versuchte es ein zweites und ein drittes Mal. Die Königstochter hat einen leichten Schlaf; nach jedem Kuss wacht sie auf. Beim dritten Mal erhob sie sich aus dem Bett und sagt: »Hier stimmt etwas nicht. Ich werde mal in das Zauberbuch sehen.« Und sie schaute in ihr Zauberbuch und erkannte sofort, dass in dem goldenen Käfig kein gewöhnliches Vöglein – kein Rotkehlchen sitzt, sondern ein junger Soldat. »He, du Flegel!« rief Elena die sehr Weise. »Komm raus da aus dem Käfig! Dieses Vergehen wirst du mir mit dem Tode büßen.«

Nichts zu machen: Das Vöglein – das Rotkehlchen flog aus dem goldenen Käfig heraus, warf sich zu Boden und verwandelte sich in den wackeren Burschen. Da fiel der Soldat vor der Königstochter auf die Knie und bat sie um Vergebung. »Es gibt keine Vergebung für dich, du nichtswürdiger« antwortete Elena die sehr Weise und rief nach Henker und Richtblock, damit dem Soldaten der Kopf abgeschlagen werde. Hast Du nicht gesehen! Stand vor ihr ein Riese mit einem Beil, mit einem Richtblock, der warf den Soldaten zu Boden, drückte seinen ungestümen Kopf auf den Richtblock und holte schon aus. Gleich schwenkt die Königstochter ihr Tuch und dann rollt der kühne Kopf ...

»Erbarme dich, wunderschöne Königstochter«, bittet der Soldat unter Tränen, »erlaube mir zum allerletzten Mal ein Lied zu singen.«

»So sing, aber beeil dich!« Der Soldat stimmte ein Lied an, so traurig, so klagend, dass Elena die sehr Weise selbst in Tränen ausbrach. Und weil der wackere Bursche sie dauerte sagte sie zum Soldaten: »Ich gebe dir eine Frist von zehn Stunden. Wenn es dir in dieser Zeit gelingt, dich so geschickt zu verstecken, dass ich dich nicht finden kann, werde ich dich heiraten. Wenn es dir aber nicht gelingt, so lasse ich dich köpfen.« Da ging der Soldat aus dem Schloss, irrte im dichten Wald herum, setzte sich unter einen Strauch, und er bedachte sich und grämte sich: »Oh, du böser Geist! Nur deinetwegen bin ich verloren.«

Im gleichen Augenblick erschien der Böse vor ihm: »Was willst du, Kamerad?«

»Ach«, sagte er, »ich sehe meinen Tod kommen. Wo soll ich mich vor Elena der sehr Weisen verstecken?« Der böse Geist warf sich auf die Erde und verwandelte sich in einen graugeflügelten Adler: »Setz dich auf meinen Rücken, Kamerad. Ich will dich hoch in die Lüfte tragen.« Der Soldat setzte sich auf den Adler; dieser schwang sich in die Luft und flog hinter Wolken – hinter schwarzes Gewölk.

Als fünf Stunden verstrichen waren, nahm Elena die sehr Weise ihr Zauberbuch, schaute hinein und sah alles wie auf einer flachen Hand. Da verkündete sie mit lauter Stimme: »Adler, du bist lang genug durch die Lüfte geflogen; komm herunter. Vor mir kannst du dich nämlich nicht verstecken.« Der Adler senkte sich zur Erde herab.

Ärger noch als vorher grämte sich der Soldat: »Was soll ich jetzt machen? Wo kann ich mich verstecken?«

»Warte«, sagte der Böse, »ich werde dir helfen.« Er sprang auf den Soldaten zu, schlug ihm auf die Wange und verzauberte ihn in eine Stecknadel. Er selbst verwandelte sich in ein Mäuschen, nahm die Stecknadel zwischen die Zähne, stahl sich ins Schloss, fand das Zauberbuch und steckte die Nadel hinein.

Die letzten fünf Stunden waren verstrichen. Elena die sehr Weise schlug ihr Zauberbuch auf, schaute, schaute: in dem Buch ist nichts zu sehen. Da wurde die Königstochter sehr zornig, und sie schleuderte es in den Ofen. Die Stecknadel glitt aus dem Buch heraus, warf sich zu Boden und verwandelte sich in den wackeren Burschen. Elena die sehr Weise nahm ihn bei der Hand. »Ich bin schlau«, sagte sie, »aber du bist noch schlauer!« Sie zauderten nicht lange, ließen sich trauen, und von nun an lebten sie herrlich und in Freuden.

Russland

Bei der Wahl eines Märchens, das mir »lieb« ist, habe ich mich gleichermaßen von Verstand und Gefühl leiten lassen. Unter den verschiedenen Erzählgattungen bevorzuge ich seit jeher Zaubermärchen, speziell russische, und ganz besonders faszinieren mich »Liebesmärchen«, in denen Raum bleibt für eine Einsicht in das Innenleben beider Partner.

Das Märchen von der Zauberin und dem Soldaten aus der Sammlung des A. N. Afanas'ev ist mir während des Übersetzens aus dem Russischen ans Herz gewachsen. Wie die beiden Hauptfiguren handeln, gefällt mir und irritiert mich zugleich. Daher bleibt das Märchen für mich eine interessante »Knacknuss«.

Welten scheinen den Helden dieses Märchens von der schönen Titelheldin zu trennen: den angeblich einfachen Soldaten mit seinen ganz irdischen Bedürfnissen, seinen menschlich verständlichen Reaktionen von der mit magischen Kräften reichlich begabten, unnahbar wirkenden »Göttin«. Eine Art Göttin ist Elena nicht bloß nach Ansicht des verliebten, also subjektiven Soldaten (dessen Perspektive der Erzähler ja einnimmt), sondern ganz objektiv durch die Attribute ihrer großen Macht: goldener Thron, goldener, fliegender Wagen samt sechs feurigen Drachen, magisches Wissen und Zauberbuch.

Das Märchen zeigt, wie »Soldat« und »Göttin« zueinander finden. Dabei überrascht der Held vor allem durch seine Fähigkeit (Bereitschaft) zur Verwandlung. Einerseits ist er ein Mann mit Macho-Gehabe, ein dreist-neugieriger »Voyeur«, der erst drei Mädchen im Schlafzimmer durchs Schlüsselloch beobachtet und dann die unbekleidete Elena nicht nur aus der Ferne (vom goldenen Käfig aus), zeigt der Soldat andererseits Gefühle und findet über seine Lieder Zugang zu ihrem Herzen. Der traurige Gesang ist ein meines Erachtens sehr sympathischer, ein russischer Zug. Erstaunlich, was er zuwege bringt! Er, der anfangs bitterlich weinte, weil er glaubte, verhungern zu müssen, verwandelt sich angesichts der Schönen in eine Fliege, in einen wackeren Burschen, wieder in einen Vogel, und das ganz ohne Zauberteppich oder sonstige Hilfsmittel. Ist es die Liebe, die ihn dazu befähigt? Oder ist er selbst ein Magier?

Noch schwieriger wird es, in Elena »hineinzuschauen«. Verständlich wirkt ihr heftiger Zorn, als sie den Soldaten entdeckt, den liebeshungrigen Draufgänger anstelle des »harmlosen«, sentimentalen Sängers. Eine derart plastische Darstellung seiner Todesfurcht (oder Trennungsangst?) aber stellt die unerbittliche Schöne als grausam hin – bevor sie sich von einem erneuten »Gefühlsausbruch« (dem Klagelied) dieses besonders sensiblen oder besonders raffinierten Mannes erweichen lässt. Elenas erstaunlicher Vorschlag (»Heirat oder Tod«) leitet auf der Textebene die Versteckwette ein, mit der Märchen dieses Typs zu beginnen pflegen; in die Erfahrungen des menschlichen Alltags übersetzt, will sie die Trennung, gibt ihm aber noch eine Chance, sich zu bewähren. Elena scheint für den Soldaten eher Mitleid als Liebe zu empfinden, wenn man bedenkt, dass sie vor Ärger über seinen Erfolg ihr kostbares Zauberbuch, das Symbol ihrer Macht, vernichtet. Indem sie ihn heiratet, verliert sie einen Teil ihrer Stärke und ihres Selbstbewusstseins.

Doch der Soldat hat keinen Grund, überheblich zu werden. Er hat sie nicht »besiegt«, sondern nur dank eines magischen Helfers, des Teufels sogar, überlistet. Vielleicht lebt ja der »böse Geist«, der hier vordergründig seinen Verpflichtungen gegenüber dem Soldaten nachkommt, persönliche Rachegefühle aus, haben doch seine drei Töchter heimlich »Weisheiten« bei Elena gelernt, die er nicht versteht und wohl auch nicht billigt.

Werden Elena die sehr Weise und der Soldat eine glückliche Ehe führen? Das vermag ich nicht zu entscheiden. Trotz allem endet das Märchen hoffnungsvoll, nachdem beide Partner das allzu provokante Verhalten ihrer Junggesellenzeit abgelegt haben.

Barbara Gobrecht

Der goldene Schlüssel

Zur Winterszeit, als einmal ein tiefer Schnee lag, musste ein armer Junge hinausgehen und Holz auf einem Schlitten holen. Wie er es nun zusammengesucht und aufgeladen hatte, wollte er, weil er so erfroren war, noch nicht nach Haus gehen, sondern erst Feuer anmachen und sich ein bisschen wärmen. Da scharrte er den Schnee weg, und wie er so den Erdboden aufräumte, fand er einen kleinen goldenen Schlüssel. Nun glaubte er, wo der Schlüssel wäre, müsste auch das Schloss dazu sein, grub in der Erde und fand ein eisernes Kästchen. »Wenn der Schlüssel nur passt!« dachte er. »Es sind gewiss kostbare Sachen in dem Kästchen.« Er suchte, aber es war kein Schlüsselloch da, endlich entdeckte er eins, aber so klein, dass man es kaum sehen konnte. Er probierte, und der Schlüssel passte glücklich. Da drehte er einmal herum, und nun müssen wir warten, bis er vollends aufgeschlossen und den Deckel aufgemacht hat, dann werden wir erfahren, was für wunderbare Sachen in dem Kästchen lagen.

Deutschland

Wie für die Grimms der »Froschkönig« in allen Auflagen der *Kinder- und Hausmärchen* die Nr. 1 blieb, so bildete »Der goldene Schlüssel«, wie auch immer die Sammlung sich änderte und wuchs, stets den Beschluss. Seitdem ich herausgefunden habe, dass die Grimms zumindest dreizehn Märchen nach den Proportionen des goldenen Schnitts gestaltet haben, darunter eben auch das erste und letzte, seitdem scheint mir gerade »Der goldene Schlüssel« ein geheimer Schlüsseltext für die ganze Sammlung zu sein.

Im Aufsatz »Was wussten die Grimms vom goldenen Schnitt?« habe ich die goldenen Schnittproportionen der dreizehn Märchen ausführlich dargestellt (In: Jacobsen, Ingrid/Lox, Harlinda/Lutkat, Sabine (Hrsg.): *Sprachmagie und Wortzauber – Traumhaus und Wolkenschloss.* Forschungsbeiträge aus der Welt der Märchen. Krummwisch 2004, S. 134–158) – und zwar nach der Zeilenformatierung, wie sie Heinz Rölleke in seiner Reclam-Ausgabe vermittelt; dort hat »Der goldene Schlüssel« 18 Zeilen.

Hier habe ich den Text auf 13 Zeilen formatiert; dies erlaubt es, ihn nach der Zahlenreihe aufzuschlüsseln, die der mittelalterliche Mathematiker Fibonacci (1180–1250) als eine Art vereinfachter Faustregel aufgestellt hat. Bei der folgenden Zahlenreihe 1 : 2 : 3 : 5 : 8 : 13 : 21 : 34 : 55 usw. bilden die Quotienten zweier benachbarter Zahlen die beste rationale Annäherung an die goldene Schnittzahl. Diese Quotienten gelten seither als »proportio divina«, als das göttliche Verhältnis, das dort, wo es sich einstellt, den schönsten, den harmonischsten, eben den »goldenen Schnitt« verheißt.

Bei unserem Text lauten die Schnittzahlen 13 : 8 : 5 : 3. Gehen wir ihn von oben an, so glänzt exakt nach der fünften Zeile die Botschaft auf, die den weiteren Fortgang bestimmt: einen »kleinen goldenen Schlüssel«, und so ergibt sich von dort bis zum Ende ein Verhältnis von 5 : 8. Ein zweiter Schnitt dreht das Verhältnis jedoch in 8 : 5 um: Er liegt zwischen den Worten »Kästchen« und »Er suchte...« In der Mitte überschneiden sich die beide Verhältnisse und schließen dabei eine gemeinsame Textstelle von 3 Zeilen ein, in welcher der Junge über seinen Fund nachdenkt: sie reicht von »kleinen goldenen Schlüssel« bis

»in dem Kästchen«. Und so dreht sich das ganze Gebilde, quasi spiegel-symmetrisch, um eine spekulative Achse, und zwar so, wie ein Schlüssel sich »einmal herum« dreht.

»Der goldene Schlüssel«: erweist er sich, so betrachtet, nicht als eine Art Code, als ein Schlüsseltext dafür, wie die Sammlung insgesamt aufzuschließen sei?

»Der goldene Schnitt«: ist er eines der Geheimnisse der Sprache Grimm, die sie uns verschwiegen haben? Wächst ihr mit seiner Entdeckung nicht eine neue, bislang unbekannte Dimension von Qualität zu?

Heinz-Albert Heindrichs

Die Kristallkugel

Es war einmal eine Zauberin, die hatte drei Söhne, die sich brüderlich liebten: aber die Alte traute ihnen nicht und dachte, sie wollten ihr ihre Macht rauben. Da verwandelte sie den ältesten in einen Adler, der musste auf einem Felsengebirge hausen, und man sah ihn manchmal am Himmel in großen Kreisen auf- und niederschweben. Den zweiten verwandelte sie in einen Walfisch, der lebte im tiefen Meer, und man sah nur, wie er zuweilen einen mächtigen Wasserstrahl in die Höhe warf. Beide hatten nur zwei Stunden jeden Tag ihre menschliche Gestalt. Der dritte Sohn, da er fürchtete, sie möchte auch ihn in ein reißendes Tier verwandeln, in einen Bären oder einen Wolf, so ging er heimlich fort. Er hatte aber gehört, dass auf dem Schloss der goldenen Sonne eine verwünschte Königstochter säße, die auf Erlösung harrte: es müsste aber jeder sein Leben daran wagen. Schon dreiundzwanzig Jünglinge wären eines jämmerlichen Todes gestorben und nur noch einer übrig, dann dürfte keiner mehr kommen. Und da sein Herz ohne Furcht war, so fasste er den Entschluss, das Schloss von der goldenen Sonne aufzusuchen. Er war schon lange Zeit herumgezogen und hatte es nicht finden können, da geriet er in einen großen Wald und wusste nicht, wo der Ausgang war. Auf einmal erblickte er in der Ferne zwei Riesen, die winkten ihm mit der Hand, und als er zu ihnen kam, sprachen sie: »Wir streiten um einen Hut, wem er zugehören soll, und da wir beide gleich stark sind, so kann keiner den andern überwältigen: die kleinen Menschen sind klüger als wir, daher wollen wir dir die Entscheidung überlassen.« »Wie könnt ihr euch um einen alten Hut streiten?« sagte der Jüngling. »Du weißt nicht, was er für Eigenschaften hat, es ist ein Wünschhut, wer den aufsetzt, der kann sich hinwünschen, wohin er will, und im Augenblick ist er dort.« »Gebt mir den Hut«, sagte der Jüngling, »ich will ein Stück Wegs gehen, und wenn ich euch dann rufe, so lauft um die Wette, und wer am ersten bei mir ist, dem soll er gehören.« Er setzte den Hut auf und ging fort, dachte aber an die Königstochter, vergaß die Riesen und ging immer weiter. Einmal seufzte er aus Herzensgrund und rief: »Ach, wäre ich doch auf dem Schloss der goldenen Sonne!« Und kaum waren die Worte über seine Lippen, so stand er auf einem hohen Berg vor dem Tor des Schlosses.

Er trat hinein und ging durch alle Zimmer, bis er in dem letzten die Königstochter fand. Aber wie erschrak er, als er sie anblickte: sie hatte ein aschgraues Gesicht voll Runzeln, trübe Augen und rote Haare. »Seid Ihr die Königstochter, deren Schönheit alle Welt rühmt?« rief er aus. »Ach«, erwiderte sie, »das ist meine Gestalt nicht, die Augen der Menschen können mich nur in dieser Hässlichkeit erblicken, aber damit du weißt, wie ich aussehe, so schau in den Spiegel, der lässt sich nicht irre machen, der zeigt dir mein Bild, wie es in Wahrheit ist.« Sie gab ihm den Spiegel in die Hand, und er sah darin das Abbild der schönsten Jungfrau, die auf der Welt war, und sah, wie ihr vor Traurigkeit die Tränen über die Wangen rollten. Da sprach er: »Wie kannst du erlöst werden? Ich scheue keine Gefahr.« Sie sprach: »Wer die kristallene Kugel erlangt und hält sie dem Zauberer vor, der bricht damit seine Macht, und ich kehre in meine wahre Gestalt zurück. Ach«, setzte sie hinzu,

»schon so mancher ist darum in seinen Tod gegangen, und du junges Blut, du jammerst mich, wenn du dich in die großen Gefährlichkeiten begibst.« »Mich kann nichts abhalten«, sprach er, »aber sage mir, was ich tun muss.« »Du sollst alles wissen«, sprach die Königstochter, »wenn du den Berg, auf dem das Schloss steht, hinabgehst, so wird unten an einer Quelle ein wilder Auerochs stehen, mit dem musst du kämpfen. Und wenn es dir glückt, ihn zu töten, so wird sich aus ihm ein feuriger Vogel erheben, der trägt in seinem Leib ein glühendes Ei, und in dem Ei steckt als Dotter die Kristallkugel. Er lässt aber das Ei nicht fallen, bis er dazu gedrängt wird, fällt es aber auf die Erde, so zündet es und verbrennt alles in seiner Nähe, und das Ei selbst zerschmilzt und mit ihm die kristallene Kugel, und all deine Mühe ist vergeblich gewesen.«

Der Jüngling stieg hinab zu der Quelle, wo der Auerochse schnaubte und ihn anbrüllte. Nach langem Kampf stieß er ihm sein Schwert in den Leib, und er sank nieder. Augenblicklich erhob sich aus ihm der Feuervogel und wollte fortfliegen, aber der Adler, der Bruder des Jünglings, der zwischen den Wolken daherzog, stürzte auf ihn herab, jagte ihn nach dem Meer hin und stieß ihn mit seinem Schnabel an, so dass er in der Bedrängnis das Ei fallen ließ. Es fiel aber nicht in das Meer, sondern auf eine Fischerhütte, die am Ufer stand, und die fing gleich an zu rauchen und wollte in Flammen aufgehen. Da erhoben sich im Meer haushohe Wellen, strömten über die Hütte und bezwangen das Feuer. Der andere Bruder, der Walfisch, war herangeschwommen und hatte das Wasser in die Höhe getrieben. Als der Brand gelöscht war, suchte der Jüngling nach dem Ei und fand es. Glücklicherweise war es noch nicht geschmolzen, aber die Schale war von der plötzlichen Abkühlung durch das kalte Wasser zerbröckelt, und er konnte die Kristallkugel unversehrt herausnehmen.

Als der Jüngling zu dem Zauberer ging und sie ihm vorhielt, so sagte dieser: »Meine Macht ist zerstört, und du bist von nun an der König vom Schloss der goldenen Sonne. Auch deinen Brüdern kannst du die menschliche Gestalt damit zurückgeben.« Da eilte der Jüngling zu der Königstochter, und als er in ihr Zimmer trat, so stand sie da in vollem Glanz ihrer Schönheit, und beide wechselten voll Freude ihre Ringe miteinander.

Deutschland

ℱ

Das Märchen »Die Kristallkugel« (KHM 197) ist mir – seit unserem Gelsenkirchener Kongress »Märchen und Schöpfung« (1992) – mehr und mehr ans Herz gewachsen wegen seiner steigenden Aktualität und der Präzision der Erzählweise.

Die Zauberin, die machtgierige, festhaltende Mutter, entspricht dem Zauberer-Vater, der die Königstochter vom Schloss der goldenen Sonne in seine Gewalt hält, und von dem wir erst gegen Ende des Märchens hören: Die alte Generation will die Macht nicht abgeben, und ihr Egoismus stürzt die Schöpfung ins Chaos. Die Königstochter ist in Agonie befangen, denn alle Erlösungsversuche sind vergeblich geblieben, und nur der 24., der Letzte, hat eine Chance. Mit einer Gnadengabe, dem Wünschhut, den er nicht raubt, gelangt er ins Schloss. Den Auerochsen, der die Quelle, das lebensnotwendige Wasser, in seiner Gewalt hält, kann er zwar töten, aber das ist das Einzige, was ihm möglich ist; seine Tierbrüder vollenden das Werk der Erlösung, das heißt, nur im brüderlichen Miteinander der Geschöpfe ist globale, ja kosmische Rettung möglich. Die Heilige Hochzeit zwischen der Sonne (das ist die verwünschte Königstochter) und dem Heilbringer ist Zeichen neuen Lebens: Der drohende Weltentod ist überwunden, Schöpfung wird neu, geht weiter, und die machtgierigen Alten treten zurück. In Zeiten globaler Bedrohung (zur Zeit Vogelgrippe) ist dieses Märchen dazu angetan, unsere Augen zu öffnen für die gegenseitige Abhängigkeit aller Geschöpfe auf der Erde, die einander zu dienen haben.

Zudem ist »Die Kristallkugel« ein sprachliches Kunstwerk und als solches nach den Maßen des goldenen Schnitts gebaut, wie Heinz-Albert Heindrichs nachgewiesen hat. »In einer Art Spiegelsymmetrie, einer Art Drehspiegelachse, wie die Kristallkunde eine solche Form nennt«, ist das Märchen gestaltet. Dies »entspricht dabei genau der inhaltlichen Aussage der ›Kristallkugel‹, nämlich der Wiederherstellung der kosmischen Schönheit nach einer Phase des Chaos.« (cf. »Was wussten die Grimms vom goldenen Schnitt«? In: Jacobsen, Ingrid/Lox, Harlinda/Lutkat, Sabine (Hrsg.): *Sprachmagie und Wortzauber – Traumhaus und Wolkenschloss*. Forschungsbeiträge aus der Welt der Märchen. Krummwisch 2004, S. 153).

Ursula Heindrichs

Von Dukhu der Glücklichen und Sukhu der Unglücklichen

Vor langer, langer Zeit, damals als die Welt noch jung war, lebte ein Mann, der hatte zwei Frauen geheiratet. Die eine war eine ältere, ihre Tochter Dukhu war fleißig und gefällig. Alle hatten sie gern. Die andere Frau war jünger, ihre Tochter hieß Sukhu. Sie war faul, stolz und missmutig, ganz wie ihre Mutter. Natürlich zog der Mann die jüngere vor, er tat was er konnte für sie. Die ältere Frau beachtete er kaum. Sukhu und ihre Mutter hassten Dukhu und die ältere Frau und wünschten sehnlichst, die beiden loszuwerden.

Da wurde der Mann krank. Beide Frauen taten, was sie konnten. Es wurde schlimmer mit ihm. Eines Tages starb er. Da übernahm die jüngere Frau den ganzen Besitz. Sie trieb Dukhu und ihre Muter aus dem Haus. Die beiden zogen in eine verlassene Hütte und verdienten sich das Brot mit spinnen.

Dukhu saß immer im Garten am Spinnrad. Da blies ihr eines Morgens ein Windstoß die ganze Wolle davon. Sie sprang auf, lief hinterher, aber immer blies der Wind die weiche Wolle weiter. Sie setzte sich auf einen Stein und weinte bitterlich. »Weine nicht Dukhu, komm mit mir!« Da lief Dukhu mit dem Wind. Bald stand da eine Kuh am Wege. »Komm her, miste meinen Stall aus!« Dukhu nahm sich einen Besen und schrubbte den Stall so sauber, dass er glänzte. Dann lief sie dem Wind nach. Auf einmal stand da ein Bananenbaum am Wege. »Dukhu, befreie mich von den Schlingpflanzen, damit ich mich aufrichten kann!« »Ja, es ist schwer, so krumm zu stehen!« Schon riss sie die Schlinggewächse ab. »Du bist gut, Dukhu!« »Ach, das hätte jeder andere auch getan.« Schon lief sie weiter und folgte dem Wind, der auf sie wartete. Dann war da ein Pferd. »Dukhu, halt ein, nimm mir Sattel und Zügel ab, damit ich besser grasen kann!« Und Dukhu tat es.

Dann ging es weiter, immer weiter – bis auf einmal ein herrlicher Palast auftauchte, er glänzte und glitzerte. Da stand der Wind. »Dort wohnt die Mutter des Mondes Dukhu, geh hinein, sie gibt dir, was du wünscht!« Und schon war der Wind verschwunden. Dukhu war allein, kein Lebewesen in der Nähe. Sie fürchtete sich, sie stand ängstlich da, bis sie sich ein Herz fasste. Langsam ging sie auf das Schloss zu. Sie ging von Raum zu Raum, alle Türen waren offen, kein Mensch zu sehen. Da, eine verschlossene Tür. Sie klopfte leise. »Komm herein!« Vorsichtig öffnete sie. Sie sah eine alte Frau in den Strahlen des Mondes am Spinnrad arbeiten. Sie fiel auf die Knie und beugte die Stirn bis zum Boden. »Großmütterchen, liebe Große Mutter, der Wind hat mir die Wolle weggeblasen. Die Mutter und ich müssen hungrig zu Bett gehen, wenn wir keine Wolle haben. Bitte, liebe Große Mutter, gib mir etwas Wolle.« »Ich will dir mehr geben als Wolle, wenn du würdig bist. Dukhu, geh hinaus und tauche zweimal im Teich unter. Hörst du, zweimal!« Und Dukhu ging zum Teich, ging hinein und tauchte. Sie kam heraus und besah sich im Wasser. Sie war schön geworden! Nun ging sie ein zweites Mal hinein und tauchte unter. Da war sie mit glänzenden Juwelen behängt und trug einen Sari. Fort war ihr altes Kleid, verschwunden die Kette aus Glas und das Messinghalsband. Sie trug einen Sari aus Musselin, ganz fein, sie war reich mit Schmuck behängt. Sie meinte zu träumen und konnte es nicht glauben. Endlich ging sie zu der alten Frau zurück. »Mädchen, ich habe noch etwas für dich.« Sie holte drei Kästchen. »Suche dir eins aus.« Dukhu nahm das kleinste Kästchen, dankte und sagte: »Ade!« Dann lief sie heim.

Da stand wieder das Pferd, es schenkte ihr ein Fohlen, ein besonderes, wie es nur Königinnen besitzen. Der Bananenbaum schenkte ihr einen Krug mit Goldstücken und eine Staude gelber Bananen. Sie packte alles auf das Fohlen. Es folgte ihr, bis sie zu der Kuh kamen. Die Kuh gab ihr ein Kalb. Dukhus Mutter wartete schon sehr, sie betete zu den Göttern, dass sie ihr Kind heil zurückschicken mögen. Endlich lag sie jammernd, wie ein Häufchen Unglück auf dem Boden. »Mutter wo bist du? Komm schau, was ich gebracht habe!« Die Mutter kam aus der Hütte und schloss Dukhu in die Arme. »Oh, du Licht meiner Augen, wo warst du so lange?« Da bemerkte sie erst die Juwelen, den Sari und die Goldstücke. Sie war stumm vor Staunen. »Dukhu, wie kommst du dazu, sprich!« Dukhu erzählte alles. »Hier ist noch ein Kästchen, Mutter, das mir die Mutter des Mondes geschenkt hat.« Sie meinten beide, dass noch Edelsteine hervorkommen würden. Vorsichtig öffneten sie. Ein stattlicher junger Mann kam heraus mit starken, geraden Gliedern. »Ich bin dein Bräutigam, Dukhu!« So konnte eine prächtige Hochzeit gefeiert werden. Auch Sukhu und ihre Mutter waren geladen, aber sie kamen nicht.

Dukhus Mutter hatte ein gutes Herz. Eines Tages nahm sie etwas Schmuck und ging in das Haus ihres Mannes zu Sukhus Mutter. »Schwester, nimm etwas für Sukhu von dem Schmuck, den die Mutter des Mondes Dukhu gegeben hat.« Aber die Frau war sauer wie Essig.

»Schande über Dukhu, sie jagt dem Schmuck nach! Meine Sukhu braucht keinen Schmuck, sie ist so schön genug! Nur eulengesichtige Mädchen brauchen Juwelen!« Dabei versuchte sie genau zu erfahren, wie alles zugegangen war. Traurig kehrte Dukhus Mutter heim. Aber Sukhus Mutter dachte: »Meine Worte haben sie jetzt getroffen. Sie findet heute keinen Schlaf. Meine Sukhu wird zehnmal reicher werden.«

Sukhu musste sich in den Vorgarten setzen und spinnen. »Hör zu, Liebling, wenn dir der Wind die Wolle wegbläst, folge ihm. Sei höflich unterwegs, vor allem zu der alten Frau. Ich verlasse mich auf deinen Verstand, hörst du!« »Natürlich Mutter, du weißt doch, dass ich Verstand habe und du dich drauf verlassen kannst!« Es dauerte nicht lange und ein Windstoß trug die Wolle davon. Das Mädchen jammerte sofort. Der Wind kam heran. »Weine nicht Sukhu, folge mir. Du sollst Wolle haben soviel du magst!« Sie folgte dem Wind, begegnete der Kuh. Aber sie antwortete auf ihre Bitte: »Deinen Stall ausmisten, du Hässliche! Ich besuche die Mutter des Mondes!« Schon war sie vorbei gelaufen. Dem Pferd rief sie zu: »Hilf dir selbst, du dummes Tier. Ich bin nicht dein Wärter!« Lang war ihr der Weg, sie wurde ungeduldig. Endlich kam sie an im Palast und stürmte sogleich zu der alten Frau hinein: »He Alte, gib mir Wolle, sonst breche ich dein Spinnrad entzwei, hörst du!« Die Große Mutter blieb ruhig. »Sei geduldig, Kind, ich gebe dir Besseres als die Wolle, wenn du würdig bist. Geh hinaus und tauche zweimal im Teich unter, hörst du, zweimal!« Sukhu ging hinaus, stieg in den Teich hinein und tauchte unter. Dann besah sie ihr Spiegelbild.

Schöner war sie geworden. Gleich tauchte sie ein zweites Mal, heraufkommend staunte sie. Sie trug einen Sari und viel schönen Schmuck. Ihre Freude war groß. Am Ufer stehend drehte sie sich hin, drehte sie sich her und besah ihr Spiegelbild. Da kam ihr ein Gedanke: »Wenn ich noch einmal tauche, habe ich mehr als Dukhu.« Sie ging in das Wasser, heraufkommend erschrak sie über ihre lange Nase und die eitrigen Wunden an ihrem Körper. Der Zorn stieg in ihr hoch, sie stürmte zurück zum Palast. »Du Alte, was hast du aus mir gemacht?« Die Frau sah sie an: »Sukhu, mir scheint, du warst ungehorsam. Ungehorsam warst du!« Sie holte die drei Kästchen hervor. »Nimm dir das, was dir am Besten gefällt.« Sukhu grabschte das größte und verschwand. Auch Sukhus Mutter wartete gespannt auf die Tochter. Was wird sie alles bringen. Da hörte sie: »Mutter!« Sie stürzte hinaus. Nichts war zu sehen. Da hinter den Bäumen erblickte sie das Mädchen. Sie schrie auf! Sukhu erzählte: »Die Alte hat mir noch ein Kästchen gegeben, da wird was drin sein.« Sie bekamen wieder Hoffnung und mit zitternden Händen öffneten sie das Kästchen. Oh, heraus ringelte sich eine Schlange, schwarz war sie. Sie wurde immer größer. Die Frauen standen wie gelähmt. Die Schlange packte Sukhu und verschlang sie. Die Mutter schrie. Sie ist bald vor Kummer gestorben.

Dukhus Mutter hatte noch viel Freude in ihrem Leben. Dukhu und ihr Gemahl haben lange glücklich gelebt. Sie hatten viele Kinder und Enkel.

Bengalen

Der Band *Bengalische Märchen* aus dem Insel Verlag enthält viele besonders starke Volksmärchen voller Lebensweisheit.

»Die beiden Stiefschwestern«, so ist der Buchtitel, las ich vor 25 Jahren zum 1. Mal. Es hat mich nicht mehr losgelassen. Inzwischen habe ich viele Texte des Typs AaTh/ATU 480 bearbeitet. Überall in der Welt ist dieser Märchenkern in ein typisches Gewand gekleidet worden. Das bengalische Märchen von der »Mutter des Mondes« nimmt für mich den 1. Platz ein.

Es ist ein reines Frauenmärchen, sicher sehr alt. Eins von vielen, die dort erzählt wurden. Der Mond mit seinen 20 Monaten hat das Leben des Menschen bestimmt. Welch ein Bild: Die Mutter des Mondes in dem Saal am Spinnrad im Licht! Ich staunte zunächst über die gleichen Symbole wie in Europa, den Bräutigam eingeschlossen und die Schlange. Der Kern des Märchens ist der gleiche wie in Europa! Auch das Gewand, das die Bengalen diesem Text umgehängt haben, ist ähnlich, der Schmuck, der einzige Besitz einer Frau und das Kleid. Der Bräutigam ist einfach da, als Dukhu erwachsen geworden ist auf dem Weg. Farbige Bilder sind es, die eine Erzählerin begeistern können. Denke ich nur an das Untertauchen und das Heraufkommen der Mädchen. Erwähnen muss ich auch den langen Weg, auf dem viele scheitern andere Erfolg haben.

Dukhu heißt die Glückliche. Sukhu heißt die Unglückliche. Diese Bezeichnung ist viel treffender als Goldmarie und Pechmarie. Das Glücklichsein umfasst drei Stufen. Zuerst muss Glück verursacht werden, wie kann es sonst doppelt zurückkommen? Man sagt auch: »Sein Glück schmieden.« Dukhu tut es. Sie fasst zu, hilft, ist selbstlos, aufmerksam. Sie hat ein Herz für alles Lebende, ist fest eingebunden in die Natur. Sie lebt im Jetzt, deshalb kann sie sich entwickeln. Das Gute kommt doppelt zurück. Sie hat einfach Glück.

Sukhu ist nur auf den Gewinn konzentriert. Sie lebt im Haben. Sie hat kein Herz für andere, kennt nur sich. Es kann nichts zurückkommen. Das aber ist die Voraussetzung für »Das Glücklichsein«, ist ein Zustand unseres Inneren. Dukhu lebt es vor. Wer es begreift, kann es von ihr lernen!

Märchen waren immer Lebenshilfe! Auch in diesem Jahrtausend zeigen sie uns den Weg zum Glück!

Es ist unendlich viel über diesen Märchentyp geschrieben und gesprochen worden. Dies sind meine Gedanken.

Gertrud Hempel

Das Haar an seinem Mantel

Vor Zeiten lebte ein Mann mit Namen Badr, der hatte nicht einmal genug für sein täglich Brot. Er dachte und sann darüber nach, und schließlich öffnete sich vor seinem inneren Blick ein Weg, der zum Reichtum zu führen schien. Er begab sich also in eine einsame Gegend vor der Stadt und begann mit seinen eigenen Händen ein Haus zu bauen, das sollte zwei Türen haben, und nach zwei Monaten war es fertig und einzugsbereit.

Darauf suchte Badr in der Stadt einen jener Kaufleute auf, von dem es hieß, die Worte träufelten ihm aus der Kehle wie Wasser aus einem undichten Topf, und er sagte zu ihm: »Ich würde Euch gern etwas anvertrauen, denn Ihr seid der Klügste und Verschwiegenste aller Kaufleute in dieser Stadt. Aber zuvor müsst Ihr mir einen Eid schwören, dass Ihr davon kein einziges Wort weitersagen werdet.« Und der Kaufmann, der Dschefer hieß, schwor einen Eid.

Darauf sagte Badr: »So höre, in einem Traum ist mir der Prophet Allahs erschienen – Friede seinem Andenken – und hat mir dies kundgetan:

›Wisse, einen Tag lang werde ich in jener einsamen Gegend vor der Stadt weilen, und dafür sollst du mir eine Hütte mit zwei Türen bauen, und in dieser Hütte werde ich alle die empfangen, die vornehmen Sinnes und ehrenwert sind, allen Unwürdigen jedoch werde ich unsichtbar bleiben; und der Tag soll der erste des achten Monats sein.‹

Jene Hütte habe ich gebaut, und nun erbitte ich von Euch einen kostbaren Teppich, den Boden würdig zu bedecken.«

Kaum war Badr gegangen, stürzte der Kaufmann Dschefer schon ins nächste Kaffeehaus, und binnen einer Stunde gab es niemanden in der ganzen Stadt, der von den Worten Badrs nicht Kunde erhalten hätte, und diese Worte gelangten auch an das Ohr des Königs, des Großmächtigen, und aller klugen Köpfe der Stadt – und sie verwunderten sich sehr.

Als nun der erste Tag des achten Monats herankam, holte sich Badr von seinem Freund Dschefer den Teppich und sagte: »Ich danke Euch und ersuche Euch noch einmal um Stillschweigen, denn alle Vornehmgesinnten wissen ohnehin, dass Gottes Prophet – Friede seinem Andenken – sie erwartet.«

In einigem Abstand hinter ihm machte sich Dschefer auf den Weg zu dem einsamen Haus und mit ihm eine große Menge von Neugierigen und Weisheitskundigen. Badr verschwand in der Hütte und gleich darauf vernahmen die Draußenstehenden im Innern eine Stimme: »Lasst die Vornehmgesinnten und Ehrenwerten einen nach dem anderen vor mein Angesicht treten.«

Und sie hörten die Stimme Badrs: »Es sei, wie Ihr gebietet, Prophet.«

Dann trat Badr aus der Hütte, erblickte die Menschenmenge und sagte: »Tretet alle zurück und haltet euch von diesem Hause so weit wie möglich entfernt, denn diejenigen, die nicht wissen, wer in seinem Innern weilt, haben hier nichts zu suchen, und es gibt nicht das Geringste zu sehen für die, deren Augen er unsichtbar bleibt.«

Und einer der weisesten und frömmsten Schriftgelehrten der Stadt trat hervor: »Ich begehre einzutreten.« Badr antwortete: »Geht nur hinein, wenn Euch der Sinn danach steht, ich hindere niemanden daran, fordere aber auch keinen dazu auf. Ihr werdet möglicherweise etwas sehen, möglicherweise aber auch nicht – ich selbst weiß nicht, was geschieht, denn ich kann nicht in euer Herz blicken.«

Der Schriftgelehrte betrat nun die Hütte und war erstaunt, als er um sich blickte: auf dem Boden war ein prächtiger Teppich ausgerollt und darauf lagen einige Kissen, die waren in der Mitte eingedrückt, als säße jemand darauf – und doch war niemand zu sehen.

Konnte das ein Schwindel sein? Da fiel dem Schriftgelehrten eine seiner Verfehlungen ein, und dann eine zweite und eine dritte und er bekam es mit der Angst zu tun und stürzte aus der Hütte durch die andere Tür. Da liefen ihm einige aus der Menge entgegen: »Was habt Ihr gesehen?«

Der Schriftgelehrte aber dachte: »Wenn er tatsächlich hier ist und ich habe ihn nicht mit Augen gesehen, dann kann ich es auch nicht wagen, länger in dieser Stadt zu leben.« Also sprach er: »Ich habe den Propheten Allahs gesehen – Friede seinem Andenken. Er hat mit mir gesprochen und mir weise Ratschläge erteilt.«

Ein Mann nach dem anderen verschwand nun im Innern der Hütte und jeder sagte beim Heraustreten: »Ich habe den Propheten Allahs gesehen – Friede seinem Andenken.«

Auch der König stellte sich ein, begab sich in jene Hütte und sagte beim Heraustreten: »Ich habe den Propheten Allahs gesehen – Friede seinem Andenken.«

Als sie nun alle zur Stadt zurückgingen, folgte ihnen Badr in einiger Entfernung, die Arme halb vorgestreckt, als trüge er etwas auf den Händen. Er kam zum Palast, trat vor den König im Kreise seiner Höflinge und sagte: »Großmächtiger König, als der Prophet Allahs – Friede seinem Andenken – sich anschickte, unser Lande wieder zu verlassen, gab er mir seinen Mantel und sprach: ›Überbringe diesen Mantel dem vornehmsten Mann im ganzen Land, ihm, der ohne Fehl ist, und er wird dich mit zehntausend Goldstücken belohnen.‹ Deshalb bin ich zu Euch gekommen, denn Ihr und niemand anderer müsst derjenige sein, den der Prophet – Friede seinem Andenken – gemeint hat.«

Der König verwunderte sich, denn er konnte in Badrs Händen nicht das Geringste wahrnehmen. Aber die Höflinge und alle anderen riefen: »Was für ein prächtiger Mantel, was für eine kostbare Gabe!«

Der König legte nun seinen eigenen Mantel ab und Badr machte alle Handbewegungen, derer es bedurft hätte, dem König den Mantel des Propheten um die Schultern zu legen, und zupfte und glättete, bis er den rechten Faltenwurf hatte, und trat dann, wie in Bewunderung verloren, ein paar Schritte zurück.

Alle Anwesenden klatschten vor Entzücken in die Hände und Badr beugte sich noch einmal vor, als wolle er ein Härchen von dem Mantel entfernen, und hielt es dem König zwischen zwei Fingern vor die Augen.

Der König erhob sich: »Ich will diesen Mantel an einen sicheren Ort bringen, denn er ist nicht für den täglichen Gebrauch.« Und als der König den Hofsaal verließ, zog er einen Mantel zurecht, der gar nicht vorhanden war.

Dann begab er sich zu seiner Gemahlin: »Lass diesen kostbaren Mantel an einen sicheren Ort bringen.« Aber sie erwiderte: »Du trägst ja gar keinen Mantel; darf ein König sich mantellos vor seinem Hof zeigen?« Der König entgegnete: »O Frau, du bist ein böses, ehrloses Weib, wenn du den Mantel nicht sehen kannst, den der Prophet Allahs – Friede seinem Andenken – mir als ein kostbares Geschenk hat überreichen lassen. Nur die Vornehmgesinnten können ihn sehen. Ich selbst – und alle meine Höflinge – wir haben ihn gesehen!«

Da lachte die Königin: »Wenn es so ist, wie du behauptest, dann hättest auch du den Mantel nicht sehen können, denn ich bin dein Weib und kenne dich in- und auswendig. Und deine Höflinge hätten ihn ebenso wenig gesehen, denn sie sind allesamt Sünder. Ob der Mantel vorhanden ist oder nicht, wird nicht von den vielen entschieden, die ihn zu sehen vorgeben, sondern von denjenigen, die ihn nicht sehen können. Denn sind die sogenannten guten Menschen nicht in der Minderheit?«

Der König sann über die Worte der Königin nach und sagte: »Es schien mir allerdings auch schwer zu glauben, dass der Finanzminister den Mantel sehen konnte, doch er versicherte es ebenso nachdrücklich wie alle anderen. Aber bringe mir etwas Wasser. Denn selbst wenn die Bösen diesen Mantel nicht sehen können, dann wird doch das Wasser Gottes bei dessen Berührung in seinem natürlichen Fall innehalten.«

Die Königin sprengte ein paar Tropfen Wasser auf den Mantel, der nicht vorhanden war und an dem sie also auch nicht haften bleiben konnten. Da erkannte der König, dass in Wirklichkeit gar kein Mantel da war.

Nachdem er noch eine Weile nachgedacht hatte, kehrte er wieder in den Kreis seiner Höflinge zurück, die Arme halb vorgestreckt, als trüge er etwas darauf, und sprach: »Mir ist am heutigen Tage eine doppelte Gunst zuteil geworden. Der Prophet Allahs – Friede seinem Andenken – hat mir nicht nur seinen Mantel übereignet – er hat mir auch noch durch einen Engel einen Säckel Goldes geschickt, denn er wollte mir nicht zumuten, die geforderten zehntausend Goldstücke meiner eigenen Schatzkammer zu entnehmen. Deshalb, Freund Badr, tritt näher und empfange deinen Lohn!«

Und der König machte die Gebärde des Münzenabzählens und sprach: »Wer das Gold des Himmels nicht sehen kann, ist böse in seinem Herzen und hat sein Leben verwirkt.«

Und als der König die zehntausend Goldstücke, die nicht vorhanden waren, fertig abgezählt hatte, streckte Badr die Hände aus und schaufelte sie zu sich herüber. Dann dankte er dem König und verabschiedete sich von ihm, aber das Herz war ihm kummerschwer. »Da habe ich mich nun«, dachte er, »monatelang damit abgerackert, eine Hütte zu bauen, und mein ganzer Lohn besteht in zehntausend Goldstücken, die gar nicht vorhanden sind.«

Arabisch

Sehe ich ihn, den Propheten Allahs, – Friede seinem Andenken – oder sehe ich ihn nicht? Sehe ich seinen Mantel, prächtig, kostbar? Den Mantel auf den Schultern des Königs, dessen Falten in den rechten Wurf gebracht werden, von dem zwischen zwei Fingern ein Härchen entfernt wird, den der König, hinausschreitend, auf seinen Schultern zurechtzieht? Das Bild ist bekannt: Hans Christian

Andersens Kaiser steht in seinen neuen Kleidern – oder nackt? oder im Hemd? – vor unserem Auge.

Ich sehe nichts, denn ich weiß, alles ist ein ausgeklügelter und bedacht vorbereiteter Betrug, der auf die Schwächen des Menschen setzt, auf Leichtgläubigkeit, Sensationslust, Geschwätzigkeit, Eitelkeit, Feigheit und mangelndes Selbstbewusstsein, selbst bei einem König.

Keiner sieht etwas in diesem Spiel; aber raffiniert gekoppelt an den Makel nicht vornehmen Sinnes und nicht ehrenwert zu sein, sondern sich als unwürdig vor den Augen aller zu entlarven, bestätigen alle, die Weisen und Gelehrten bis hin zum König, zu sehen, was nicht vorhanden ist – obwohl, oder gerade weil Badr immer wieder betont, es sei auch möglich, dass es gar nichts zu sehen gibt. Von Schritt zu Schritt wird es schwieriger, – der erste Weise fragt noch: Könnte es ein Schwindel sein? Doch die Erinnerung an all seine Verfehlungen entscheidet, und damit nimmt das Spiel seinen Lauf und Badr, der einfallsreiche Arme, scheint zu gewinnen und auf dem Weg zum Reichtum zu sein.

Damit könnte es enden wie bei Hans Christian Andersen und den verschiedensten Varianten dieses Typs.

Wäre nicht die kluge und selbstbewusste Königin. Sie bringt ihren Mann zur Vernunft, und nun ist es an ihm, darüber nachzusinnen, wie er vor der Welt sein Gesicht wahren kann. Ein köstlicher Schluss: Der König zahlt mit gleicher Münze heim.

Welchem Protagonisten gilt meine Sympathie? Allen Dreien: dem erfindungsreichen Betrüger, der klugen Königin und dem König, der zum Schluss seine Würde zurück gewinnt.

Ingrid Jacobsen

Die vier Brahmanen und der Löwe

Im alten Indien lebten einmal vier junge Brahmanen. Drei von ihnen waren in den Schastras, den Weisheitsbüchern, wohl bewandert. Niemand hatte mehr Wissen erworben als sie. Der vierte kannte die Schastras nicht, besaß aber gesunden Menschenverstand.

Eines Tages machten sich alle vier auf den Weg zu einem fernen Königreich, um dem Maharadscha dort für guten Lohn ihre Dienste anzubieten. Als sie in einen Dschungel kamen, stießen sie auf die Gebeine eines toten Tieres. Da sagte einer der Gelehrten: »Niemand auf der Welt hat sich so viel Wissen angeeignet wie wir. Lasst uns unser Wissen einmal auf die Probe stellen und dieses Tier wieder zum Leben erwecken.«

Die beiden andern waren sofort dazu bereit. Der vierte schwieg.

Da sprach der erste: »Ich verstehe die Kunst, wie man die Knochen der Art gerecht zusammenfügt.«

Der zweite sprach: »Und ich beherrsche die Kunst, die Knochen mit Fleisch und Fell zu umhüllen.«

»Und ich kenne das Mantra, die heilige Formel, die man sprechen muss, wenn man dem Tier den Lebensodem einhaucht«, sprach der dritte.

Der vierte aber schwieg.

Da fügte der erste die Knochen zusammen, wie es der Art entsprach, der zweite umhüllte das Skelett mit Fleisch, Blut und Fell – und als der dritte eben das Mantra sprechen wollte, rief der vierte: »Freunde! Es ist ein Löwe! Er wird uns alle töten, wenn ihr ihn wieder zum Leben bringt!«

Aber die anderen sprachen: »Du kannst uns mit deiner Furcht nicht aufhalten, unser Werk zu vollenden. Wozu taugt all unser Wissen, wenn wir es nicht anwenden dürfen?«

»So lasst mich zuvor auf jenen Baum dort steigen«, sprach der vierte.

Als er oben war, sprach der dritte das Mantra und hauchte dem Löwen den Lebensodem ein.

Der Löwe erhob sich, fiel über die drei gelehrten Brahmanen her und zerfleischte sie.

Indien

Diese Geschichte fasziniert mich aus zwei Gründen:

Erstens: Sie erscheint mir trotz ihres Alters von mehr als 1700 Jahren hoch aktuell! Zwar ist sie nicht eigentlich ein Märchen, sondern eine Fabel, aber durchaus mit märchenhaften Zügen: die Figurenkonstellation der drei Klugen und dem »Einfältigen«, der aber mit dem rechten Blick auf die Wirklichkeit begabt ist; das Motiv des Weges, auf dem Entscheidendes sich ereignet; das Motiv der wunderbaren, übermenschlichen Fertigkeiten, die die Gelehrten aber zu blinder Hybris verführen.

Die Moral der Geschichte liegt auf der Hand. Deshalb muss sie beim Erzählen nicht formuliert werden, die Geschichte selbst ist Denkanstoß genug.

Im *Pantschatantra**, das ursprünglich ein Erziehungsbuch zur Vorbereitung von Prinzen auf ihr künftiges Amt war, wird die Lehre am Ende der Fabel selbstverständlich ausgesprochen: »Gesunder Menschenverstand ist der Gelehrsamkeit vorzuziehen, die Gelehrten, die gar keinen gesunden Menschenverstand hatten, erweckten den Löwen wieder zum Leben und wurden von ihm aufgefressen« (S. 227).

Diese – im *Pantschatantra* zugegebenermaßen etwas einfach formulierte – Quintessenz hat bis heute Gültigkeit. Doch in unserer wissenschaftsgläubigen Zeit herrscht die Meinung, dass erlaubt sein muss, was die Wissenschaft erforscht und entwickelt hat, auch in die Wirklichkeit umzusetzen: alles ist »machbar«. Ethisch begründete Grenzsetzungen werden zwar diskutiert, aber allzu leicht dem Fortschrittsdenken geopfert.

Zweitens: Mit dieser Geschichte verbindet sich ein ganz persönliches Erlebnis, das eine eigene Geschichte sein könnte.

Das »Märchen« von den Brahmanen und dem Löwen war mir schon lange bekannt und ich habe es oft und gern erzählt. Als ich 1990 mit dem Zug in einer 16stündigen Fahrt von Bombay nach Dharwad im indischen Bundesstaat Karnataka unterwegs war, kam ich mit einem indischen Ingenieur für Wasserbau ins Gespräch, der mit mir das Schlafwagencoupé teilte. Seine erste Frage war natürlich, woher ich käme. – »Aus Deutschland.« – »East or West?« – »Aus Westdeutschland.« – »In East-Germany

---

* *Fünferbuch:* pantscha = fünf, tantra = Buch der Unterweisung

people they want their freedom! But what's freedom?«
schloss er sogleich an, »und wie kann man sie bewahren?« –
Und im Nu erhielt ich eine Lektion in indischer Lebens-
philosophie und Religiosität. Er sang und rezitierte mir
ganze Passagen aus der »Baghavat Gita«* auf Sanskrit, die
er mir dann übersetzte. Und er erzählte Geschichten aus
dem *Pantschatantra*. Natürlich wollte er auch etwas über
mich erfahren, und ich erzählte ihm unter anderem, dass
ich mich mit Märchen beschäftige. Als wir nach der
Nachtfahrt unser Frühstück serviert bekamen, meinte mein
Begleiter, da ich mich ja für Märchen interessiere, wolle er
mir eine Geschichte von »four fellows« erzählen – und
erzählte mir eben diese Geschichte aus dem *Pantschatantra* – nicht ohne sie sogleich auf die heutige Wirklichkeit
hin zu interpretieren; als wir am Vorabend Bombay kaum
hinter uns gelassen hatten, machte er mich noch auf einen
Atommeiler in Küstennähe aufmerksam, mit dem Indien
zu der Zeit einige Probleme hatte.

Beeindruckt hat mich, dass ich mit diesem Mann, einem
homo faber, nicht nur über seine Arbeit oder die andersar-
tigen Lebensumstände in Deutschland reden konnte, sondern dass es um Grundfragen menschlicher Existenz ging
und dass er mir zum Abschluss noch ein Märchen als Weg-
geschichte mitgab.

Wo es sich anbietet, erzähle ich die Geschichte »Die vier
Gelehrten und der Löwe« gern mit dieser Vorgeschichte.

Jürgen Janning

** Ein für die hinduistische Religion zentraler Text aus dem Epos *Mahabharata*

Die Befreiung der Sonne

Der Rabe Welwimtilyn hatte die Sonne verschluckt. Er legte sich hin. Da brach ein Schneesturm los, der hörte nicht wieder auf. Es war finster und kalt, weil der Rabe die Sonne verschluckt hatte.

Ememkut sprach zu seiner Tochter Klükenewyt: »Geh zum Raben Welwimtilyn, ruf ihn her.«

Sie setzt sich auf den Schlitten und fährt los. Die Frau des Raben kommt heraus, sie sieht das Mädchen und spricht zum Raben: »Rabe, steh auf! Da kommt jemand zu dir.«

Der Rabe fragt: »Wer?«

Die Frau antwortet: »Klükenewyt, die Tochter des Ememkut.«

Der Rabe sagt: »Ach was! M-m-m!«

Der Himmel hellt sich nicht auf, es stürmt immer mehr. Klükenewyt kehrt nach Hause zurück. Ememkut fragt: »Wo ist der Rabe?«

Klükenewyt antwortet: »Er wollte nicht mitkommen. Ach was! hat er gesagt.«

Da spricht Ememkut zu seiner jüngeren Tochter Inianawyt: »Kämme dich, mach dich schön, und dann geh du zum Raben.«

Die schöne Inianawyt kämmt sich, sie legt ihre besten Kleider an und fährt auf ihrem Schlitten fort. Sie kommt zu Welwimtilyn und setzt sich nieder. Die Frau kommt heraus, sieht das Mädchen und spricht: »Rabe, steh auf! Verstell dich nicht! Du wirst geholt.«

Der Rabe fragt: »Wer?«
Sie antwortet: »Inianawyt.«
»Welwimtilyn kommt heraus, sieht das Mädchen an und lacht vor Freude: »Ha! Ha-ha«
» Und beim Lachen speit er die Sonne aus. Der Himmel wurde wieder klar, der Schneesturm hörte auf.

Kamschatka

Von unserem europäischen Märchenverständnis her gesehen ist »die Befreiung der Sonne« auf den ersten Blick weit entfernt. Wir kennen den Gang zur Sonne meist als einen langen beschwerlichen Weg der Heldin oder des Helden, um Leben spendende und erlösende Gaben oder einen Rat der Sonne zu gewinnen. Es ist hilfreich, etwas von dem Volk und der Glaubenswelt der Korjaken zu wissen, um sich die kurze ungewöhnliche Erzählung zu erschließen.

Die Korjaken bildeten die Urbevölkerung der Halbinsel Kamschatka. Mit anderen paläoasiatischen Völkern Sibiriens teilen die Korjaken den Glauben an den Schöpfergott »GroßerRabe«. Der Lebensraum der Korjaken am nordöstlichen Eismeer verrät uns, dass die Menschen dort eine lange Zeit des Jahres ohne Sonnenlicht verbringen müssen. Ins Bild gebracht heißt das: Das göttliche Schöpferwesen hat die Sonne verschluckt, es wird finster und kalt auf der Erde. Damit ist uns ein Schlüssel zum Verständnis des Geschehens gegeben. Der in Dunkelheit und Kälte leidende Mensch bittet das Schöpferwesen um Hilfe. Der Rabe – und mit ihm die Sonne – soll zu den Menschen kommen. Der Menschenvater Ememkut schickt seine ältere Tochter, ihn zu holen, aber es gelingt ihr nicht. Wir kennen dieses Muster: Erst wenn der Vater bereit ist, sein jüngstes und liebstes Kind herzugeben, kann die Lösung einer Notsituation in Gang kommen.

Beim stillen Lesen werden wir diese Feinheiten kaum wahrnehmen. Durch die lebendige Sprache und den unterschiedlichen Ton, mit dem der Vater seine Töchter anspricht, erleben wir seine notwendige Überwindung mit; erst dann begreifen wir, dass es ein Opfer bedeuten kann, die Jüngste und Schönste loszulassen. Auch dies Motiv ist uns vertraut: »Schönheit« bewirkt das Erwecken neuen Lebens.

Ich erzähle »die Befreiung der Sonne« gern zur Zeit der Wintersonnenwende. Einmal saß ich mit Freunden am 21. Dezember in einem Megalithgrab. Wir beobachteten die Sonne, die gerade zur Mittagszeit durch den engen Grabgang von Osten her in die Steinkammer fällt. Als ich dort unter der Erde, zwischen riesigen Steinen hockend und zur rechten Zeit »die Befreiung der Sonne« erzählte, brauchte es kaum erklärende Worte, um den Zuhörenden das Märchen erlebbar und verständlich zu machen.

Linde Knoch

Von Piet Jan Clas, der den Tod suchte

Es war einmal ein Mann, der hieß Piet Jan Clas, und der war so neugierig, oh, so neugierig, dass es nicht zu sagen ist. Eines Tages nun hörte er zufällig von dem Tode sprechen, und die Leute sagten, das wäre zwar ein gar hässlicher und grimmiger Kerl, aber gerecht dabei! Wie kein Anderer. Als Piet Jan Clas das hörte, da dachte er bei sich: »Ach, den Tod möchte ich doch gern einmal sehen, das muss ein kurioser Kauz sein«; und damit ging er nach Hause und nahm seinen Stock und setzte seinen dreikantigen Hut auf und machte sich auf den Weg.

Als er nun schon weit gegangen war, da kam er in eine Stadt und sah da einen Schuhladen voll Schuhe und der Schuster saß an der Tür und machte immer noch neue Schuhe.

»Guten Morgen, Meister«, sprach er und der Schuster dankte, ohne jedoch von seiner Arbeit aufzusehen. »Was macht Ihr da Gutes?«, fragte Clas.

»Wie ihr seht, Schuhe und immer Schuhe«, antwortete der Meister und stach mit der Pfrieme ein Loch und zog krrr den Pechfaden durch.

»Aber Ihr habt ja schon so viel fertig da stehen«, sprach Clas hinwieder, »warum macht Ihr denn noch immer neue?«

»Ah, um sie zu verschleißen und zu verkaufen und meine Frau und Kinder mit dem Gelde zu ernähren, krrr!«

»Und wenn Ihr das denn nun getan habt, was dann?« fragte Clas weiter, und der Schuster entgegnete: »Ei, dann lege ich mich aufs Ohr und dann kommt der Tod und holt mich ab, krrrr.«

»Der Tod,« schrie Clas verwundert, »ach, lieber Meister, tut mir doch um Gottes willen den Gefallen und sagt mir, wo ich den finde, habt Ihr ihn nie gesehen?«

»Nein, nein«, lachte der Meister, »und dafür danke ich dem lieben Herrgott, bin auch nicht neugierig darum.«

»Wo könnte ich ihn denn finden?« fragte Clas und der Schuster sprach schmunzelnd:

»Geht nur gerade heraus und immer weiter eurer Nase nach, da findet Ihr ihn vielleicht.«

Clas bedankte sich für den guten Bescheid und ging fröhlich weiter den ganzen Tag und die ganze Nacht und den folgenden Tag bis Mittag. Da begegnete er in einem Walde einem Bauern, der hatte schon einen ganzen Wagen voll Holz gehauen und hieb noch immer mehr.

»Aber sag mir doch, Bruderherz«, sprach Clas, nachdem er den Bauern gegrüßt hatte, »was willst du denn eigentlich mit all dem Holz anfangen?«

»Ei«, sprach der Bauer, »ich binde Bündel daraus, die ich im Winter brenne, und was ich nicht nötig habe, das verkaufe ich und hole mir Brot und Fleisch von dem Gelde; so bringe ich mein Leben hin bis zu meinem seligen Tode.«

»Apropos«, fiel Clas ein, »mit dem Tode, wisst Ihr nicht, wo der sich wohl aufhält und herumtreibt, ich möchte ihn so gern sehen, dass mir der Bauch weh tut.«

»Da kann ich Euch nicht dienen, Freund«, sprach der Bauer; »aber gehet einmal ganz geradeaus, es ist möglich, dass Ihr ihn antrefft.«

Clas dankte fein höflich für den Bescheid und ging weiter und weiter, immer gerade aus, bis er abermals in eine Stadt kam. Da saß ein Schneider in einem schönen Haus auf dem Tisch und nähte und um ihn herum war alles voll Kleider, so dass kein Fleckchen Wand blieb, wohin auch nur eine Fliege sich hätte setzen können.

»Was tut Ihr doch mit all den Kleidern«, fragte Clas, nachdem er eine Zeit lang das Haus angestaunt hatte.

»Die verkauf' ich«, antwortete der Schneider, »die wollenen im Winter, die linnenen im Sommer und die baumwollenen im Frühling und Herbst.«

»Und wenn Ihr die denn verkauft habt«? fragte Clas.

»Nun, dann nähe ich wieder neue«, brummte der Schneider verdrießlich, »und die verkauf' ich wieder und nähe noch einmal neue und verkauf' sie abermals, bis der Tod kommt.«

»Dann könnt Ihr mir gewiss auch sagen, wo ich den Tod finden kann; nicht wahr Meister?« fuhr Clas neugierig fort, aber der Schneider sprach, er solle sich nur geschwind aus der Tür machen, denn die Schneidermeister wären nicht gar gut Freund mit dem Tode, der hole ihnen zu viel Kunden weg.

»Das ist ein grober Kerl«, dachte Piet Jan Clas und ging seiner Nase nach weiter und als er wieder lange gegangen war, da kam er in einen Wald, der so groß war, dass man kein Ende davon sah. Er schritt aber mutig hinein und fand daselbst einen Einsiedler mit langem, grauem Barte, kahlem Kopfe, einer dicken groben Kutte und einem Rosenkranze in der Hand.

»Ach«, dachte Clas, wenn das nicht der Tod ist, dann weiß er mir doch sicherlich Bescheid davon zu geben«, und ging auf den Einsiedler zu, grüßte ihn und der Einsiedler grüßte Clas wieder und Clas fragte:

»Was tut Ihr denn hier allein in der Einsamkeit; da wüsste ich nichts Angenehmes dran zu finden, so allein zu sein.«

»Ach«, sprach der Einsiedler, »ich habe mich von den Menschen abgesondert, um Gott besser dienen zu können und wohl vorbereitet zu sein, wenn der Tod kommt, um mich –

»Ja, wegen des Todes wollte ich gerade fragen«, fiel ihm Clas in die Rede, »den möchte ich für mein Leben gern einmal sehen; könnt Ihr mir vielleicht dazu verhelfen?«

»Den Tod kann man nur einmal sehen«, antwortete der Einsiedler, »aber wollt Ihr ihn sehen, nun so gehet weiter, jeden Abend seid Ihr ihm einen Tag näher.«

Das gefiel Clas und er dankte dem Einsiedler aus vollem Herzen und sprach, als er die Klause eben aus den Augen verloren hatte, zu sich selbst: »Das nenn' ich mir doch einmal einen vernünftigen Bescheid, nur wird es mir jeden Tag zu lang werden, ehe es Abend ist; aber ich hab's dem Alten gleich angesehen, dass er es wusste.«

So schritt er munter fort über Berg und Tal, durch Wald und Wiese, bis er eines Abends in der Ferne ein großes Schloss sah; da ging er darauf zu. Als er an das Tor gekommen war, stand da ein steinalt Mütterchen, die war so mager, dass man jedes Knöchelchen an ihrem Leibe zählen konnte; dabei hatte sie feuerrote Augen, ganz eingefallene hohle Backen und eine dicke Hängelippe; auf ihrem Rücken saß ein dicker Buckel und darauf stand ein Korb voll Fläschchen und Salbentöpfchen; außerdem hatte sie ein großes Messer an ihrer Seite hängen.

»Das könnte leicht der Tod sein«, dachte Clas und trat zu ihr und zog seinen Dreispitz und sprach: »Gott grüß euch, Mütterchen.«

»Schön Dank, mein Söhnchen«, sprach die Alte.

»Ach, liebes Mütterchen, seid Ihr nicht der Tod?« fragte Clas alsdann.

»Nein, im Gegenteil«, antwortete sie, »ich bin das Leben und heile mit meinen Salben und Medizinen alle Schäden und Wunden und Krankheiten.«

»Das ist doch schade«, sprach da Clas, »ich hatte schon so große Freude, indem ich dachte, Ihr wärt der Tod; ich reise nun schon so lange über Berg und Tal, durch Wald und Wiese, um ihn zu suchen, und ich finde ihn nirgends; könntet ihr mir ihn nicht zeigen?«

»Doch, das kann ich wohl«, sprach die Alte.

»Ach, lieb Mütterchen, dann tut das doch!« rief Clas entzückt aus; »ich bitte Euch um alles in der Welt, Ihr könntet mir keinen größeren Gefallen erweisen.«

»Ja, das will ich gern«, sprach das Mütterchen, »zieh dich nur vorerst ganz splitternackt aus.«

Da warf Clas voller Freude Hut und Stock und Kittel hin und zog sich alsdann auch die übrigen Kleider vom Leibe. Als das geschehen war, da sprach das Mütterchen:

»Nun knie dich nieder und leg deinen Kopf in meinen Schoß«, und als er das auch getan hatte, da nahm sie ihr scharfes Messer und schnitt ihm den Kopf ritsch ratsch ab, drehte ihn ganz geschwind herum und setzte ihn wieder so auf, dass das Gesicht nach dem Rücken gekehrt war. Im selben Augenblick sprang Clas auf und schrie ganz jämmerlich: »O je, O je, O je! O weh! Hilfe, Hilfe! O rettet mich! Helft mir aus der grausamen Not! O was sehe ich für gräuliche Sachen!« Das alte Mütterchen hörte aber nicht darauf und ließ ihn zwei Stunden lang mit dem Gesichte auf dem Rücken.

»Du wolltest ja den Tod sehen, nun siehst du ihn«, sprach sie.

Clas ermattete aber dermaßen von all dem Schrecken, den er ausstand, dass er endlich ohnmächtig zusammenfiel und kein Lebenszeichen mehr von sich gab. Als die Alte das sah, schnitt sie ihm den Kopf wieder ab und setzte ihn wieder zurecht, strich ein bisschen Salbe aus einem ihrer Töpfchen auf die Wunde und in zwei Minuten war sie heil und Piet Jan Clas wieder so gesund wie vorher.

»Hast du nun den Tod gesehen?« fragte das Mütterchen.

»Ja, das sei Gott geklagt«, sprach Clas, »das ist nicht zum Spaßen«; und er zog sich so schnell wie er konnte an und lief, was er konnte, nach Hause zurück.

Flandern

Ein junger Held, der den für die flämische Märchentradition typischen Allerweltsnamen »Piet Jan Clas« trägt, zieht eines Tages – so wie männliche Märchenhelden dies zu tun pflegen – in die weite Welt hinaus. Ziel seiner Suchwanderung ist jedoch nicht die Gewinnung einer zu ihm passenden Braut, sondern die Begegnung mit dem Tod. Auf seinem Weg trifft der Held u.a. auf einen Schuster, einen Bauern und einen Schneider, die ihm alle versichern, sie wollen ihrem Beruf so lange nachgehen, bis der Tod sie ohne jede Dramatik aus Arbeit und Alltag abholt. Dass er kommt ist ihnen gewiss; über den Zeitpunkt sind sie sich, dem alten Sinnspruch »Mors certa, hora incerta« gerecht werdend, allerdings im Ungewissen. Das Gerede, das zugleich von Angst und Faszination über die wahre Begebenheit des Todes zeugt, steigert die Neugier des jungen Menschen.

Das Märchen gehört zum Erzähltyp AaTh/ATU 326, der den vielsagenden Titel »Fürchtenlernen« trägt. Diese Empfindung wird im Rahmen des Erzählgeschehens meistens durch ein Bekanntmachen des Helden mit dem Phänomen »Tod« herbeigezwungen. Der früheste Beleg findet sich in Straparolas *Piacevoli notti* (4,5) aus dem Jahre 1550. Diese Sammlung von Märchen stammt aus einer Zeit, in der der personifizierte Tod, die anonyme, ekelhafte Figur der Endlichkeit, omnipräsent war. Die steinalte Frau ist in ihrer spezifischen Erscheinungsweise als skelettartige Gestalt auch wirklich der populären spätmittelalterlichen Bildtradition um Verwesung und Tod verpflichtet. Die Szene, in der sich der junge Mann splitternackt vor die Frau kniet und seinen Kopf vertrauensvoll in ihren Schoß legt, besitzt, aus ihrem Erzählzusammenhang losgelöst und als Bild in die spätmittelalterliche Totentanztradition hineingestellt, eine schauderhafte erotische Brisanz. Die in der Bildidee liegenden erotischen Möglichkeiten brechen in diesem Märchen nicht durch. Die steinalte Frau zeigt auch eine gewisse Ähnlichkeit mit dem allegorischen Tänzer aus den populären Totentänzen: Sie zwingt den Jüngling mitleidslos zu seltsamen Todessprüngen, indem sie ihm den Kopf verkehrt herum aufsetzt. Dennoch ist die Alte – wie sich am Schluss herausstellt –, keine Hypostase der Tödin. Sie verkörpert gerade umgekehrt das unsterbliche Leben, das souverän über Leben und Tod schaltet und waltet. Die wirkliche Konfrontation mit dem leibhaftigen Tod bleibt trotz thematischer und zeitlicher Berührungspunkte in diesem Märchen aus. Eine solche unumkehrbare Begegnung widerspricht grundsätzlich den metaphysischen Interessen des Zaubermärchens, das alle Vorgänge und Ereignisse in einem – jedenfalls für den Helden wirksamen – Lebens- und Glücksoptimismus aufgehen lässt. Welche »gräulichen Sachen« der Held letztendlich sieht, wird – gemäß dem abstrakten Stil des Zaubermärchen – nicht ausgemalt.

Als Erzählforscherin habe ich mich besonders den Erzählkomplexen gewidmet, in denen der leibhaftige Tod auftritt, und zwar AaTh/ATU 330 *Schmied und Teufel;* AaTh/ATU 332 *Gevatter Tod,* AaTh/ATU 335 *Die Boten des Todes* und AaTh/ATU 471 *Die Brücke zur anderen Welt.* Dieses flämische Märchen biete ich gern als Einstieg in diese faszinierende Thematik an.

Harlinda Lox

Die Königin der Kesselflicker

Der König von Connacht war ein großartiger König. Doch er konnte auch sehr ärgerlich, ja sogar wütend werden, wenn es nicht nach seinem Willen ging. Er hatte eine Tochter, die hieß Fiona. Überall rühmte man ihre große Schönheit, doch sie war nicht nur sehr schön, sondern einen wachen Verstand hatte sie auch, war geistreich und klug.

Eines Tages, da besuchte der König von ganz Irland den König von Connacht. Fiona gefiel ihm sehr, nicht nur wegen ihrer Schönheit, sondern weil sie ebenso gut wie schön war. Der König von Irland hatte gerade beschlossen, die Herrschaft über Irland an seinen Sohn zu übergeben, damit er selbst seine alten Tage in Ruhe und ohne Sorgen verbringen konnte. Allerdings wollte er vorher sicherstellen, dass sein Sohn eine Frau bekäme, die würdig war, Königin von Irland zu sein. Er konnte sich keine bessere Frau als Fiona dafür vorstellen. So kam er mit Fionas Vater überein, dass die beiden jungen Leute heiraten sollten, und zwar genau an dem Tag, an dem der junge Prinz zum König gekrönt werden sollte. Bis dahin waren es noch genau fünf Wochen.

Wie ihr euch vorstellen könnt, war der König von Connacht sehr stolz darauf, dass seine Tochter Königin von Irland werden sollte. Am nächsten Morgen, als alle versammelt waren, der König und die Königin von Irland, alle vornehmen Damen und Herren und der ganze Hofstaat, da ließ der König von Connacht seine Tochter Fiona rufen, um ihr die große Neuigkeit mitzuteilen. Der König von Irland selbst erhob sich von seinem Stuhl, wandte sich ihr zu und sprach: »Dir soll die größte Ehre zuteilwerden, die man einer Frau erweisen kann. Du sollst meinen Sohn heiraten und so Königin von Irland werden.« Fiona rührte sich nicht. »Nun komm, Fiona«, rief ihr überglücklicher Vater, »und küsse dem Mann die Hand, der dich einer solchen Ehre für würdig hält!« Fiona aber stand da, ihre Augen funkelten, und sie sprach: »Und selbst wenn ihr mich zur Königin der ganzen Welt und des Himmels noch dazu machen würdet, ich denke nicht daran, einen Mann zu heiraten, den ich nicht liebe, ja noch nicht einmal gesehen habe, ganz egal, wie mächtig er auch sein mag!«

Alle waren wie vor den Kopf geschlagen, mucksmäuschenstill war es. »Du weißt nicht, was du da sagst, Mädchen!« rief ihr Vater, als er seine Sprache wiederfand. »Oh doch Vater, ich weiß sehr wohl, was ich sage, und nichts und niemand könnte mich dazu bringen, meine Meinung zu ändern.« »Nun, wenn das so ist, dann sollst du von nun an nicht mehr unter meinem Dach leben!« rief ihr Vater. »In genau einer Woche sollen sich alle heiratsfähigen Männer von adliger Herkunft im Schlosshof versammeln. Ob du willst oder nicht, du wirst einen von ihnen zum Mann nehmen und mit ihm fortgehen, mir aus den Augen!«

Der König von Irland schied traurig. Aber er ließ Fiona ausrichten, wenn sie sich bis zum Tag der Krönung eines besseren besinnen sollte, dann werde ihn das zum glücklichsten Menschen machen.

Genau eine Woche später versammelten sich alle heiratswilligen Ritter und Prinzen, Grafen und Barone von nah und fern im Schlosshof von Connacht. Jeder trug sein bestes Gewand und gab sich so selbstsicher, als sollte gerade er das schönste Mädchen von ganz Irland zur Frau bekommen. Alle Leute aus dem Umkreis von fünfzig Meilen waren gekommen, und auch die Bettler und Vagabunden waren da, keiner wollte sich entgehen lassen, wie sich Fiona einen Ehemann auswählte.

Unter den Vagabunden war auch eine Gruppe von Tinkern, wie man in Irland das fahrende Volk, die Kesselflicker nennt, und diese Tinker bestanden dreist darauf, dass ihr König, Jeremy Donn, eine Frau brauche, und da er von adligem Blut sei, müsse er sich ebenfalls zu den Freiern stellen. Die Wachen des Königs waren empört über diese Unverschämtheit, ergriffen die Kesselflicker und brachten sie vor den König von Connacht. Der hörte sich alles an und sprach dann: »Mein Urteil lautet, dass ihr König sich zu den Adligen stellen darf, unter denen meine Tochter ihre Wahl treffen wird.« Denn das schien ihm eine gute Gelegenheit, seine ungehorsame Tochter zu demütigen. Also nahm Jeremy Donn mit schmutzigem Gesicht, zerlumptem Mantel und fettigen Hosen seinen Platz bei den vornehmen Herren ein – sehr zum Entsetzen der anderen Freier und zum Erstaunen der Menge. Doch eines muss ich euch sagen: Trotz des Schmutzes und der Lumpen gab es unter all den heiratswilligen Männern, so eingebildet und herausgeputzt sie auch dastanden, keinen, der stolzer, breitschultriger oder schöner gewesen wäre als Jeremy Donn, König der Tinker.

Man holte Fiona. Sie nahm auf dem Balkon Platz, und all die Prinzen, Fürsten und Ritter zogen an ihr vorbei. Sie sah sich ernst jeden genau an. Dann, während alle den Atem anhielten, ging sie die Treppe hinunter in den Schlosshof. Sie ging geradewegs auf Jeremy Donn zu, fasste ihn bei der Hand und rief: »Jeremy Donn ist der Mann, den ich wähle. Keiner hier ist so stattlich und schön wie er.« Und das stimmte auch, denn trotz seiner Lumpen und des Schmutzes stand Jeremy Donn mit seinen funkelnden Augen aufrecht da wie ein Pfeil, breitschultrig war er und doch geschmeidig. Er war ein Bild von einem Mann – wenn er nur sein Gesicht gewaschen hätte.

Nun könnt ihr euch sicher vorstellen, wie die Menge nach Luft schnappte und murrte, als die Tochter ihres Königs einen Tinker zum Mann nehmen wollte. Und all die feinen Herren verzogen den Mund, schüttelten ihre Köpfe und wandten sich voll Verachtung ab. Sie waren froh, dass sie diese Frau nicht heiraten mussten, denn sie war zwar sehr schön, aber ihre Verrücktheit war anscheinend noch größer als ihre Schönheit. Als er wieder klar denken konnte, sprach ihr Vater: »Wenn du glaubst, dies sei ein Scherz, so ist dies der letzte Scherz, den du dir in meiner Gegenwart erlaubt hast. Ich enterbe dich. Dir soll nichts mehr gehören als die Kleider, die du gerade trägst. Von nun an sollst du mit deinem erwählten Tinker durch die Welt wandern und seine Werkzeugtasche für ihn tragen, wo auch immer er hingeht. Und nun geh mir aus den Augen!«

Während die Menge noch zwischen Entsetzen und Mitleid schwankte, ergriff Fiona Jeremy Donns Werkzeugtasche und hängte sie sich über die Schulter. Dann nahm sie Jeremy Donn bei der Hand, sprach: »Komm, Liebster, gehen wir!« und verließ mit ihm den Palast. Als sie so miteinander fortgingen, fragte Jeremy Donn: »Wann sollte der neue König von Irland dich heiraten?« »Am Tag seiner Krönung, genau heute in vier Wochen.« »Bis dahin«, sagte Jeremy, »wirst du bestimmt deine Meinung ändern, und falls, dann werde ich dich nicht daran hindern.« Sie schaute ihn mit glänzenden Augen an und sprach: »Ich habe meine Wahl getroffen, und daran wird sich nichts ändern bis ich sterbe oder die Welt untergeht.« Jeremy antwortete: »Aber du weißt nichts über den Hunger, die Härte und das elende Leben der Tinker.« »Wenn ich mit dir durch die Welt gehen kann, so wird es für mich weder Hunger noch Härte geben, und das Glück, bei dir zu sein, wird mich alles Elend vergessen lassen.« »Nun, wir werden sehen. Wir werden jedenfalls nicht vor dem Tag der Krönung heiraten und nicht so lange noch eine Möglichkeit für dich besteht, dich anders zu entscheiden. Ich bin sicher, dass du dich eines besseren besinnen wirst. Aber bis dahin sollst du eine von uns sein und unser Leben kennen lernen.«

Die Tinker gingen nach Osten. Am Ende des ersten Tages waren Fionas Schuhe zerrissen, und ihre Füße waren voller Blasen. »Mit den Tinkern zu reisen ist schmerzhaft, Fiona«, sagte Jeremy Donn. Aber Fiona antwortete: »Der Schmerz ist mir willkommen und jede Blase, die du siehst, erfreut mich, da ich sie erhielt als ich mit dir ging.«

Als sie am nächsten Abend Jeremys Werkzeugtasche abstellte, hatte sie Striemen davon auf dem Rücken, und Jeremy Donn sprach: »Siehst du, Fiona, es ist harte Arbeit mit den Tinkern zu reisen und die Werkzeugtasche des Königs zu tragen.« Aber sie antwortete: »Ein Vergnügen ist es, Jeremy Donn. Ich wünschte, ich könnte bis ans Ende der Welt mit dir ziehen und dir alle Lasten abnehmen, die das Leben für dich bereit hält.«

Als sie am dritten Abend halt machten, hing Fionas Kleid in Fetzen, die Sohlen ihrer Schuhe hatten Löcher, und sie selbst bot ein Bild des Jammers. »Es ist eine traurige Sache, mit den Tinkern zu leben, Fiona«, sagte Jeremy Donn. »Man wird zerrissen von den Dornen dieser Welt.« »Eine Freude ist es, Jeremy, wenn man mit dem Mann gehen kann, den man wirklich liebt. Lass ruhig alle Dornen dieser Welt mich stechen, denn bei jedem Stich denke ich an dich.«

Am nächsten Abend taumelte Fiona vor Schwäche als sie hielten, denn sie hatten den ganzen Tag nichts gegessen. »Es ist die Hölle, mit den Tinkern zu leben, Fiona!« »Das Paradies ist es, Jeremy, und selbst wenn ich verhungerte, so wäre ich selig, neben Jeremy Donn zu sterben.« Da sprach Jeremy Donn: »Bald wirst du doch alles satt haben, Fiona, die Tinker und auch ihren König. Und dann wirst du dir wünschen, Königin von Irland zu sein anstatt Königin der Tinker.« »Als Königin der Tinker mit Jeremy Donn an meiner Seite möchte ich um nichts in der Welt mit einer anderen Königin tauschen, selbst wenn ich Salomon heiraten könnte.«

Die Tinker beeilten sich auf ihrem Weg nach Osten. Sie wollten rechtzeitig zur Krönung des neuen Königs in Tara sein, denn es gab keinen Jahrmarkt, kein Fest und kein Spektakel von einem Ende Irlands zum anderen, zu dem sie nicht gingen. Schließlich kamen sie an einem Schloss mit unzähligen vielen Türmen vorbei, das prächtigste, das Fiona je gesehen hatte, und sie fragte: »Was für ein Schloss ist das?« Und man sagte ihr, dieses Schloss sei für diejenige gebaut worden, die Irlands neuen König heiraten werde. »So eine Pracht braucht sie auch, denn das arme Mädchen heiratet einen Mann, den sie nicht kennt und somit auch nicht liebt.« Sie zogen weiter und nach einiger Zeit begegneten sie einem Zug mit fünfhundert voll beladenen Kutschen und Packpferden samt Kutschern, Dienern und Knechten. »Was ist denn das? Wem gehört das alles?« fragte Fiona. Man sagte ihr, diese Kutschen samt der fünfhundert Lasten an Gold, Silber, Perlen und Edelsteinen seien für die Glückliche bestimmt, die den neuen König von Irland heiraten werde. »Der Himmel erbarme sich dieser Frau! Sie wird all den Reichtum brauchen, um sich darüber hinwegzutrösten, dass sie einen Mann heiraten muss, den sie nicht kennt und nicht liebt.« Weiter ging es und bald trafen sie auf einen langen Zug von fünfhundert Pagen in Grün und fünfhundert Mädchen in Weiß. »Wer sind sie und wohin gehen sie?« »Das sind all die Pagen und Kammerzofen für die Königin des neuen Königs. Wie es scheint, hat der junge Prinz endlich eine schöne Frau gefunden, die bereit ist, seine Frau zu werden, sollte Fiona, die Tochter des Königs von Connacht nicht doch noch ihre Meinung ändern und in die Heirat einwilligen.« »Ein armer Narr ist er«, rief Fiona, »und sie ist ebenfalls eine arme Närrin, wenn sie so einwilligt. All die Pagen und Kammerzofen, all die Reichtümer und all die Pracht können ihr auch nicht eine Stunde solcher Freude verschaffen, wie ich sie an der Seite meines armen Tinkers verspüre!« »Dann Fiona«, sagte Jeremy Donn, »werden auch wir bald heiraten, nachdem wir uns die Krönung des neuen Königs angeschaut haben, wenn du dann noch immer willst.« Fiona lachte nur über seine Zweifel.

Schließlich kamen sie zu dem wunderbaren Schloss des Königs von Irland auf dem Hügel von Tara. Es war der Abend vor der Krönung. Ihre eigene Mutter hätte Fiona nicht wiedererkannt, so zerlumpt, wettergegerbt und schmutzig war sie. Alle Welt versammelte sich dort, um dem großen Ereignis beizuwohnen. Am Morgen mischten sich die Tinker unter die Menge, die sich bereits auf dem Rasen vor dem Schloss drängte, wo man drei Throne auf einem Podest aufgestellt hatte. Die Leute ärgerten sich sehr, dass die Tinker es wagten, sich so weit nach vorne auf die besten Plätze zu drängen, das stand ihnen nicht zu! Zur Mittagszeit erschien der alte König mit seinem Hofstaat. Er setzte sich auf einen der drei Throne und seine Minister standen um ihn herum. Sein Herold trat hervor und stieß dreimal schmetternd in sein Horn. Augenblicklich wurde es still, und er rief mit lauter Stimme: »Wir rufen Fiona, die Tochter des Königs von Connacht. Wenn sie uns hört, so möge sie vortreten und auf dem linken Thron Platz nehmen, um den Königssohn von Irland zu heiraten, gekrönt zu werden und mit ihm über Irland zu herrschen.« Jeremy flüsterte ins Ohr von Fiona, die auf dem Boden saß und die Blasen an ihren Füßen mit einer Nadel aufstach: »Mädchen, noch hast du eine Chance, dieses Vagabundenleben zu beenden und den strahlenden Platz auf Irlands Thron einzunehmen.« Fiona antwortete: »Irlands Thron ist nichts im Vergleich zu einem Leben mit Jeremy Donn, und sei es auch noch so hart!«

Wieder stieß der Herold in sein Horn und rief: »Zum zweiten Mal rufen wir Fiona, die Tochter des Königs von Connacht. Wenn sie uns hört, so möge sie vortreten und auf dem linken Thron Platz nehmen, um den Königssohn von Irland zu heiraten, gekrönt zu werden und mit ihm über Irland zu herrschen.« Jeremy stieß Fiona mit dem Knie an, die mit der Nadel einen Riss in ihrem Kleid zusteckte, und sagte: »Liebes Mädchen, ich bitte dich, ergreife die Gelegenheit, um all dem Unglück und Elend zu entkommen und als Königin von Irland auf dem Thron zu sitzen.« Und Fiona antwortete: »Wenn ich sie mit Jeremy Donn teilen kann, so sind mir Elend und Unglück lieber als alle Throne dieser Welt ohne Jeremy Donn.«

Der Herold des Königs blies zum dritten Mal in sein Horn und rief: »Zum dritten und letzten Mal rufen wir

Fiona, die Tochter des Königs von Connacht. Wenn sie uns hört, so möge sie vortreten und auf dem linken Thron Platz nehmen, um den Königssohn von Irland zu heiraten, gekrönt zu werden und mit ihm über Irland zu herrschen.« Jeremy beugte sich zu Fiona, die gerade versuchte, ein Stück von einer harten Brotkruste abzubeißen, die ein Bettler mit ihr geteilt hatte. »Fiona, meine Liebe, ich beschwöre dich, lass Hunger und Elend hinter dir. Nimm Platz auf Irlands Thron und werde Irlands schönste Königin.« Und Fiona antwortete: »Wenn ich mit Jeremy Donn zusammen sein kann, so ist mir diese Brotkruste lieber als das größte Festessen aller Königinnen dieser Welt.«

Da sprach Jeremy Donn: »So bist du also wirklich bereit, Königin der Tinker zu werden, auf immer meine Königin zu sein, und dafür auf all das Gold und den Ruhm, all die Freuden und die Ehre zu verzichten?« »Bereit bin ich dazu, Jeremy Donn, und mein Herz sehnt sich danach, dass du mich zu deiner Frau machst und zur Königin deines Stammes, jetzt und für alle Zeit.« »Dann, Liebste meines Herzens, lege deine Hand in meine, und komm mit mir, damit du meine schöne Königin wirst vor dem Himmel und aller Welt.« Überglücklich legte sie ihre Hand in die seine und er zog sie auf die Füße. Da verschwamm alles um sie herum, die Welt begann sich zu drehen und ihr Herz schlug wild. Sie nahm nichts mehr wahr außer der Freude, die sie erfüllte, als ihr geliebter Tinker sie mit sich wegführte. Wohin, das wusste sie nicht, aber es kümmerte sie auch nicht.

Erst die lauten Hurra-Rufe der Menge ließen sie wieder zu sich kommen. Als sie sich umschaute, da sah sie, dass sie auf einem goldenen Thron saß, und neben ihr auf dem anderen Thron saß Jeremy Donn. Aber er trug keinen zerlumpten Mantel mehr, sondern ein glänzendes Gewand aus feinster Seide mit goldener und silberner Borte. Ja, und auch sie trug ein wunderschönes seidenes Gewand, das bis zu ihren Füßen fiel. Ein Bischof in seiner Robe setzte eben ihr und Jeremy goldene Kronen auf. In der Menge, die immer noch jubelte, da sah sie ihre Tinker, aber auch sie trugen keine Lumpen mehr, sondern schöne Kleider aus Samt und Seide.

Ihre Tinker, das waren edle Herren und Damen aus dem ganzen Land, und ihr König der Tinker, Jeremy Donn, der war in Wirklichkeit der junge Prinz von Irland. Er hatte prüfen wollen, ob sie ihn wirklich lieben könne, bevor er sie heiraten wollte.

Nun war er König von Irland, und sie war Königin. Tausendfach klangen ihr die Freudenrufe entgegen: »Gott segne den tapfersten König und die schönste Königin, die es in Irland je gegeben hat!« Wie im siebten Himmel fühlte sich Fiona an jenem Tag, und bis zu ihrem Ende gab es keinen Tag, an dem sie weniger glücklich gewesen wäre.

Irland

Eine erstaunliche junge Frau ist es, die wir in diesem Märchen auf ihrem Weg begleiten dürfen. Eigentlich ist sie eine Schwester der Königstochter aus »König Drosselbart« – und das ist nun ein Märchen, das ich nicht erzählen könnte, das mir sehr fremd ist. Doch »Die Königin der Kesselflicker« gehört mit zu meinen Lieblingsmärchen. Denn wenn die beiden auch Schwestern sind, so sind doch die Erfahrungen, die beide machen, grundverschieden.

Entgegen den demütigenden Erfahrungen bei Drosselbart haben wir es in dem irischen Märchen mit einer Frau zu tun, die mutig ihren Weg geht. Sie folgt voller Vertrauen ihrem Herzen und ihrer Sehnsucht, ohne dabei an materielle Sicherheit oder sonst irgendwelche Vernunftsgründe zu denken.

Das, was bislang ihr Zuhause war, das väterliche Schloss und dessen Strukturen, das verlässt sie nun. Vielleicht, weil sie auf einmal spürt, dass sie hier zwar ihr Zuhause der Kindheit hat, dass das aber nicht auf immer ihr Zuhause, ihre Heimat bleiben kann, dass sie ihre eigene Heimat erst finden muss. Und dazu gehört es, sich ins Fremde zu begeben.

Das Märchen macht sehr deutlich, dass sie ganz genau weiß, wer sie ist, was sie will und vor allem: was sie nicht will. Beherzt und mutig kehrt sie den alten vertrauten Strukturen den Rücken. Denn Mut braucht sie, um sich selbst dem Fremden, dem Anderen, dem Unvertrauten auszusetzen. Aber es braucht nicht nur Mut, sondern auch Offenheit und aktives In-die-Welt-Gehen. Und obendrein braucht es auch Durchhaltevermögen, denn wie viele Rückschläge, Niederlagen, Durststrecken und Nichtverstehen gibt es, die überwunden werden müssen. Manchmal gehört viel mehr dazu, anstatt zum Altvertrauten zurückzukehren weiterzugehen und nicht aufzugeben, im Vertrauen auf sich selbst und das Leben weiterzugehen. Sie muss keiner Hexe begegnen, sich mit keinem Ungeheuer auseinandersetzen, wohl aber den verschiedenen Versuchungen widerstehen, den ›leichten‹ Weg zu gehen.

Ein zentrales Thema dieses Märchens ist sicher die Partnerfindung und Fiona – im Gegensatz zu ihrem Vater und dem alten König von Irland scheint sie um die Bedeutung dessen zu wissen – weiß genau, dass es nicht geht, jemanden zu heiraten, den man nicht kennt und folglich auch nicht lieben kann. Jetzt geht es um Liebe, und um der Liebe Willen lässt sie alles Vertraute, alle Sicherheit zurück und begibt sich ins absolut Fremde. Der Kontrast könnte nicht größer sein zwischen dem geborgenen Königskinddasein und dem harten ausgegrenzten Tinkerdasein.

Fiona und Jeremy gehen ein Stück Weg zusammen, und dabei lernen sie sich wirklich kennen und wirklich lieben, und so legen sie die Voraussetzung zu einer Bindung voll Nähe und Intimität. Denn wie Fiona immer wieder betont: Heimat ist dort wo du bist, alles andere ist egal. Heimat, das Gefühl von Zuhausesein im Leben beinhaltet auf alle Fälle die Anwesenheit von Liebe, deren Abwesenheit macht es unmöglich.

Warum aber muss das Königtum am Ende stehen? Hätte sie nicht einfach mit ihrem Tinker glücklich werden können? Nun, durch die Liebe und die Partnerbeziehung kann Fiona ihre Heimat finden, aber das heißt auch, dass sie im eigenen Leben beheimatet ist, König/Königin über ihr eigenes Leben sein kann. Und ohne diese harten Erfahrungen und das zu sich selbst und ihrer Liebe stehen hätte Fiona wohl nicht wirklich Königin werden können, erst die »Kesselflicker-Erfahrungen« zeichnen sie in ihrem Wesen als solche aus.

Vielleicht übt dieses Märchen, so »kitschig« es auch sein mag, so einen Reiz aus, rührt so viele Menschen an, weil hier eine unserer großen Sehnsüchte erfüllt wird, die nach Heimat finden im Du, nach der Geborgenheit im Miteinander.

Sabine Lutkat

Der Kaiser
und der Abt

Ich will euch erzählen ein Märchen gar schnurrig:
Es war 'mal ein Kaiser, der Kaiser war kurrig.
Auch war 'mal ein Abt, ein gar stattlicher Herr;
Nur schade! sein Schäfer war klüger als er.

Dem Kaiser ward's sauer in Hitz' und in Kälte.
Oft schlief er gepanzert im Kriegesgezelte,
Oft hat' er kaum Wasser zu Schwarzbrot und Wurst,
Und öfter noch litt er gar Hunger und Durst.

Das Pfäfflein, das wusste sich besser zu hegen
Und weidlich am Tisch und im Bette zu pflegen.
Wie voller Mond glänzte sein feistes Gesicht.
Drei Männer umspannten den Schmerbauch ihm nicht.

Drob suchte der Kaiser am Pfäfflein oft Hader.
Einst tritt er mit reisigem Kriegesgeschwader
In brennender Hitze des Sommers vorbei.
Das Pfäfflein spazierte vor seiner Abtei.

»Ha!« dachte der Kaiser, »zur glücklichen Stunde!«
Und grüßte das Pfäfflein mit höhnischem Munde:
»Knecht Gottes, wie geht's dir? Mir deucht wohl ganz recht,
Das Beten und Fasten bekomme nicht schlecht.

Doch deucht mir daneben, Euch plage viel Weile.
Ihr dankt mir's wohl, wenn ich Euch Arbeit erteile?
Man rühmet, ihr wäret der pfiffigste Mann:
Ihr hörtet das Gräschen fast wachsen, sagt man.

So geb' ich den Euren zwei tüchtigen Backen
Zur Kurzweil drei artige Nüsse zu knacken.
Drei Monden von nun an bestimm' ich zur Zeit,
Dann will ich auf diese drei Fragen Bescheid.

Zum Ersten: wann hoch ich im fürstlichen Rate
Zu Throne mich zeige im Kaiserornate,
Dann sollt' Ihr mir sagen, ein treuer Wardein,
Wie hoch ich wohl wert bis zum Heller mag sein?

Zum Zweiten sollt Ihr mir berechnen und sagen:
Wie bald ich zu Rosse die Welt mag umjagen?
Um keine Minute zu wenig und viel!
Ich weiß, der Bescheid darauf ist Euch nur Spiel.

Zum Dritten noch sollst du, o Preis der Prälaten,
Auf's Härchen mir meine Gedanken erraten.
Die will ich dann treulich bekennen: allein
Es soll auch kein Titelchen Wahres dran sein.

Und könnt Ihr mir diese drei Fragen nicht lösen,
So seid Ihr die längste Zeit Abt hier gewesen;
So lass' ich Euch führen zu Esel durchs Land,
Verkehrt, statt des Zaumes, den Schwanz in der Hand.«

Drauf trabte der Kaiser mit Lachen von hinnen.
Das Pfäfflein zerriss und zerspliss sich mit Sinnen.
Kein armer Verbrecher fühlt mehr Schwulität,
Der vor hochnotpeinlichem Halsgericht steht.

Er schickte nach ein, zwei, drei, vier Un'versitäten,
Er fragte bei ein, zwei, drei, vier Fakultäten,
Er zahlte Gebühren und Sporteln vollauf:
Doch löste kein Doktor die Fragen ihm auf.

Schnell wuchsen bei herzlichem Zagen und Pochen
Die Stunden zu Tagen, die Tage zu Wochen,
Die Wochen zu Monden; schon kam der Termin!
Ihm ward's vor den Augen bald gelb und bald grün.

Nun sucht' er, ein bleicher, hohlwangiger Werther,
In Wäldern und Feldern die einsamsten Örter.
Da traf ihn, auf selten betretener Bahn,
Hans Bendix, sein Schäfer, am Felsenhang an.

»Herr Abt«, sprach Hans Bendix, »was mögt Ihr Euch grämen?
Ihr schwindet ja wahrlich dahin wie ein Schemen.
Maria und Joseph! Wie hotzelt Ihr ein!
Mein Sixchen! Es muss Euch was angetan sein!«

»Ach guter Hans Bendix, so muss sich's wohl schicken.
Der Kaiser will gern mir am Zeuge was flicken
Und hat mir drei Nüss' auf die Zähne gepackt,
Die schwerlich Beelzebub selber wohl knackt.

Zum Ersten: Wann hoch er im fürstlichen Rate
Zu Throne sich zeiget im Kaiserornate,
Dann soll ich ihm sagen, ein treuer Wardein,
Wie viel er wohl wert bis zum Heller mag sein.

Zum Zweiten soll ich ihm berechnen und sagen:
Wie bald er zu Rosse die Welt mag umjagen?
Um keine Minute zu wenig und viel!
Er meint, der Bescheid darauf wäre nur Spiel.

Zum Dritten, ich ärmster von allen Prälaten,
Soll ich ihm gar seine Gedanken erraten.
Die will er dann treulich bekennen: allein
Es soll auch kein Titelchen Wahres dran sein.

Und kann ich ihm diese drei Fragen nicht lösen,
So bin ich die längste Zeit Abt hier gewesen;
So lässt er mich führen zu Esel durchs Land,
Verkehrt, statt des Zaumes, den Schwanz in der Hand.«

»Nichts weiter?« erwidert Hans Bendix mit Lachen,
»Herr, gebt Euch zufrieden! Das will ich schon machen.
Nur borgt mir Eu'r Käppchen, Eu'r Kreuzchen und Kleid,
So will ich schon geben den rechten Bescheid.

Versteh' ich gleich nichts von lateinischen Brocken,
So weiß ich den Hund doch vom Ofen zu locken.
Was ihr euch, Gelehrte, für Geld nicht erwerbt,
Das hab' ich von meiner Frau Mutter geerbt.«

Da sprang wie ein Böcklein der Abt vor Behagen.
Mit Käppchen und Kreuzchen, mit Mantel und Kragen
Ward stattlich Hans Bendix zum Abte geschmückt
Und hurtig zum Kaiser nach Hofe geschickt.

Hier thronte der Kaiser im fürstlichen Rate,
Hoch prangt' er mit Zepter und Kron', im Ornate:
»Nun sagt mir, Herr Abt, als ein treuer Wardein,
Wie viel ich itzt wert bis zum Heller mag sein?«

»Für dreißig Reichsgulden ward Christus verschachert,
Drum gäb' ich, so sehr ihr auch pochet und prachert,
Für Euch keinen Deut mehr als zwanzig und neun;
Den einen müsst ihr doch wohl minder wert sein!«

»Hum«, sagte der Kaiser, »der Grund lässt sich hören
Und mag den Durchlauchtigen Stolz wohl bekehren.
Nie hätt' ich bei meiner hochfürstlichen Ehr'!
Geglaubet, dass so spottwohlfeil ich wär'.

Nun aber sollst du mir berechnen und sagen:
Wie bald ich zu Rosse die Welt mag umjagen?
Um keine Minute zu wenig und viel!
Ist dir der Bescheid darauf auch nur ein Spiel?«

»Herr, wenn mit der Sonn' Ihr früh sattelt und reitet
Und stets sie in einerlei Tempo begleitet,
So setz' ich mein Kreuz und mein Käppchen daran,
In zweimal zwölf Stunden ist alles getan.«

»Ha«, lachte der Kaiser, »vortrefflicher Haber!
Ihr futtert die Pferde mit Wenn und mit Aber.
Der Mann, der das Wenn und das Aber erdacht,
Hat sicher aus Häckerling Gold schon gemacht.

Nun aber zum Dritten, nun nimm dich zusammen!
Sonst muss ich dich dennoch zum Esel verbannen:
Was denk' ich, das falsch ist? Das bringe heraus!
Nur bleib' mir mit Wenn und mit Aber zu Haus!«

»Ihr denket, ich wäre der Herr Abt von Sankt Gallen.«
»Ganz recht! Und das kann von der Wahrheit nicht fallen.«
»Sein Diener, Herr Kaiser! Euch trüget Eu'r Sinn;
Denn wisst, dass ich Bendix, sein Schäfer, nur bin!«

»Was Henker! Du bist nicht der Abt von Sankt Gallen?«
Rief hurtig, als wär' er vom Himmel gefallen,
Der Kaiser mit frohem Erstaunen darein;
»Wohlan denn, so sollst du von nun an es sein.

Ich will dich belehnen mit Ring und mit Stabe:
Dein Vorfahr besteige den Esel und trabe,
Und lerne fortan erst quid iuris verstehn;
Denn wenn man will ernten, so muss man auch sä'n.«

»Mit Gunsten, Herr Kaiser! Das lasst nur hübsch bleiben!
Ich kann ja nicht lesen, noch rechnen und schreiben;
Auch weiß ich kein sterbendes Wörtchen Latein:
Was Hänschen versäumet, holt Hans nicht mehr ein!«

»Ach guter Hans Bendix, das ist ja recht Schade!
Erbitte demnach dir ein' andere Gnade!
Es hat mich ergötzet dein lustiger Schwank:
Drum soll dich auch wieder ergötzen mein Dank.«

»Herr Kaiser, groß hab' ich so eben nichts nötig.
Doch seid Ihr im Ernst mir zu Gnaden erbötig,
So will ich mir bitten zum ehrlichen Lohn
Für meinen Hochwürdigen Herren Pardon.«

»Ha bravo! Du trägst, wie ich merke, Geselle,
Das Herz wie den Kopf auf der richtigsten Stelle.
Drum sei der Pardon ihm in Gnaden gewährt
Und obenein dir ein Panisbrief beschert:

Wir lassen dem Abt von Sankt Gallen entbieten:
Hans Bendix soll ihm nicht die Schafe mehr hüten.
Der Abt soll sein pflegen, nach unserm Gebot,
Umsonst bis an seinen sanft seligen Tod.«

Gottfried August Bürger

Nach dem Erscheinen meines Buches über den Witz wurde ich in einem Interview von einer Journalistin nach meinem Lieblingswitz befragt. Da ich keinen Lieblingswitz nennen konnte, erzählte ich irgendeine andere Geschichte, die ich ganz gut und amüsant fand. Sie wurde von der Journalistin zu meinem Lieblingswitz deklariert, und das hatte peinliche Folgen. Die in meinem Buch vertretene These »Sage mir, worüber Du lachst, und ich sage Dir, was für ein Mensch Du bist« kehrte sich gegen mich und seither verweigere ich die Antwort auf die Frage nach meinem Lieblingswitz.

Mit dem Lieblingsmärchen verhält es sich nicht anders. In meiner Kindheit hatte ich eine besondere Zuneigung zu Rumpelstilzchen, aber ich kann bis heute nicht sagen, warum, und was dies über mich aussagt. Ob ich mich mit diesem jähzornigen dämonischen Wesen identifizierte oder eher Mitleid mit ihm hatte – ich kann mich nicht daran erinnern. Aber immerhin hat mich Rumpelstilzchen auch später so beschäftigt, dass ich ihm einen Aufsatz widmete mit der Überschrift »Vom Methodenpluralismus in der Erzählforschung«.

Auch anderen Märchen, die mich sehr beeindruckt haben, habe ich jeweils eine Studie gewidmet, so dem »Schneewittchen«, aber auch den Märchen von dankbaren Toten, die auf mich in Gestalt von Hans Christian Andersens »Reisekamerad« besonderen Eindruck machten. Schließlich habe ich dem Froschkönig-Märchen ein ganzes Buch gewidmet. Noch immer halte ich es für eines der schönsten und auch wissenschaftlich interessantesten Grimmschen Märchen.

Auf die Anfrage der Europäischen Märchengesellschaft nenne ich aber ein ganz anderes Stück, nämlich die Erzählung von »Kaiser und Abt«, in der Fassung von Gottfried August Bürger. Bürgers bekannteste Ballade ist die »Lenore«, die aber für heutige Ohren wegen ihrer Schwülstigkeit und Sentimentalität fast unerträglich ist. Dagegen ist »Kaiser und Abt« frisch und lebendig wie am ersten Tag. Es ist kein Zaubermärchen, sondern ein Schwank. Zum gleichen Typ gehört in der Grimm-Sammlung das »Hirtenbüblein«.

Ich könnte mir vorstellen, mit der Bürgerschen Ballade noch heutzutage jede Schulklasse beliebigen Alters zu begeistern. Sie gehört zur Gruppe der Erzählungen von klugen Rätsellösern und man kann daran erinnern, dass in manchen Landschaften das Wort Rätsel synonym für Märchen gebraucht wird. Obwohl Bürgers Ballade ein Kunstmärchen ist, hat sie doch alle Merkmale einer mündlichen Volkserzählung behalten, so zum Beispiel das Prinzip der Wiederholung und das Gesetz der Dreizahl, die aber, kunstvoll eingesetzt, nicht langweilig sind, sondern zur Spannung beitragen.

Über die Geschichte dieses Stoffes weiß man ziemlich viel, weil der bekannte Erzählforscher Walter Anderson darüber eine Monographie geschrieben hat, in der er den Stoff bis zu frühmittelalterlichen arabischen Quellen dokumentiert hat.

In deutscher Sprache taucht der Stoff am frühesten in dem mittelhochdeutschen Schwank-Zyklus vom Pfaffen Âmîs auf, der dem Stricker, einem bereits bürgerlichen Dichter schon des 13. Jahrhunderts, zugeschrieben wird. Auch im späteren Eulenspiegel-Volksbuch taucht der Erzähltyp auf, sowie bei Hans Sachs und späteren Autoren.

Was ich an den Rätselfragen besonders interessant finde, ist die Tatsache, dass sie in der scholastischen Theologie des Mittelalters noch ganz ernst gemeint und als Examinierung eines Geistlichen durchaus denkbar waren. Bei stets gleich bleibender und sich wiederholender Struktur der Erzählung variieren doch die Rätselfragen erheblich, nach Milieu und Kulturkreis. »Was ist der Mittelpunkt der

Erde?«, »Wie weit ist es von der Erde bis zum Himmel?« – das waren Fragen, auf die man im Mittelalter ernsthafte Antworten zu geben versucht hat.

Auch die dem Abt vom Kaiser angedrohte Strafe, ihn auf einen Esel verkehrt sitzend durch das Land zu treiben, entspricht den tatsächlichen Ehrenstrafen. Eine Reihe von heute nicht mehr gebräuchlichen Wörtern wie »Wardein«, »reisig«, »Panisbrief« lassen sich leicht erklären.

Amüsant ist der Bürger-Text auch durch die vielen eingestreuten Redensarten und Sprichwörter, die den Text auflockern. Hier nimmt G. A. Bürger schon das Bearbeitungsprinzip der Gebrüder Grimm, insbesondere das Wilhelm Grimms, vorweg, wodurch Mündigkeit fingiert wird.

Was ist die Botschaft dieser Erzählung? Als Schwank möchte sie Lachen erzeugen und Lachen hebt Ängste auf. Eine der häufigsten Angstvorstellungen auch noch heutiger Menschen sind Examensängste. Sie verfolgen uns bis in unsere Träume. Wir träumen, wir müssten noch einmal Abitur machen oder das Staatsexamen bestehen. Unsere Erzählung von Kaiser und Abt hilft dem Geprüften dadurch, dass ihm ein Helfer präsentiert wird, der klüger ist als der Prüfer und der Geprüfte. Diese Erzählstruktur wird seit der antiken römischen Komödie und der neuzeitlichen Commedia dell'Arte immer aufs Neue wiederholt: Der Diener (oder auch das Dienstmädchen) ist klüger als die Herrschaft (Figaro, Cosi fan tutte etc.). Es schwingt immer auch ein bisschen Schadenfreude mit, wenn der Vorgesetzte sich blamiert und der Zuhörer oder Leser kann, wenn er will, sich mit dem hilfreichen Schäfer identifizieren.

Trotz aller Schadenfreude gibt es einen versöhnlichen Ausgang, in dem jede Figur ihre Würde behält: Der Kaiser bleibt großzügig, obwohl er besiegt worden ist; der Abt darf im Amt bleiben und entgeht einer Strafe und der Schäfer verzichtet großmütig auf seine Belohnung und erweist sich damit zum zweiten Mal als menschlich Überlegener.

Es würde mich freuen, wenn meine Zeilen neue Freunde für Bürgers »Kaiser und Abt« gewinnen würden.

Lutz Röhrich

Der goldene Schlüssel

Zur Winterszeit, als einmal ein tiefer Schnee lag, mußte ein armer Junge hinausgehen und Holz auf einem Schlitten holen. Wie er es nun zusammen gesucht und aufgeladen hatte, wollte er, weil er so erfroren war, noch nicht nach Haus gehen, sondern sich erst Feuer anmachen und ein bißchen wärmen. Da scharrte er den Schnee weg, und wie er so den Erdboden aufräumte, fand er einen goldnen Schlüssel. Nun glaubte er, wo der Schlüssel wäre, müßte auch das Schloß dazu seyn, grub weiter und fand ein eisernes Kästchen; ei, dachte er, wenn der Schlüssel nur paßt, denn es waren gewiß wunderbare und köstliche Sachen darin. Er suchte, aber es war kein Schlüsselloch da, endlich fand er doch noch ein ganz kleines, und probierte, und der Schlüssel paßte gerad, da drehte er ihn einmal herum, und nun müssen wir warten, bis er vollends aufgeschlossen hat, dann werden wir sehen, was darin liegt.

Marie Mai 1813
Deutschland

Wilhelm Grimms lakonischer handschriftlicher Eintrag in sein Handexemplar der Erstauflage der *Kinder- und Hausmärchen* zum letzten, dort zunächst unter der Nummer 70 veröffentlichten Text hat mir vor dreißig Jahren den

Weg zur tatsächlichen Beiträgerin dieses Neckmärchens und vieler anderer der Grimmschen Sammlung gewiesen: Es war die junge Deutschfranzösin Marie Hassenpflug und nicht, wie man seit fast hundert Jahren kolportiert hatte, eine etwas chimärische »Alte Marie« aus Kassel. Die Freude über diese grundstürzende Entdeckung, was Umfeld und Herkunft der berühmtesten Märchensammlung der Welt betrifft, empfinde ich noch heute und sie bezieht denn natürlich auch diesen kleinen, philologisch wegweisenden Text mit ein.

Wilhelm Grimm hat die Textgestalt außerordentlich geschätzt und sie im Lauf der folgenden sechs Märchenauflagen kaum verändert. Wenn er das trauliche »ei« später ersatzlos strich und aus den im Kästchen vermuteten ›wunderbaren und köstlichen Sachen‹ etwas steifleinen ›kostbare Sachen‹ machte, so ist dies inhaltlich und stilistisch eher eine Schlimmbesserung, die er allerdings durch die Ergänzung am Ende (»was für wunderbare Sachen in dem Kästchen lagen«) wieder gut machte.

Insgesamt ist das Geschichtchen ganz unaufgeregt und im Duktus des erkennbar auch durch die Erzählweise der Marie Hassenpflug geprägten Grimmschen Märchentons erzählt. Die Brüder Grimm haben es bewusst stets ans Ende ihrer Sammlung platziert, weil sie darin eine Allegorie auf das Märchen und das Märchenerzählen selbst sahen: Das Geheimnis des Märchenschatzes ist nicht zu erschöpfen, und seine Bedeutung ist nie eindeutig festgelegt, sondern durchaus offen belassen; mit diesem Bild wird denn auch zu immer erneutem Lesen und Bedenken der Märchen ermuntert. Immer wieder gehen wir mit dem Jungen in einer unwirtlichen Welt auf Schatzsuche, finden auf immer wieder erstaunenswerte Weise das Schatzkästlein der Volkserzählungen, aber immer wieder auch werden wir belehrt, dass diese Schätze nicht einsinnig vereinnahmt und kurzatmig fruchtbar, das heißt gedeutet und nutzbar, gemacht werden können. Vielmehr heißt es, sich den Glauben an den Wert dieser Schätze zu bewahren, sie immer erneut aufzusuchen, zu erfahren und zu bedenken, und den Schlüssel, der uns ihren Sinn erschließen kann, recht zu benutzen.

Dieser Text ist, was er sagt. Was kann man von einem sprachlichen Kunstwerk vollkommeneres erwarten? Jeder, der ihn wachen Sinnes liest oder hört, freut sich an ihm.

Heinz Rölleke

Vom Mannl Spanneland

Einmal war ein armes Mädel, dem sind Vater und Mutter gestorben gewesen. Und wie es halt keinen Menschen mehr hatte, da wollte es von daheim fortgehen, anderswohin in Dienst. Da musste es durch einen großen Wald gehen, und wie es drinnen war, hat es den Weg verloren und hat sich nicht mehr zurechtgefunden. Jetzt hat sich halt das Mädel recht gefürchtet, und dazu ist es finstere Nacht geworden. Zum größten Glück hat's Mädel noch ein kleines Häusel gefunden, da ist es hineingegangen und hat gedacht, dass es dort würde vielleicht über Nacht bleiben können. In dem Häusel war kein Mensch daheim, und alles hat so liederlich drin herumgelegen. Da hat halt's Mädel angefangen, ein bissel Ordnung zu machen. Danach hat sie sich in einen Winkel gesetzt und hat gewartet, wer da kommen würde. Auf einmal tut die Türe aufgehn und kommt ein ganz kleines Mannl herein mit einem langmächtigen Bart, den es hinten nachgezogen hat. Tut sich überall umgucken und sagt: »Hm, hm«. Wie's aber das Mädel in dem Winkel sieht, fängt das Mannl mit einer starken Stimme an:

> »Ich bin das Mannl Spanneland,
> hab einen Bart drei Ellen lang,
> Mädel, was willste?«

Da hat das Mädel gebeten, das Mannl soll sie doch in der Nacht dabehalten. Da hat's Mannl wieder angefangen:

>»Ich bin das Mannl Spanneland,
hab einen Bart drei Ellen lang,
Mädel, mach mir's Bett.«

Jetzt ist halt das Mädel gegangen und hat dem Mannl das Bett gemacht. Danach sagt's Mannl wieder:

>»Ich bin das Mannl Spanneland,
hab einen Bart drei Ellen lang,
Mädel, richt mir ein Bad.«

Da hat's Mädel Feuer gemacht und hat einen Topf voll Wasser aufgesetzt und eine Wanne geholt, und wie's Wasser warm war, hat sie's 'neingegossen und hat's Mannl hineingesetzt und hat's halt gebadet. Und nachher hat sie's ins Bett gelegt. Und dann sagt das Mädel: »Mit deinem alten langen Bart, da fällst du ja drüber, Mannl Spanneland« und tut eine Schere nehmen und tut dem Mannl de Bart schnell wegschneiden. Da ist das Mannl auf einmal immer größer und schöner geworden und hat gesagt: »Mädel, du hast mich erlöst und sollst auch schön dafür bedankt sein. Nimm dir meinen Bart mit zum Andenken und spinn ihn daheim. Dann war's Mannl verschwunden. Den andern Tag ist's Mädel wieder heimgegangen und hat den Bart mitgenommen, und daheim hat sie ihn auf den Rocken gesteckt und hat angefangen zu spinnen. Und da hat der Bart selber immer weiter gesponnen, und das schönste Garn ist es geworden, wie helles Gold, und ist gar nicht weniger geworden. Da haben alle Leute solches Garn haben wollen, und's Mädel hat gar nicht genug verkaufen können. Da ist es sehr reich geworden und hat geheiratet, und wenn es nicht gestorben ist, so lebt es heute noch.

Deutschland

Fast zwanzig Jahre sind es inzwischen her, dass mir beim Schmökern in Vilma Mönckebergs *Märchentruhe* das kleine Märchen vom »Mannl Spanneland« untergekommen ist.

Es hat mich von Anfang an fasziniert und in seinen Bann gezogen. Schon der Name des kleinen Mannl's machte mich neugierig: »Spanneland« – müsste das nicht »Spannelang« heißen, weil der kleine Mann wohl nur eine Spanne lang ist?

Aber nein! Aus der Geschichte ergibt sich ja ganz eindeutig, dass er mit dem Spinnen zu tun hat, also aus dem geheimnisvollen Land kommt, mit dem wir üblicherweise nur Weibliches assoziieren: Die Nornen, Parzen oder Moiren, die Schicksalsfrauen. Geheimnisvoll hat mich das angerührt und mich bis heute immer wieder dazu verlockt, in die Weite und Tiefe der Symbolbedeutung des Spinnens und Webens, des Männlichen und Weiblichen, auch des Schicksalsfadens in meinem eigenen Leben, nachzudenken.

Doch möchte ich an dieser Stelle keine Symbolbedeutung herausarbeiten, sondern einfach nur erzählen, warum mir dieses kleine Märchen so recht ans Herz gewachsen ist.

Zunächst einmal kommt es in einer so holprigen Sprache daher, dass man es kaum lesen mag: es animiert geradezu, erzählt zu werden – dann jedoch entwickelt es ungeahnten Charme! Eine Textauffälligkeit hatte mich zusätzlich besonders berührt: Das Mädchen wird als »Mädel« bezeichnet, auch ist von einem »Häusel« die

Rede. Ich hatte mir damals noch keine großen Gedanken darüber gemacht, ob ich Märchen auch anders als im Wortlaut der hochdeutschen Sprache erzählen sollte oder könnte. Es war ganz eindeutig die Anrede »Mädel«, die meinen Wunsch provoziert hatte, es in meiner oberbayrischen Mundart zu erzählen. Ich weiß bis heute nicht genau, in welcher deutschen Gegend es beheimatet ist. Doch mir scheint, als wäre es ursprünglich nie und nimmer hochdeutsch, sondern in einem lebendigen Dialekt erzählt worden.

Kaum hatte ich es mir angeeignet, hörte ich zufällig im Radio von einem ersten Erzählwettbewerb, zu dem Walter Kahn 1988 nach Bayersoien einlud. Guten Mutes habe ich mich sogleich gemeldet und bin mit dem »Mannl Spanneland« auf die Reise gegangen. Meine Mundartfassung hat die Herzen der Zuhörer und wohl auch die der Jury im Sturm erobert. Das »Mandl«, das »Deandl« und ich haben einen zweiten Preis bekommen und sind glücklich wieder heimgefahren. Bei dieser Gelegenheit habe ich Margarete Möckel kennen gelernt, sie war Mitglied in der Jury. Aus dieser Begegnung entwickelte sich eine langjährige Freundschaft, die mich wiederum ermutigte, später selbst aktiv in der EMG mitzuarbeiten, Seminare anzubieten und den goldenen Faden weiter zu spinnen.

Meine kleinen und großen Zuhörer lieben das »Mannl Spanneland« spontan und verlangen immer wieder danach. Wen könnte das wundern? Ermutigt es doch auf herzerfrischende, spannende und humorvolle Weise dazu, alte Bärte abzuschneiden und sich auf neues Leben einzulassen.

Nach all den Jahren, in denen ich dieses kleine Märchen oft und oft erzählt habe, hat es für mich noch immer etwas vom Zauber des Anfangs – und sogar einen Rest Geheimnis hat es sich bewahrt.

Wäre das nicht so, würde es mich wahrscheinlich längst nicht mehr interessieren.

Brigitta Schieder

Sonne, Mond und Talia

Es war einmal ein vornehmer Herr, der bei der Geburt einer Tochter alle Weisen und Wahrsager des Königreichs zusammenkommen ließ, damit sie ihr Lebensgeschick prophezeien sollten. Nach mehrfachen Beratungen nun sagten sie aus, dass ihr durch eine Flachsfaser große Gefahr drohe; weshalb ihr Vater, um jedem Unfall vorzubeugen, ein strenges Gebot erließ, dass weder Flachs noch Hanf noch irgend etwas Ähnliches jemals in seinen Palast gebracht würde. Als jedoch Talia herangewachsen war und eines Tages am Fenster stand, sah sie eine alte Frau vorübergehen, welche spann, und da sie niemals weder Kunkel noch Spindel zu Gesicht bekommen hatte, sie auch an dem Hin- und Herdrehen derselben großes Gefallen fand, wurde sie von so großer Neugier ergriffen, dass sie die Alte heraufkommen ließ, und den Rocken in die Hand nehmend, anfing den Faden zu drehen. Unglücklicherweise jedoch stach sie sich dabei eine Hanffaser unter den Nagel eines Fingers, und sogleich fiel sie tot zur Erde. Sobald die Alte dies sah, eilte sie die Treppe hinunter. Der arme Vater aber, von dem Unfall unterrichtet, bezahlte erst mit ganzen Fässern Tränen diesen Becher Wermuttrank, ließ dann die tote Tochter in dem Lustschloss, in welchem er sich eben befand, auf einen Samtsessel unter einem Thronhimmel von Brokat setzen, worauf er alle Türen verschloss und den Ort, welcher die Ursache eines solchen Unglücks gewesen war, verließ, um gänzlich und für immer das Andenken daran aus seinem Gedächtnisse zu verbannen.

Es geschah nun aber eines Tages, dass ein König auf die Jagd ging und ein Falke, der ihm von der Faust entschlüpfte, in ein Fenster jenes Schlosses flog, so dass der König, da der Vogel nicht auf die Lockpfeife hörte, an das Tor pochen ließ, indem er glaubte, dass das Gebäude bewohnt würde. Nach langem und vergeblichen Klopfen jedoch hieß der König eine Winzerleiter herbeiholen, um selbst hineinzusteigen und zu sehen, wie es inwendig aussehe, und nachdem er es ganz durchwandert hatte, war er ganz außer sich vor Staunen, keine lebende Seele darin zu finden. Endlich jedoch gelangte er in das Zimmer, in welchem die bezauberte Prinzessin sich befand, und rief sie, indem er glaubte, dass sie schliefe. Da sie aber trotz alles seines Schreiens und Rüttelns nicht erwachte, er aber von ihrer Schönheit durch und durch erglühte, so trug er sie in seinen Armen auf ein Lager und pflückte dort die Früchte der Liebe. Hierauf ließ er sie auf dem Bette liegen und kehrte in sein Königreich zurück, woselbst er eine lange Zeit an diesen Vorfall nicht mehr dachte.

Talia aber gebar nach neun Monaten ein Zwillingspaar, einen Knaben und ein Mädchen, welche einem zwiefachen Juwelenschmuck glichen und von zwei Feen, die in jenem Palast erschienen, an die Brust der Mutter gelegt und sonst auch aufs sorgfältigste gepflegt wurden. Da sie nun einmal wieder saugen wollten und die Brustwarzen nicht fanden, so erfassten sie einen Finger und saugten daran so lange, bis sie die Faser herauszogen, worauf Talia wie aus einem tiefen Schlaf zu erwachen schien, den kleinen Engeln, welche sie neben sich sah, die Brust darreichte und sie liebgewann wie ihr eigenes Leben, während sie jedoch gar nicht wusste, was mit ihr vorgegangen war, da sie nämlich wahrnahm, dass sie sich mit zwei Säuglingen ganz allein in dem Palast befand und von unsichtbaren Händen Speise und Trank herbeibringen sah.

Endlich jedoch geschah es, dass der König, sich Talias erinnernd, unter dem Vorwande, auf die Jagd zu gehen, zu ihr in den Palast kam, und indem er sie erwacht und außerdem zwei Engelchen an Schönheit bei ihr fand, fühlte er darüber die größte Freude. Sobald er nun Talia mitgeteilt hatte, wer er wäre und was sich zwischen ihnen zugetragen, schlossen sie ein sehr enges Freundschaftsbündnis und blieben einige Tage zusammen; worauf der König mit dem Versprechen, zurückzukehren und sie abzuholen, sich von ihr verabschiedete und sich wieder in sein Königreich begab. Dort aber dachte er jederzeit an Talia und seine Kinder, so dass, mochte er nun essen oder trinken, er zugleich auch Talia und Sonne und Mond (so hatte er nämlich seine Kinder genannt) im Munde führte, und wenn er sich zur Ruhe legte, den Namen jener sowohl als dieser ausrief.

Der Gemahlin des Königs jedoch, welche durch die lange Abwesenheit desselben einigen Verdacht gefasst hatte, wurde bei dem steten Anhören der Namen »Talia, Sonne und Mond« immer brühheiß. Daher nahm sie einmal ihren Geheimschreiber beiseite und sprach zu ihm: »Höre, mein Freund, du befindest dich jetzt zwischen Angel und Tür, zwischen Block und Beil, zwischen Strick und Leiter. Wenn du mir nämlich sagst, wer die Geliebte meines Mannes ist, so mache ich dich zum reichen Mann; wenn du mir dies aber verheimlichst, so ist es um dich geschehen.« Der Geheimschreiber, einerseits durch die Furcht getrieben, anderseits durch den Eigennutz gezogen, der das Scheuleder auf den Augen der Ehre, die

Augenbinde der Gerechtigkeit, der graue Star der Treue ist, schenkte der Königin reinen Wein ein. Diese sandte daher im Namen des Königs zu Talia und ließ ihr sagen, er wolle die Kinder sehen; worauf Talia ihm diese mit großer Freude schickte, jenes Medeaherz jedoch dem Koch befahl, sie zu schlachten und aus ihnen verschiedene Suppen und Ragouts zu machen, die sie dann dem armen König zu essen geben wollte. Der Koch aber, der ein weiches Herz hatte, wurde, sobald er die beiden kleinen Engelchen erblickte, von Mitleid ergriffen, und indem er sie seiner Frau übergab, damit sie sie verstecken sollte, bereitete statt ihrer zwei Zicklein auf hunderterlei Weisen zu und übersandte sie der Königin, welche die Speisen mit großer Freude empfing. Als nun der König kam und mit vielem Wohlbehagen zu essen begann, wobei er ein Mal über das andere sagte: »Das schmeckt ja herrlich, bei meiner Seele! Das schmeckt ja köstlich, so wahr ich lebe!« entgegnete seine Frau immer: »Iss, denn du issest von dem Deinen.« Der König ließ dies Gerede zwei- oder dreimal unbeachtet; da er jedoch sah, dass sie gar nicht aufhören wollte, rief er endlich aus: »Ich weiß, dass ich von dem meinigen esse; denn du hast mir nichts ins Haus gebracht!« Worauf er zornig aufsprang und sich auf ein nicht weit entferntes Landhaus begab, um dort seinen Ärger verfliegen zu lassen.

Inzwischen trug die Königin, deren Wut noch nicht durch das, was sie getan, gesättigt war, dem Geheimschreiber wiederum auf, Talia unter dem Vorwande, dass der König sie erwarte, herbeizuholen. Diese nun kam alsobald, voll Freude und Verlangen, das Licht ihrer Augen wiederzufinden, und nicht ahnend, dass sie statt dessen Feuer erwartete. Als sie daher vor der Königin erschien, sprach diese zu ihr mit einem Nero-Gesicht und giftig wie eine Natter: »Ei willkommen, willkommen, du kostbares Frauenzimmer! Du also bist die Metze, das Unkraut, das meinen Mann von mir abzieht? Du bist die infame Hündin, die mir so viele schlaflose Nächte gemacht hat? Lass nur gut sein! Jetzt bist du in das Fegefeuer gekommen, wo du für das büßen sollst, was du mir angetan hast.« Sobald Talia diese Rede vernahm, fing sie an, sich zu entschuldigen, indem sie sagte, dass sie nichts verbrochen und der König, während sie im Schlafe dalag, von ihrem Grund und Boden Besitz genommen habe. Jedoch die Königin, welche keine Entschuldigungen hören wollte, ließ im Hofe des Palastes selbst ein großes Feuer anzünden und befahl, Talia hineinzuwerfen. Da diese nun sah, wie schlecht es mit ihr stand, so fiel sie vor der Königin auf die Knie und flehte sie an, ihr wenigstens so viel Aufschub zu gestatten, bis sie ihre Kleider abgelegt habe. Die Königin, nicht sowohl aus Mitleid mit der Unglücklichen, als um sich die mit Gold und Perlen gestickten Gewänder anzueignen, erwiderte daher: »Nun denn, so ziehe dich aus«, worauf Talia sich zu entkleiden anfing und bei jedem Stück, das sie ablegte, ein lautes Geschrei ausstieß. Als sie nun nach Ablegung des Überwurfs, des Kleides und des Mieders eben auch den Unterrock herunterstreifte, wobei sie den letzten Schrei vernehmen ließ, und man sie bereits fortschleppte, um aus ihrem Körper Asche für die Lauge zu Charons Hosen zu bereiten, eilte der König herbei und wollte bei diesem Schauspiel wissen, was vorging; hierauf fragte er auch nach seinen Kindern, und da er vernahm, dass seine Frau, um sich wegen seiner Untreue zu rächen, sie hatte schlachten lassen, rief er aus: »Ich selbst war also der Wolf meiner Schäflein? Weh mir, warum erkannten meine Augen nicht, dass sie die Quelle ihres Blutes waren? O du schändliche Barbarin, was für eine Grausamkeit hast du da begangen? Aber warte nur, es wird dir nicht so hingehen, deine Strafe soll wahrhaftig nicht sehr sanft ausfallen.« So sprechend, befahl er, dass sie in das für Talia angezündete Feuer geworfen würde und zugleich mit ihr auch der Geheimschreiber, welcher der Bube in diesem Unglücksspiel und der Anzettler dieses Gewebes der Bosheit gewesen war.

Indem er nun aber mit dem Koch das nämliche tun wollte, weil er glaubte, dass er die Kinder kleingehackt habe, warf dieser sich ihm zu Füßen und rief aus: »Fürwahr, Herr König, es bedürfte gar keiner andern Sinekure für den Dienst, den ich Euch erwiesen, als wenn ich in die Kalkofenglut geworfen würde, keines andern Kostenersatzes, als wenn man mir einen Pfahl in den Hintern bohrte, keiner andern Belustigung, als mich im Feuer weichzukochen und braten zu lassen, keines andern Vorteils, als dass die Asche eines Koches mit der einer Königin vermischt würde; aber dies wäre denn doch keine sonderliche Belohnung dafür, dass ich Euch Eure Kinder trotz jener mitleidlosen Betze, die sie töten wollte, gerettet habe, um euch einen Teil eurer selbst wiederzugeben.« Als der König diese Worte vernahm, blieb er wie versteinert stehen; denn er glaubte zu träumen und konnte nicht glauben, was seine Ohren vernahmen; endlich jedoch wandte er sich zu dem Koch und sprach: »Wenn du mir wirklich meine Kinder gerettet hast, so sei sicher, dass du nicht weiter Bratspieße drehen, sondern in der Küche meines Herzens meinen Willen drehen sollst, wie du willst, indem ich dich so belohnen werde, dass nichts zu deinem Glücke fehlen soll.« Während der König dies sprach, brachte die Frau des Koches, welche sah, wie nötig dies war, Sonne und Mond vor den König, der sogleich anfing bald mit seiner Frau, bald mit seinen Kindern Kussmühle zu spielen, den Koch aber reich belohnte und ihn zu seinem Kammerherrn machte. Hierauf heiratete er Talia, welche nun mit ihrem Gemahl und ihren Kindern ein langes und glückliches Leben führte, nachdem sie erkannt hatte: »Wem der Himmel wohlwill, dem gibt er das Glück im Schlafe.«

Italien

Talia schläft nach dem schon zu ihrer Geburt prophezeiten Stich an der Flachsfaser wie Dornröschen nach dem Stich der Spindel in dem vereinsamten Schloss. Sie ist auch schön wie Sneewittchen und in ihrer Unschuld ebenso leichtgläubig. Während diese beiden Erfüllung im Kuss des Königssohnes finden und ihre Hochzeit nur noch genannt wird, widerfährt Talia ein komplexeres Wunder. Perraults »Schöne, die im Walde schlief« (1695) ist ihr enger verwandt als die beiden grimmschen Prinzessinnen (1812). Wenn wir jedoch das KHM-Bruchstück Nr. 5 »Die böse Schwiegermutter« hinzunehmen, erkennen wir Basiles Märchen vom fünften Tag Nr. 5 als den gemeinsamen Vorfahren. Dieses barocke Märchen aus Neapel (1637) hat eine Schlüsselrolle in der Überlieferung von AaTh/ATU 410 *Sleeping Beauty*. Bisher sind nur zwei frühere Geschichten bekannt, so die von »Troylus und Zellandine« im *Perceforest*-Roman (um 1330).

In zwei anderen epischen Kunstwerken lassen sich Schwestern von Talia und Dornröschen finden.

Zur Zeit des Kaisers Augustus hat Ovid in seinen *Metamorphosen* über Chione (χιών – Schnee) erzählt. Seine Schneeweiße ist die Tochter von Daedalion, dem einen von zwei Söhnen Lucifers, des Morgensterns. Um Chione, zweimal sieben Jahre alt und heiratsfähig, von schönster Schönheit, werben tausend Freier. Da sehen sie zwei Götter auf Reisen, Apollo und Hermes/Merkur. Beide erglühen sofort vor Liebesbegehren. Vornehm verschiebt Apollo seine Hoffnung auf die Nacht. Hermes aber kann's nicht abwarten. Mit seinem Kerykeion, dem Reise- und Zauberstab, berührt er den Mund des Mädchens, so dass sie in tiefen Schlaf fällt, und sie erleidet Gewalt von dem Gott *(vim dei patitur)*. Als die Nacht Sterne über den Himmel gestreut hat, naht ihr Apollo, als alte Frau verkleidet, und genießt die schon geraubten Freuden auch. Chiones Zwillingssöhne werden ihren göttlichen Vätern ähnlich. Der eine Urenkel ist Odysseus, der Einfallsreiche und Listige. Der andere ist Philammon, der Stifter der Mädchenchöre und des Kitharaspiels. Aber Chione muss sterben. Sie hat als stolze Mutter die jungfräuliche Göttin Diana wegen deren Kinderlosigkeit geschmäht. Hybris wird nicht geduldet (Ovid, *Metamorphosen,* 11, 301 ff.). Ich danke Heinz Rölleke herzlich; er hat mich 1999 ermutigt, Ovids *Schneeweiße* aus ihrer literarischen Verborgenheit zu lösen.

In jüngster Zeit ist der Liebesakt mit der Schlafenden Schönen Talia als »semi-nekrophile Vergewaltigung« bezeichnet worden (cf. Richter in Schendas Edition des *Pentamerone* (2000), S. 614). Die Wahrheit der Märchen dieses Typs liegt anderswo. Sie beruht auf einem archetypischen Muster. Und das korrespondiert mit dem Erlebnis, neben der geliebten Person aufzuwachen und sie schlafend zu sehen.

Wenn man die Geschlechter in diesem Märchentypus gleich behandeln will, kann man erinnern an Endymion, den Selene, Göttin des Mondlichts, in ewigen Schlaf versetzt hat, »damit sie ihn immer in der Höhle finden und küssen konnte.« (Kerényi 1955)

Ganz zauberhaft und in schönster Gleichberechtigung wird in *1001 Nacht* in einem Familienroman von *Kamar ez-Zamân (dem Mond der Zeit) und Budûr (der Vollmondin)* erzählt, wie jedes von seinem Dämon schlafend entführt wird, wie beide im einsamen Schloss nebeneinandergelegt werden, die niemals vom anderen Geschlecht etwas wissen wollten, und wie eins ums andere von einem Flohstich geweckt, das andere schlafen sehen, in Liebe erglühen und die Früchte der Liebe pflücken (cf. Insel-Ausgabe von Enno Littmann, 1953, S. 357–569).

Weil *Sonne, Mond und Talia* meine Suche angeregt und die Funde ermöglicht haben, hängt mein Herz an diesem Märchen aus Neapel.

Werner Schmidt

Dümmling

Es war einmal ein Hans der war so unerhört dumm, daß ihn sein Vater in die weite Welt jagte. Er rennt vor sich hin bis er an Meeresufer kommt, da setzt er sich hin und hungert. Da kommt eine häßliche Kröte auf ihn zu und quackt, umschling mich und versenk dich! So kommt sie zweimal, er weigert sich, [aber,] wie sie aber zum dritten mal kommt, folgt er ihr. Er sinkt unter und kommt in ein schönes Schloß unter dem Meer. Hier dient er der Kröte. Endlich heißt sie ihn mit ihr zu ringen, und er ringt, und die häßliche Kröte wird zu einem schönen Mädchen und das Schloß mit all seinen Gärten steht auf der Erde. Hans wird gescheidt geht zu seinem Vater und erbt sein Reich.

Deutschland

※

Auf die Frage, welches Volksmärchen mir besonders gut gefällt, sage ich ohne viel nachzudenken: das vom »Dümmling« in W. Grimms handschriftlicher Urfassung. Diese haben allerdings die Brüder Grimm alsbald zur Seite gelegt und nirgendwo veröffentlicht. Stattdessen haben sie den ursprünglichen Text mit zahlreichen anderen Motiven angefüllt, ausgeweitet und verlängert und so daraus das Märchen »Die drei Federn« gemacht (1812: KHM 64 III.;

heute: KHM 63). Im Vergleich dazu ist mir der glasklare, ungeschönte Urtext allemal lieber. Man findet ihn einzig und allein bei J. Lefftz (*Märchen der Brüder Grimm.* Heidelberg 1927, S.49) und bei H. Rölleke (*Die älteste Märchensammlung der Brüder Grimm.* Cologny/Genève 1975, S. 82).

Natürlich ist es von Vorteil, dass man ein derart kurzes Märchen mit einem Blick erfassen, leicht im Gedächtnis behalten und mühelos nacherzählen kann. Jedoch aus anderen Gründen spricht mich dieser eher bescheidene Text besonders an. Und zwar deshalb, weil sich mit ihm schöne Erlebnisse und wertvolle Einsichten für mich verbinden.

Erstens fand er in meinen Märchenstunden im psychiatrischen Krankenhaus stets großen Anklang und löste regelmäßig ein lebhaftes Echo aus, ein freies Hin und Her von Meinungen, ein wechselseitiges Geben und Nehmen zwischen Patient und Arzt.

Zweitens habe ich diese Grimm'sche Urfassung in einem anderen Zusammenhang erzählt, genauer gesagt 1982 in Ioannina/Griechenland, auf dem internationalen Kongress der Europäischen Märchengesellschaft: »Antiker Mythos in unseren Märchen«. Das ergab sich einfach so bei unserem Ausflug in die schroffe Bergwelt des Epirus. Dort in jenen weitläufigen und in zauberischem Licht funkelnden Tropfsteinhöhlen, habe ich die Geschichte vom »Dümmling«, ganz aus dem Augenblick heraus, zum Besten gegeben. Der damalige Beifall der versammelten Märchengesellschaft ist mir noch heute eine liebe Erinnerung.

Drittens, und das ist nun die Hauptsache, fasziniert mich diese schlichte Märchenskizze, weil sie mir kurz und bündig zu verstehen gibt, dass Volksmärchen Metaphern unseres Daseins sind. Das heißt: bildhafte Umschreibungen eines Sachverhalts, den man auf andere Weise nur mühsam und unvollständig, oder auch gar nicht begreifen oder mitteilen kann.

Aber jetzt soll das Märchen selbst anfangen zu erzählen: Seht da den Menschen! Den ›homo viator‹, unablässig auf der Suche nach dem Glück. Aus dem Paradies vertrieben, in die widerständige weite Welt gejagt, rennt er so vor sich hin, »bis er an Meeresufer kommt« – und scheitert. An jener Stelle, an der Grenze seines Daseins, versperrt ihm der Ozean den Weg, der Ozean des Seins, des eigentlichen Seins, das alles Dasein umgreift. Da sitzt er fest und kommt nicht weiter, hungert und vegetiert nur noch dahin. So ähnlich geraten ja auch wir in eine schier ausweglose Situation, und das wohl mehr als einmal. Eben da am Rand unseres Daseins gescheitert, sitzen wir in Trübsal und Elend und wissen nicht, wie es weitergehen kann. Andererseits ist es gerade die Not, die uns weiterhilft. Diese »hässliche Kröte« beharrt darauf, dass wir ihr nicht lange trotzen. Wir sollen auf sie hören und uns versenken in das dunkle Sein »unter dem Meer«. In jenem ›Reich der Finsternis‹ müssen wir uns der Not hingeben, ihr »dienen«, mit ihr »ringen« und das Leid aushalten. Schließlich dürfen wir auferstehen zu einem neuen Dasein »mit all seinen Gärten«.

Der Schock des Scheiterns hat aber eine noch tiefere Dimension. Er bringt den verzweifelnden Menschen dazu, nach dem Sinn seines Daseins zu fragen. Was ist das überhaupt, das Dasein? Und was ist das Sein an sich, als solches? Wir sagen so obenhin: »Das Gras ist grün – Es ist 12 Uhr – Das ist in Ordnung« und wissen dabei gar nicht was das »Ist« eigentlich besagt. Nach dem Sein an sich zu fragen, das interessiert allerdings heutzutage kaum noch jemanden. In unserer »Seinsvergessenheit« (M. Heidegger) richten wir all unser Augenmerk lieber auf das Daseiende, auf die Welt und ihre Dinge. Das Sein selber aber ist kein Ding. Es ist auch nicht der Urgrund unseres Daseins. Das eigentliche Sein ist allenfalls ein Vorgang. Es ist der Vorgang, in dem Mensch, Mitmenschen, Dinge und Abstrakta ins Licht des Bewusstseins treten, hell werden, zum Dasein erscheinen. So gesehen stehen sich Mensch und Ding nicht einfach nur wechselseitig als Subjekt und Objekt gegenüber. Sie treten vielmehr gemeinsam miteinander und füreinander in Erscheinung. Erscheinungen sind aber, anders als die Sachen selbst, für die sie stehen, grundsätzlich unzuverlässig. Ihre Bedeutung schwankt je nach Blickwinkel, Absicht, Stimmung, Vorerfahrung und Erwartung des Menschen. Von daher unterlaufen uns leicht Irrtümer und Fehlhandlungen.

So scheitert denn der Mensch im Grunde vor allem an seiner eigenen, selbst gestrickten Scheinwirklichkeit. Deshalb sollte man sich darüber im Klaren sein, dass das Wort »Wirklichkeit« ein schillernder, durchaus fraglicher Begriff ist. Im Allgemeinen versteht man unter Wirklichkeit seit Descartes und Newton ein statisches Weltbild: einen Zustand, eine Gegebenheit, wie man sie wahrnimmt. Demgegenüber ist das Sein an sich, das die ›eigentliche Wirklichkeit‹ selber ist, dynamisch, wie oben bereits gesagt: ein Vorgang, eine immerwährende Bewegung. Übrigens entsprechen dem nicht von ungefähr die Ergebnisse der Relativitäts- und Quantenforschung. Die ›eigentliche Wirklichkeit‹, das Sein an sich, bleibt allerdings der Wahrnehmung und Vernunft des Menschen unzugänglich im Verborgenen. Man nimmt das hin und ist mit dem zufrieden, was man mit den Sinnen erfassen oder mit der Vernunft sich wenigstens vorstellen kann. Doch lassen wir das Philosophieren erst mal bei Seite, und schauen nach, was inzwischen der »Dümmling« macht. Der sitzt noch immer im Elend, an der Grenze zwischen festem Land und abgründigem Ozean, kommt nicht weiter, leidet und hungert.

Wenn im Märchen der Held vorübergehend auf der Strecke bleibt, klingt die Geschichte zunächst halb so schlimm. Das ist sie aber nicht! Denn Erfahrungen an der Grenze zwischen Dasein und Sein erschüttern und lähmen uns zuinnerst. In einem Krieg oder bei einer Naturkatastrophe alles zu verlieren, hart getroffen zu sein von unheilbarer Krankheit oder von schwerer Behinderung, in der Ehe zu scheitern, an den eigenen Tod zu denken, einen lieben Menschen sterben zu sehen, das sind in der Tat Situationen am äußersten Rand unseres Daseins. Doch schon mit jedem gewöhnlichen Missgeschick, Widerstand, Fehlschlag, Kranksein oder Unfall bekommt der Mensch zu spüren, dass er nicht der Herr seines Daseins ist, sondern dass das Sein es ihm nur zum Verwalten geliehen und überdies begrenzt hat. Andererseits erlebt er, wie in der größten Not das Sein selber ihn aufgefangen hat. Und das ist das größte, das eigentliche Wunder, dass das Sein von sich selbst her dem Gescheiterten zu Hilfe kommt.

An dieser Stelle ist noch über die so genannten »selbstverständlichen Wunder im Märchen« zu reden. Mit dem Wort »selbstverständlich« bezeichnet man im allgemeinen

Sprachgebrauch etwas, was aus sich selbst verständlich ist und keiner besonderen Begründung bedarf. Demzufolge ist der Terminus ›Das selbstverständliche Wunder im Märchen‹ ein milder Selbstbetrug. Denn wer da sagt, das Wunder im Märchen sei selbstverständlich, der sollte ehrlicherweise hinzufügen: Es ist für mich »selbstverständlich«, weil ich selbst es nicht verstehe. Wahr ist freilich, dass das Märchen vom Wunder kein Aufheben macht. Irreführend und misslich ist die Redewendung vom »selbstverständlichen« Wunder andererseits deswegen, weil sie gutgläubigen Märchenfreunden vorspiegelt, jene Wunder seien wissenschaftlich als »selbstverständlich« längst entschlüsselt, nämlich eben als typisch märchenhaft und also keiner Frage wert. – Der langen Rede kurzer Sinn: Das Wunder im Märchen, genauso wie das Wunder in unserem Dasein, ist schlicht und einfach ein Wunder. Es ist kein Symbol für dieses oder jenes und schon gar nicht selbstverständlich, sondern unfasslich und unerforschlich. Wie dem auch sei, unser Dasein führt uns ein ums andere Mal vor Abgründe und Hindernisse und in weitere Nöte und Gefahren. Erst in der wahren Wirklichkeit, im Sein selber, werden wir, wie der »Dümmling«, wieder daheim sein und das ersehnte und lang gesuchte Glück finden. Und damit endet unser Dasein gerade so, wie die meisten Märchen enden.

Die Sprache, die sich geradewegs an das Sein als solches wendet, ist nicht die des gewöhnlichen oder des wissenschaftlichen Denkens, sondern die Sprache von Mythos, Kunst und Märchen. Denn von dem unbestreitbaren und dabei unbegreiflichen Sein an sich, der wahren Wirklichkeit, kann nur in jener fraglosen Form erzählt werden: »So war es, so ist es und so wird es sein«. Diese Sprache hört und versteht man besser mit dem Herzen, mit einem Denken, das vorübergehend Atem holt.

Alles in allem hat mir das Märchen vom Dümmling in einfachen Metaphern das gar nicht einfache Dasein des Menschen, seine Not und seine Rettung, vor Augen geführt. Nebenbei bemerkt stimmt die Märchenhandlung im Wesentlichen überein mit dem Initiationsmodell der Naturvölker, das da folgendermaßen abläuft: Grenzsituation, an der es, so wie bisher, nicht mehr weitergeht – qualvolle Wandlungskrise – Aufnahme und Eintritt in ein neugestaltetes Dasein.

Zwar endet die Grimm'sche Geschichte »Dümmling« ausdrücklich noch wieder »auf der Erde«, in einem »Schloss mit all seinen Gärten«. Aber das Märchen selbst weist über unser sterbliches Dasein hinaus: Seht da den Menschen! Wenn seine Zeit gekommen sein wird, dann sitzt er nochmals vor dem unabsehbaren Ozean des ›Ganz Anderen‹. Wenn er jedoch dieses Mal untersinkt, dann verwandelt sich sein letztes Daseinsdunkel in jene Liebe, die heller ist als tausend Sonnen. Er ist, nun für immer, wieder daheim, bei »seinem Vater und erbt sein Reich«. – Das Märchen ist kurz erzählt, aber lang getan und ist unter anderem auch ein Gebet um ein gutes Ende.

Wolfdietrich Siegmund

Wer ist der Sünder?

Es waren einmal zehn Bauern, die gingen miteinander über Feld. Sie wurden von einem schweren Gewitter überrascht und flüchteten sich in einen halb zerfallenen Tempel. Der Donner aber kam immer näher, und es war ein Getöse, dass die Luft ringsum erzitterte. Kreisend fuhr ein Blitz fortwährend um den Tempel her. Die Bauern fürchteten sich sehr und dachten, es müsse wohl ein Sünder unter ihnen sein, den der Donner schlagen wolle. Um herauszubringen, wer es sei, machten sie aus, ihre Strohhüte vor die Tür zu hängen; wessen Hut weggeweht werde, der solle sich dem Schicksal stellen.

Kaum waren die Hüte draußen, so ward auch einer weggeweht, und mitleidlos stießen die andern den Unglücklichen vor die Tür. Als er aber den Tempel verlassen hatte, da hörte der Blitz zu kreisen auf und schlug krachend ein. Der eine, den sie verstoßen hatten, war der einzige Gerechte gewesen, um dessentwillen der Blitz das Haus verschonte. So mussten die neun ihre Hartherzigkeit mit dem Leben bezahlen.

China

Dieses chinesische Märchen ist mir aus zwei Gründen lieb. Erstens hat Rudolf Geiger es auf der Feier zu meinem siebzigsten Geburtstag vorgetragen und – als der große Wortschauspieler, der er war – mit so einzigartig ausdrucksvoller Dramatik erzählt, dass die Teilnehmer von damals den gleichgültigen Anlass vergessen haben werden, nicht aber das Märchen. Der Erzähler steht lebendig vor mir, so oft ich an das Märchen denke. Und ich denke immer wieder einmal daran, weil es eine einzigartige Geschichte von der Unvorgreiflichkeit des Schicksals ist. Das ist der zweite Grund, warum ich es liebe.

Der Übersetzer des chinesischen Märchens, Richard Wilhelm, überliefert eine Geschichte von schlichtester Kürze und schlagender Wahrheit. Leider hat er, aus »mündlicher Überlieferung« schöpfend, den Kern der Erzählung durch den Titel und kleine moralische Einschübe verdunkelt; bekanntlich las er alles Chinesische als Theologe, auch diese Geschichte, in der aber tatsächlich nicht von Sündern und Gerechten, sondern von dem die Rede ist, was die Alten bona und mala fortuna, Glück und Unglück nannten. Wir können leicht verstehen, dass die Bauern miteinander ein Orakel »ausmachen«, und dass der, den es trifft, ausscheiden muss; wenn er anständig ist, braucht er nicht »gestoßen« zu werden.

Die Botschaft dieses Märchens ist klar: Wir werden erinnert, wie oft Glück ein Unglück oder Unglück ein Glück zu sein scheint; und wie oft der vermeintliche Unglücksrabe oder der scheinbar verlorene Nachzügler als einziger einem großen Unheil entkommt. Da ist einer, der das Flugzeug verpasst, mit dem er gerade noch rechtzeitig zu seiner Hochzeitsfeier hätte fliegen sollen – und dann ist er der große Gewinner, weil das Flugzeug abstürzt und alle Insassen tot sind. Geschichten wie diese gibt es zuhauf. Und wer daraus lernen kann, wird das Märchen nicht, wie

Richard Wilhelm, für ein Kindermärchen halten, und er wird ein Unglück nicht vorschnell mit Trotz und Widerwillen betrachten.

Franz Vonessen

Der Schatz

Den Jünglingen, die zum erstenmal zu ihm kamen, pflegte Rabbi Bunam die Geschichte von Rabbi Eisik, Sohn Rabbi Jekels in Krakau, zu erzählen. Dem war nach Jahren schwerer Not, die sein Gottvertrauen nicht erschüttert hatten, im Traum befohlen worden, in der Stadt Prag an der Brücke, die zum Königsschloss führt, nach einem Schatz zu suchen. Als der Traum zum drittenmal wiederkehrte, machte sich Rabbi Eisik auf und wanderte nach Prag. Aber an der Brücke standen Tag und Nacht Wachtposten, und er getraute sich nicht zu graben. Doch kam er an jedem Morgen zur Brücke und umkreiste sie bis zum Abend. Endlich fragte ihn der Hauptmann der Wache, auf sein Treiben aufmerksam geworden, freundlich, ob er hier etwas suche oder auf jemand warte. Rabbi Eisik erzählte, welcher Traum ihn aus fernem Land hergeführt habe. Der Hauptmann lachte: »Und da bist du armer Kerl mit deinen zerfetzten Sohlen einem Traum zu Gefallen hergepilgert! Ja, wer den Träumen traut! Da hätte ich mich ja auch auf die Beine machen müssen, als es mir einmal im Traum befahl, nach Krakau zu wandern, und in der Stube eines Juden, Eisik Sohn Jekels sollte er heißen, unterm Ofen nach einem Schatz zu graben. Eisik Sohn Jekels! Ich kann's mir vorstellen, wie ich drüben, wo die eine Hälfte der Juden Eisik und die andre Jekel heißt, alle Häuser aufreiße!« Und er lachte wieder. Rabbi Eisik verneigte sich, wanderte heim, grub den Schatz aus und baute das Bethaus, das Reb Eisik Reb Jekels Schul heißt.

»Merke dir diese Geschichte«, pflegte Rabbi Bunam hinzuzufügen, »und nimm auf, was sie dir sagt: dass es etwas gibt, was du nirgends in der Welt, auch nicht beim Zaddik finden kannst, und dass es doch einen Ort gibt, wo du es finden kannst.«

Chassidisch

Das Motiv ist von großer Schönheit und darum durch die Zeiten gewandert: Zwei Menschen träumen zwei Träume, die erst vereint einen Sinn ergeben. Doch nur für einen von ihnen ist er bestimmt, und er findet auf diese Weise den Weg zu einem Schatz, den er dann ohne weitere Mühe gewinnt. Aber so, wie die Geschichte bei Martin Buber erzählt wird, geht es um einen ganz besonderen Schatz. Rabbi Eisik hat Gottvertrauen, das wird ausdrücklich betont, und nur darum folgt er ja auch dem Traum und weicht tagelang nicht von der Brücke, die ihm gewiesen wurde, bis er die wahre Bedeutung seines Traumes erkennt. So begreift er, dass er unter Tausenden von Trägern desselben Namens auserwählt ist; aber er begreift auch, dass er nicht erwählt ist, um reich zu werden, sondern um für das was ihm widerfuhr, Zeugnis abzulegen.

Hier liegt für mich die außergewöhnliche Erhöhung der bekannten Geschichte, die mir das chassidische Märchen besonders liebenswert macht. Eisik besitzt einen einzigartigen Schatz, sein Gottvertrauen, und den kann er nicht in der Welt finden und nicht beim Zaddik, sondern nur in sich selbst.

Renate Vonessen

Der Streit der Glieder

Es gab einst einen König im Perserlande, der litt an Auszehrung und war dem Sterben nahe. Da sagten die Ärzte, die seine Krankheit behandelten: Nur eins könnte dem König helfen. Wenn er Löwenmilch zu trinken bekäme, würde er genesen. Darauf schickte der Herrscher seinen Leibarzt zu Salomo, dem Sohne Davids, dass der ihm Löwenmilch zu finden verhelfe. Als der Arzt bei Salomo eintraf, ließ dieser den Feldherrn Benaja ben Jojada holen und fragte ihn: Wie könnte man Löwenmilch beschaffen? Benaja antwortete: Lass mich zehn Zicklein mitnehmen, und ich will eine Löwin melken. Und er begab sich mit einigen Dienern außerhalb Jerusalems, wo er eine Löwenhöhle wusste. Er stellte sich von ferne hin und sah die Löwin ihre Jungen säugen. Da warf er ihr ein Zicklein zu, und sie fraß es. Den zweiten Tag trat Benaja etwas näher an die Höhle und warf der Löwin wieder ein Zicklein zu. So kam er jeden Tag näher an die Grube, bis er am zehnten Tag mit der Löwin spielen konnte. Er zog einen Augenblick an ihren Zitzen, entnahm den Eutern Milch und ging davon. Nun kehrte er zu Salomo zurück, gab die Löwenmilch dem fremden Arzt und ließ ihn mit Frieden zu seinem Herrn gehen.

Als der Heiler sich in der Mitte des Weges befand, schlief er ein und sah im Traume die menschlichen Körperteile miteinander rechten. Die Füße sprachen: Kein Glied ist so wichtig wie wir; wären wir nicht zum König Salomo geeilt, die Milch hätte nicht herbeigeholt werden können. Darauf sagten die Hände: Keines der Glieder ist wie wir. Hätten die Hände Benajas die Löwin nicht gemolken, die Milch wäre nicht da. Die Augen meinten: Wir sind obenan; hätten wir den Weg zur Höhle nicht gewiesen, nichts wäre erreicht. Hätte ich den Rat nicht ersonnen, eure Hilfe wäre unnütz. Nun fiel die Zunge ein: Ich bin das Hauptglied. Gäb es keine Sprache, was vermöchtet ihr alle miteinander? Aber da schalten alle Glieder die Zunge und riefen: Wie wagst du es, dich uns gleichzustellen, die du im Finstern wohnst und Fleisch ohne Knochen bist. Die Zunge aber antwortete: Ihr sollt es heute noch erfahren, dass ich eure Herrin bin.

Als der Arzt von seinem Schlaf erwachte, behielt er den Traum in seinem Herzen; er zog aber seine Straße weiter. Er kam vor den kranken König, und seine Zunge stammelte die Worte: Hier ist die Hundemilch, die wir für dich ausfindig gemacht haben. Trinke davon. Da erzürnte der König über den Heilkünstler und befahl, ihn zu henken. Als man ihn an den Galgen führte, überfiel ein Zittern alle Glieder des Verurteilten. Da sprach die Zunge zu den übrigen Körperteilen: Heute sagte ich es euch, dass ihr alle nicht wichtig seid. Wenn ich euch nun rette, wollt ihr da bekennen, dass ich eure Herrscherin bin? Die Glieder antworteten: Das werden wir zugeben. Da wandte sich die Zunge an die Henker und sprach: Bringt mich noch einmal vor den König. Das befolgten die Strafvollzieher. Da fragte der Arzt den Fürsten: Warum hast du mich zu töten befohlen? Der König antwortete: Weil du mir Hundemilch gebracht hast. Der Arzt sprach: Was verschlägts? Wenn sie nur eine gute Arznei ist. Aber auch eine Löwin nennen wir Hündin. Darauf trank der König von der Milch und ward gesund. Es war aber auch Löwenmilch, was er genossen hatte. Also entließ er den Arzt in Frieden. Da sprachen die Glieder zu der Zunge: Nun sehen wir, dass du in Wahrheit Herrin aller Glieder bist. Daher sagt auch die Schrift: »Tod und Leben steht in der Zunge Gewalt.«

Jüdisch

℘

»*Tod und Leben steht in der Zunge Gewalt*«
(Spr. 18,21)

In reicher Bildersprache erzählt diese jüdische Märe von Weisheit, Mut und Glauben. Ihre Helden sind bekannte Gestalten aus der Hebräischen Bibel, dem Alten Testament. Sie nehmen mich mit auf den Weg, in ihre Traumvisionen und beziehen mich ein in die Handlung.

Der Traum gehört für mich zur Ganzheit des Lebens. Aus Kindertagen vertraut führt er in die eigene Innenwelt und bleibt in der Tagwelt die kleine Stimme, welche Achtsamkeit lehrt.

Und während ich mich mit dem Text vertraut mache, wandern die Gedanken zu Marc Chagall – »die Zeit ist ein Fluss ohne Ufer« – seinem Engeltraum, den geflügelten Wesen, malerisch festgehalten in »Die Erscheinung«, zu Jacobs Traum mit der Himmelsleiter (1. Mos. 28, 10–17) und zum Wort-Wach-Traum Martin Luther Kings »Ich habe einen Traum«.

Der Traum, die universale Sprache der Menschheit.

Ich begegne König Salomo, dem Sohne Davids, von der damaligen Welt als gerechter und weiser Herrscher hoch verehrt. Mir fiel das »Salomonische Urteil« in dem Streit der Mütter um das Kind wieder zu, welches uns Bertolt Brecht (1898–1956) in dem Bühnenstück *Der Kaukasische Kreidekreis* (1954) wieder ins Bewusstsein gerufen hat. Ich erinnere eine Sykomore im Nordjemen unter der ich die Liebesgeschichte König Salomos und der Königin von Reicharabien (Saba) erzählte »Es ist wahr, was ich in meinem Lande gehört habe, von deinem Wesen und deiner Weisheit«. (1. Kön. 10,1–13)

Ein ganzer Kosmos war entstanden. In den Königen las ich weiter über seinen Thron mit den zwölf Löwen auf sechs Stufen zu beiden Seiten stehend. Sollte der Perserkönig zur Genesung darum Löwenmilch trinken, weil der König der Tiere für Kraft und Macht steht?

Die Märe »Der Streit der Glieder« läuft auf das in der Schrift aufgezeigte Wort hin »Tod und Leben steht in der Zunge Gewalt« (s. oben).

Gehört dieses Wort nicht auch zu unserem Erfahrungsschatz?

- die im Finstern wohnt: spricht von Liebe, Treue und Geborgenheit, schenkt Worte der Freundschaft, des Trostes, holt uns die Sterne vom Himmel.
- die im Finstern wohnt: kann Verrat üben, Verleumdungen äußern, Gerüchte streuen, Isolation und seelischen Tod über uns bringen.

»Von der Zunge hängt des Menschen Würde und Glück ab« (Erasmus von Rotterdam)

So bin ich als Hörende und Erzählende von Anbeginn eingebunden in das Wort: »Am Anfang war das Wort und das Wort war bei Gott und Gott war das Wort.« (Joh.1)

Schalom.

Irmgard Wiemer

Diebe, Dummlinge,
Faulpelze & Co.

Vorwort

Der Außenseiter des Märchens par excellence ist sicher der Dummling – und diese Figur fällt auch den meisten als erste ein, wenn sie danach gefragt werden. Durch seine Torheit, Faulheit, Schläfrigkeit, Lethargie und Zurückhaltung im wahrsten Sinne des Wortes setzt er sich von seinen lebenstüchtigen Brüdern ab. Mit ihm rechnet man nicht; H. C. Andersens Tölpelhans wird nicht einmal mitgezählt. Einem Dummling traut man nichts zu, und er lässt sich schelten, schmähen, herumschubsen – bis er eines Tages aufzuwachen scheint: Nun will er selbst etwas, endlich! Der Tölpelhans bekommt Lust zu heiraten, Grimms Dummling verrichtet trotz der väterlichen Warnung die Aufgabe, an der seine Brüder gescheitert sind – und gewinnt dabei eine goldene Gans (KHM 64), wieder ein anderer zieht in die Welt, um seine verlotterten Brüder zu finden (»Die Bienenkönigin«, KHM 62). Einmal unterwegs gelingt ihnen erstaunlicherweise alles: Sie gewinnen Helfer, befolgen ihre guten Ratschläge und setzen deren Gaben klug und sinnvoll ein.

Der Begriff Außenseiter war zu Grimms Zeiten noch nicht erfunden, er kam als Lehnwort aus dem Englischen erst gegen Ende des 19. Jahrhunderts in die deutsche Sprache. Zunächst war er die Bezeichnung für das Rennpferd, das seine eigene Bahn, die Außenbahn läuft, ohne Chance, und oft plötzlich doch das Rennen macht.

Wir verstehen heute unter diesem Begriff jemanden, der die Spielregeln der Gesellschaft missachtet, der sich ihren Vorgaben nicht anpasst oder einfach ihren Normen nicht entspricht und der deshalb von der Gesellschaft abgelehnt, ausgeschlossen, ausgegrenzt wird. Das Spektrum ist weit und reicht von Nichtbeachtung über Gehässigkeit bis zu Verfolgung.

Wenn man sich auf das Thema der Außenseiter und Ungewöhnlichen im Märchen einlässt, findet man nicht nur die verschiedensten Erscheinungsformen von Abgelehnten und Ausgestoßenen, Ausgegrenzten und Ausgeschlossenen, sondern entdeckt auch, dass ihre Einstellung und ihr Verhalten den anderen gegenüber höchst ambivalent ist:

Während die einen ihr Außenseitertum keineswegs bekümmert, ja manche es sogar provozieren – und darum wird ihnen manchmal sogar unsere Bewunderung zuteil –, müssen die anderen es akzeptieren lernen. Wieder andere ändern zu einem bestimmten Zeitpunkt schlagartig ihr Leben; ihnen gelingt die Integration in die Gesellschaft, oder die Gesellschaft nimmt sie an. Manchen ist die Außenseiterrolle durch Verwünschung oder vom Schicksal aufgezwungen. Sie tun alles, um die Erlösung herbeizuführen, während es anderen bestimmt ist, geduldig zu warten. Dass die scheinbar voll in die Menschenwelt integrierte Tierbraut oder Vogelfrau eine Außenseiterin geblieben ist, wird erst offenbar, wenn sie – ob freiwillig oder unter schicksalhaftem Zwang – in ihr Reich zurückkehrt.

In dieser kleinen Märchen-Anthologie, ausgewählt und kurz kommentiert von Märchenexperten, Erzählern und Wissenschaftlern, werden wir Schwankhaftes und Anrührendes, Zauberhaftes und Unglaubliches finden, das anregt, über die seltsamen Lebenswege der Märchenfiguren nachzudenken und auch einmal mehr und anders über uns selbst und unser Verhalten zu unseren Mitmenschen.

Ingrid Jacobsen
Harlinda Lox

Der kluge Dieb

Es war einmal ein Dieb, der hatte eine Tabakspfeife gestohlen, war dabei gefasst worden und saß nun im Gefängnis. Er sann darauf, wie er fliehen könnte. Aber die Gefängniswärter passten zu gut auf.

Eines Tages bat er den Wärter, ihn zum König zu führen.

»Willst du etwa beim König Audienz haben?«, fragte der Wärter.

»Ja, ich habe eine Kostbarkeit, die will ich dem König überreichen.«

»Warum kommst du?«, fragte der König.

»Ich möchte Eurer Majestät eine Kostbarkeit überreichen.«

Und da holte der Dieb aus seiner Tasche ein kleines, in Papier eingewickeltes Päckchen hervor. Der König öffnete es:

»Aber das ist doch ein ganz gewöhnlicher Birnenkern!«

»Es ist ein Birnenkern«, gab der Dieb zu, »aber kein alltäglicher! Es ist eine Kostbarkeit: Wer ihn sät, der erntet goldene Birnen!«

»Warum hast du ihn denn nicht selbst gesät?«, wollte der König wissen.

»Das hat seinen Grund: Nur Menschen, die nicht gestohlen oder unterschlagen haben, dürfen ihn säen, sonst trägt er bloß gewöhnliche Birnen. Ich bin ein Dieb, also hat es für mich keinen Zweck, ihn zu säen. Darum habe ich ihn Eurer Majestät gebracht, weil Eure Majestät doch bestimmt noch nichts unterschlagen oder gar gestohlen haben.«

»Nein, nein, das geht nicht«, sagte der König. Er hatte nämlich als kleiner Junge seiner Mutter einmal Geld gestohlen.

Der Dieb schlug den Kanzler vor.

»Nein, nein«, sagte der Kanzler. Er ließ sich leider bestechen und machte jeden zum Beamten, der ihm ordentlich Geld gab. Und wer ihm kein Geld gab, der wurde trotz aller Verdienste nie Beamter.

Der Dieb schlug den General vor.

»Nein, nein«, sagte der General. Er unterschlug nämlich, wenn er zum Kampfe auszog, immer die Hälfte des Soldatensoldes. Außerdem prahlte er mit Heldentaten, die er nicht selbst vollführt hatte.

Der Dieb schlug den Kreisleiter vor.

»Nein, nein«, antwortete der. Er fragte nie nach Recht oder Unrecht, sondern nur: »Geld oder kein Geld.« Wer ihm Geld gab, der bekam Recht.

Nun schlug der Dieb den Gefängnisleiter vor.

»Nein, nein«, sagte der mit abwehrender Handbewegung. Er erkundigte sich nämlich erst bei jedem Verbrecher, der eingeliefert wurde, ob er noch Geld hätte. Hatte er Geld, so behandelte er ihn nicht schlecht; hatte er aber keins, dann ging es ihm übel.

Immer wieder schlug der Dieb jemanden vor, aber keiner wollte den Birnenkern säen. Da begann er laut zu lachen.

»Ihr unterschlagt, ihr stehlt, aber ihr kommt nie ins Gefängnis! Ich habe nur eine Tabakspfeife gestohlen und soll dafür im Gefängnis sitzen?«

Da konnte der König nichts erwidern und ließ ihn frei.

China

Dieses Märchen kommt mir wie eine Illustration des Sprichwortes »Wer im Glashaus sitzt, soll nicht mit Steinen werfen« vor, oder ist es sogar eine Robin-Hood-Geschichte in anderem Rahmen?

Diebe gehören zu den Außenseitern der Gesellschaft, denn sie ordnen sich nicht ihren notwendigen Gesetzen und Spielregeln unter. Sie werden verfolgt und geächtet.

Doch liebt das Märchen gerade diese Außenseiter, wenn sie gewitzt und einfallsreich sind, und dieser Dieb hat die Sympathie der Zuhörer auf seiner Seite. Er hält dem König und der ganzen Gesellschaft einen Spiegel vor.

Sein Tun wird nicht als verwerflich erachtet, denn durch sein Geschick, seinen Kopf aus der Schlinge zu ziehen, wird ihm eher Bewunderung zuteil.

Während in anderen Märchen dieser Art der Dieb so schlau ist, dass er nicht entdeckt wird, so wird in diesem Märchen der Pfeifendieb zwar gefasst, aber er versteht es, durch seine Birnbaumgeschichte seine »Richter« als viel größere Diebe und Räuber zu entlarven und so seine Befreiung zu erwirken.

Das Reizvolle an diesem Schwankmärchen ist auch, dass niemand bloßgestellt wird – die wahren Sünder erkennen sich selbst. Gegen ihre Vergehen ist der Pfeifendiebstahl nur eine Lappalie. Die Befreiung des Diebes aus dem Gefängnis findet allgemeine Zustimmung, die der Beteiligten wie die des Erzählers und seiner Zuhörer oder Leser.

Inge Kalinke

Götterjunge Hermes und Battus der Zeiger

Kaum heraus aus dem unsterblichen Leib seiner Mutter Maia, blieb Hermes nicht lange in der heiligen Wiege, der wendige, kluge, gewinnende Knabe, später Rinderdieb und Seelenführer, durch sich selbst gezählt zu den Göttern auf dem hohen Olymp. Am Morgen geboren, sprang er behände aus der Getreideschwinge der Mutter, schritt am Mittag schon über die Schwelle der hochgewölbten Grotte hinaus und fand die Schildkröte. Ihren Rückenschild nahm er, setzte Armbögen an, verband beide durch ein Querholz und spannte sieben Saiten aus dem Darm von Schafen über die klingende Wölbung. Schön klang diese Leier gezupft. Er versteckte sie schnell in seiner heiligen Wiege. Er hatte Hunger auf Fleisch.

Am selben Mittag saß Apollon in Liebeskummer und suchte Trost im Flötenspiel. Da seien seine Rinder, so wird berichtet, unbewacht auf pylische Weiden hinübergewechselt. Das sah der Enkel des Atlas und Sohn der Maia. Er führte sie weg und versteckte sie nach seiner Art in den Wäldern. Den Diebstahl bemerkt hatte nur ein dort auf dem Lande bekannter Alter, alle Nachbarn nannten ihn Battus. Der bewachte die Wälder und pflanzenreichen Weiden des Neleus und hütete die Herden seiner edlen Stuten. Maias Sohn fürchtete ihn nun, nahm ihn mit schmeichelnder Hand beiseite und sprach zu ihm: »Wer du auch bist, Fremder, wenn jemand diese Rinder sucht, sage, du habest keine gesehen. Und nimm zu Lohn und Dank diese schneeweiß-glänzende Kuh.« Er gab sie ihm, der Fremde nahm an, erwiderte: »Geh unbesorgt. Eher wird der Stein da über deinen Diebstahl reden«, und zeigte auf einen einzelnen Felsstein.

Der Sohn des Zeus tat so, als ginge er weg, veränderte Stimme und Gestalt, kam bald zurück und fragte: »Hast du, Landmann, auf diesem Grenzweg Rinder ziehen sehen? Hilf mir und nimm weg von dem Diebstahl das Schweigen. Du sollst dafür ein weibliches Tier gleich zu zweit verbunden mit seinem Stier geschenkt bekommen.« Und tatsächlich, der Alte sprach, nachdem der Lohn verdoppelt war: »An dem Berg dort werden sie sein«, und natürlich waren sie an dem Berg dort. Da lachte Atlas' Enkel und rief: »Mich verrätst du Verräter mir? Du verrätst mich mir?« Die meineidige Brust verwandelte er in den harten Stein. Der wird noch heute der Zeiger genannt. In dem schuldlosen Stein steckt noch die uralte Schmach.

Am selben Abend schlachtete Hermes zwei Kühe, Lorbeer war das Feuerzeug, und das Fleisch wurde auf hölzernen Spießen gebraten.

Und dann teilte der Kluge das leckere Fleisch in zwölf gleiche Teile zum Opfer für die olympischen Götter, sich selber inbegriffen. Seinem Hunger widerstand er, kein Gott nimmt einen Bissen von der Opfergabe! So wurde am Abend seines ersten Tages der Sohn der Maia einer der Olympier. Und zurück schlüpfte er in die göttliche Getreideschwinge.

Am zweiten Tag seines Lebens wurde dem Kleinen von Apollon der Rinderdiebstahl vorgeworfen. Er verteidigte sich mit wenigen Worten: »Nichts erfuhr ich im Reich der kleinen Männer von so großen Rindern! Bin selber so klein noch, von zartester Haut. Was willst du?« Und er zog seine Windeln über die Ohren.

Dann flogen beide vor den Richterstuhl des Göttervaters. Und beide redeten gewandt und ausführlich. Hermes hielt seine Windeln hoch, und Zeus lachte laut und lange, als er das kleine Kind sah. Nach Recht und Gesetz verurteilte er es zur Rückgabe. Hermes führte seinen Bruder Apollon zu den Rindern am Berg. Und sie tauschten des Kleinen wohlklingende Leier gegen die glänzenden Rinder des Großen, sie einigten sich vertraglich. Der Gott des Lichts erkannte die Begabung dieses Kindes und gab ihm als dem Boten der Götter den goldenen Stab.

Homerischer Hymnus aus dem 6. Jahrhundert v. Chr.
und Ovid, 43 v.Chr. – 17/18 n. Chr.

∼

Dass Hermes, Götterbote, Geleiter der Seelen in die Unterwelt und Schutzgott der Kaufleute und Diebe sei, ist uns aus klassischer Lektüre wohlbekannt. Auch die Geschichte des berühmten Diebstahls der Rinder Apollons gehört in unser Bild von Hermes. Johann Heinrich Voß hat den Mittelteil unseres Märchens, die Metamorphose des Verräters Battus in einen Stein, in seiner Ovid-Übersetzung 1798 in deutschen Hexametern verfügbar gemacht. Aber dass der listige und provokante zwölfte Olympier in diesem Märchen erst einen Tag alt ist, hat man bisher nicht verbreitet. Die homerischen Hymnen galten als epigonal und nicht echt genug, gemessen an Homers *Ilias* und *Odyssee*. Und natürlich passte die Vorstellung von einem Windeln tragenden Dieb und geschickten Selbstverteidiger vor gottväterlichem Gericht nicht ins klassische Menschen- und Götterbild.

Die Battus-Metamorphose von Ovid ist eines der verständlichsten Beispiele für ätiologische Märchen, Mythen und Sagen. Die phantasiebegabten Erzähler finden an Kreuzungen und Wegscheiden hoch geschichtete Steinhaufen vor, Reisende orientieren sich an ihnen und legen einen Stein dazu; sie erzählen, für diese Orientierungsmarke habe ein Gott gesorgt – und schon sind Hermes und Battus zusammengebracht. Diese Steinhaufen hießen Hermen und dienten als Grenzmarken, zur Abschreckung in phallischer Form gegen Eindringlinge. Immer wieder wurden an ihnen Opfergaben niedergelegt. Das gehört auch zur Erklärung dieser Verwandlungsgeschichte.

Die umrahmenden Teile des Textes sind mehr als fünfhundert Jahre älter. Teils genau aus dem homerischen Hymnus an Hermes übersetzt, teils gerafft dem Stil Ovids angepasst, aber inhaltlich unverändert, geben sie die ersten beiden Lebenstage des schillernden Gottes wieder. Damit steht Hermes in der Tradition des göttlichen Kindes, das in steinernen Zeugen lange vor der Zeitenwende noch Windeln trägt. In indischen Schriftzeugnissen wird Indra im Kindesalter als Bullen besiegender, erlösender Gott bezeichnet. Und auch der iranische Mithras ist nach neuesten Erkenntnissen ursprünglich Wickelkind. Sein Mysterienkult mit den Bildern von der rituellen Tötung des Stiers und dem Opfermahl seiner Anhänger bei Brot und Wein war über vierhundert Jahre lang in Rom und allen Provinzen weit verbreitet. Er endete abrupt mit Kaiser Konstantins Wendung zum Christentum. Wenn Hermes und Apollon zur Beilegung des Streits um die Rinder einen förmlichen Vertrag schließen, dann zeigt sich Hermes als unmittelbar mit Mithras verwandt, dessen Name »Gott Vertrag« bedeutet.

Das Schöne am Märchen aber ist, dass wir beim Hören oder Lesen das alles gar nicht wissen müssen, sondern mit Freude aufnehmen, was uns bei diesem göttlichen Außenseiter köstlich amüsieren kann.

Werner Schmidt

Der Lachpilz

In alten Zeiten lebten in einem Dorf drei Brüder. Der älteste und der mittlere waren klug, aber der jüngste, Koskė, galt als Dummerchen. Und alle im Dorf riefen ihn so: Koskė-Dummerchen. Koskė-Dummerchen wuchs heran, und es wurde für ihn Zeit, in die Welt zu gehen und sein Glück zu suchen. Er verließ zusammen mit seinen älteren Brüdern das Heimatdorf und ging mit ihnen los, ohne selbst zu wissen wohin.

Aber sie gingen nicht lange gemeinsam. Durch einen Zufall blieb Koskė-Dummerchen hinter seinen Brüdern zurück und geriet ganz allein weit in die Berge. Die Sonne ging unter, und es geschah, dass Koskė direkt im Wald übernachtete. Als Bett dienten ihm trockene Blätter und als Kopfkissen Baumwurzeln. Beim Morgengrauen machte sich Koskė erneut auf den Weg. Bald kam er heraus an den Waldrand und erblickte plötzlich neben einem alten Baumstumpf eine Menge Pilze. Da freute sich der hungrige Koskė und sammelte davon ein ganzes Bündel. Danach setzte er einige Pilze auf ein Stäbchen, röstete sie über einem Lagerfeuer und aß sie auf. Und nun ergriff ihn eine solche Fröhlichkeit, dass es nicht zu beschreiben ist! Ihm kam der Wunsch zu tanzen und aus vollem Halse zu lachen ...

»Seltsam! Woher könnte das kommen?«, überlegte Koskė, nahm sich zusammen, nahm sich zusammen und bricht in rückhaltloses Lachen aus: »Ha-ha-ha! Oh-ha-ha-ha-ha!«

Er lachte, klatschte in die Hände, und während er in ein Tal hinabstieg, tänzelte er und sang Lieder vor sich hin. Die

Leute, die in dem Dorf am Fuße des Berges wohnten, schauen ihn an und wundern sich: »Na seht mal, was für ein Spaßvogel! Einfach beneidenswert. Wenn er nur ein Zehntel seiner Fröhlichkeit unserem Herrscher schenken könnte, würde ihn jener mit Gold überschütten!« So redeten die Bauern, während sie Koskè mit neidischen Blicken begleiteten.

Wo und wie Koskè die folgende Nacht verbrachte, wusste auch er selbst nicht. Der Tag brach bereits an, als er zu sich kam und sah, dass er auf der Stufe eines Tempels saß. Koskè begann, mit sich selbst zu beratschlagen: »Wo bin ich? Was ist mit mir? Woher befiel mich solch eine Fröhlichkeit? Es muss wohl so sein, dass der Grund für alles die gestrigen Pilze sind!« Und nun sah er, dass er in seinem Bündel noch viele solche Pilze besaß. Koskè spuckte und warf sie alle bis auf den letzten weg und ging von Neuem los, wohin die Augen ihn führten.

So ging er bis zu einer großen Stadt. Plötzlich sieht er, dass sich am Stadttor eine Menschenmenge versammelt hat und alle auf eine Bekanntmachung schauen, die an einer Säule ausgehängt ist. »Was ist denn dort?«, dachte Koskè und mischte sich auch in die Menge. Auf der Bekanntmachung stand geschrieben, dass die Prinzessin, die Tochter des Herrschers, seit dem Tag ihrer Geburt nicht ein einziges Mal gelächelt habe. Wer es schaffe, sie zum Lachen zu bringen, der werde sie zur Frau bekommen. »Ho, das ist komisch!«, dachte Koskè, »ich werde versuchen, ihr den Lachpilz zu essen zu geben!« Koskè eilte zurück zu dem Tempel, wo er seine Pilze weggeworfen hatte. Und was sieht er da? Eine kleine Maus nagt an seinem Pilz, und einige andere Mäuse tanzen schon und drehen sich selbstvergessen mitten im Garten. Und ganz fein piepsen sie, als ob sie kicherten: »I-i-i!« Und daneben dreht sich eine Katze, ohne die Mäuse zu beachten, und auch sie lacht, wenn auch mit einer raueren Stimme: »Nja-nja-nja!«

Koskė hatte sich selbst vergessen und klatschte in die Hände, aber da erinnerte er sich, dass er vor dem Tempel stand. Und er bat die Götter ihm zu helfen, die Prinzessin zum Lachen zu bringen und sie zur Frau zu bekommen. Danach sammelte Koskė seine Pilze ein, ging in den Palast des Herrschers und sprach: »Ich bin der beste Koch auf der Welt. Wer von meinen Speisen kostet, wird sich vor Lachen nicht mehr halten können! Gestattet mir zur Probe, ein Mittagessen für die Prinzessin zuzubereiten.«

Und es geschah so, dass nicht lange zuvor im Palast bereits zwei junge Männer erschienen waren und baten, man möge ihnen gestatten, die Prinzessin zum Lachen zu bringen. Gerade vollführten sie vor der Prinzessin um die Wette verschiedene lustige Stücke, damit sie lache. Danach sollte die Reihe an Koskė sein. Aber das Allerverwunderlichste war: Diese Unbekannten erwiesen sich als die leiblichen Brüder Koskė-Dummerchens!

Der älteste Bruder schnitt lustige Gesichter, hüpfte, schlug mit aller Kraft Purzelbäume, aber die Prinzessin wollte nicht einmal lächeln. Der mittlere Bruder begann, lustige Geschichten zu erzählen, aber die Prinzessin zog nur verdrießlich die Brauen zusammen. Nicht einmal ihre Mundwinkel zitterten. Zum Schluss kam die Reihe an Koskė. Die Brüder machten sich insgeheim über ihn lustig: Wenn sie, die Schlauköpfe, die Prinzessin nicht zum Lachen bringen konnten, wie dann er, das Dummerchen!

Aber Koskė erinnerte sich gut, was mit ihm gestern gewesen war, und hatte gar keine Angst. Er beschloss sogar, zugleich alle Gäste zum Lachen zu bringen. In jedes Gericht gab Koskė etwas Würze von dem Lachpilz.

Als erstes stellte Koskè ehrerbietig einen kleinen Tisch mit Speisen vor die Prinzessin und sprach: »Ich bitte Euch zu kosten!« Die Prinzessin aß ein kleines Stück Pilz – und lächelte ein wenig. Sie schluckte ein anderes herunter – und strahlte über das ganze Gesicht. Und als sie alles zu Ende gegessen hatte, da schüttete sie sich sogar vor Lachen aus. Und jetzt warfen auch die anderen Gäste, die zum Mittagsmahl geladen waren, ihre Stäbchen weg und begannen zu kichern.

Im Palast erhob sich ein nie dagewesener Lärm. Laut und von allen Seiten hörte man nur: »Ha-ha-a! Oh-ho-ho-ho! He-he-he-he-e! Fu-fu-fu! Hi-hi-hi-hi-hi!« Und danach begaben sich alle zum Tanz, fingen an zu hüpfen, zu springen und sich zu drehen. Und auch die Prinzessin begann, sich im Tanz zu drehen, während sie hell auflachte. Und nur ihre Ärmel huschen in der Luft vorbei.

Außer sich vor Freude rief der Herrscher Koskè-Dummerchen zu: »Prachtkerl! Du bekommst meine Tochter zur Frau! I-hi-hi-hi-hi!«

Ohne zu verstummen, breiteten sich im ganzen Palast lautes Lachen und fröhliche Rufe aus:

»Wir gratulieren der Prinzessin zur Verlobung! A-ha-ha-ha! Wir wünschen Glück! E-he-he-he! Mit solch einem Ehemann wirst du dich nicht langweilen! Oh-ho-ho-ho-ho!«

Japan

Zweierlei verleiht dem Text einen besonderen Wert:
1. Er erscheint hier erstmalig auf Deutsch.
2. »Der Lachpilz« ist die einzige mir bekannte japanische Erzählung mit einem Dummling.

Wohl begegnen uns bei den Japanern Drei-Brüder-Märchen, und der dritte Bruder spielt dabei eine Sonderrolle; meist bewirkt nur er den guten Ausgang, aber nicht als klassischer Dummling. Gelegentlich steht allerdings ein japanischer Märchenheld – nicht nur in Drei-Brüder-Märchen – dem Dummling nahe. Im Märchen »Ein Blick tausend Ryó« (*Japanische Volksmärchen*. Herausgegeben von Horst Hammitzsch. MdW 1962, Nr. 82) ist der Held ein armer Schlucker, der die unscheinbare Gabe der hilfreichen Kannon (im japanischen Buddhismus göttliche Verkörperung des Mitgefühls) nicht nach den Regeln der Vernunft nutzt, sondern sein bei ihrer Veräußerung erhaltenes Geld, sein ganzes Vermögen, hingibt, um dreimal einen Augenblick lang das schönste Mädchen der Stadt zu sehen. Da noch keiner vor ihm einen so hohen Preis gezahlt hat, spürt das Mädchen seine Liebe und Bewunderung, und sein Opfer rührt sie. Sie wird seine Frau.

Im Märchen »Drei Millionen dreihundertdreiunddreißigtausend dreihundertdreiunddreißig Eicheln« (*Japanische Märchen und Volkserzählungen*. Erzählt von M. Novák und Z. Cerna. Deutsch: I. Kondrková. Prag 1970, S. 32-39) ist der dritte Bruder ein Träumer, der für sein Leben gern Geschichten hört und für eine Geschichte sein letztes Geld hergibt, gerade dadurch aber sein Glück macht.

Den Text »Der Lachpilz« halte ich nicht für ein authentisches Volksmärchen, sondern für die Schöpfung eines einzelnen Autors nach dem Muster europäischer Drei-Brüder-Märchen mit einem Dummling als jüngstem Bruder. Das mindert für mich aber nicht den erzählerischen Reiz der Geschichte.

Europäischer Einfluss wird nicht nur in ihrem Helden spürbar, auch im Motiv »Prinzessin zum Lachen bringen«.

Doch Japaner assimilieren europäisches Erzählgut. Das machen hier das Lokalkolorit – Schlaf auf der Tempelstufe – und besonders Verhalten und Erlebnisse des Helden deutlich. Dieser wird auf der Wanderung der drei Brüder in die Welt nicht von den beiden älteren abgehängt, sondern kommt gewissermaßen selbst abhanden, ohne dass er es merkt. Auf seinem weiteren Weg zum Glück braucht er keinen Helfer, ohne den sonst eigentlich nur der norwegische »Aschenper« auskommt, der in der Sammlung norwegischer Märchen von Asbjörnsen und Moe den Dummling ersetzt und etwas realitätsnäher ist, ohne dessen Tölpelhaftigkeit.

Die originelle, humorvolle Gestaltung der Selbsterfahrung des Helden mit den halluzinogenen Pilzen und überhaupt die feinen Details erscheinen mir als die individuelle Leistung eines einzelnen Autors: Der Held, der aus Furcht vor Wiederholung seines Erlebnisses die Pilze weggeworfen hat, wird angesichts der unter ihrem Einfluss stehenden tanzenden und kichernden Mäuse und der sich ebenfalls selbstvergessen drehenden Katze noch einmal mitgerissen und erst durch sein rhythmisches Händeklatschen endgültig aus seiner Trance geweckt, eine geradezu literarische Schilderung. Außerdem würde wohl kein klassischer Dummling sein Erlebnis mit so viel Selbstreflexion hinterfragen wie Koskė.

Eine Bedeutung des Namens lässt sich leider nicht ermitteln, da die russischen Übersetzer keine Quellen ihrer Texte angeben.

Doch lassen wir von der Namensfrage ab und wenden uns weiter dem Helden zu. Sein planvolles Vorgehen nach dem Erwachen verbindet ihn mit den europäischen Märchen-Dummlingen, die ihre Chance erkannt haben und ergreifen. Auch hinter den zwei älteren Brüdern, die noch einmal mit ihm kontrastieren, zum Schluss aber vergessen werden, und hinter dem Ende der Geschichte ist wieder das Märchenmuster zu ahnen.

Jedoch eine Verlobung in der künstlich erzeugten Stimmung allgemeiner Fröhlichkeit, ja Ausgelassenheit bedeutet noch nicht Erfüllung, wahres Glück, wie sie das Märchenbild der Hochzeit veranschaulicht. Vergessen wir nicht: Koskė hat seinen Erfolg – streng genommen – mit Hilfe einer Droge erzielt. Das ist etwas anderes als die Methode, mit der europäische Dummlinge die Prinzessin zum Lachen bringen. Sie durchbrechen mit ihren erheiternden Vorführungen die gesellschaftliche Ständeordnung wie der dritte Bruder in »Die goldene Gans« (KHM 64) mit seiner bunten Karawane von jungen Mädchen, Pfarrer, Küster und Bauern oder der Dummling nach dem Vorbild von Basiles Nardiello (*Pentamerone III*,5 »Der Mistkäfer, die Maus und das Heimchen«), der vor der Prinzessin die possierlichen »kleinen Tiere« singen, musizieren und tanzen lässt, was bei Hofe sonst nur den »großen Tieren« erlaubt ist. Solche Darbietungen lassen die Prinzessin erfahren, dass man die starren königlich-väterlichen Regeln auch munter durchbrechen kann. So wird sie nachhaltig von ihrer gesellschaftlichen Verklemmtheit frei. Eine Droge aber wirkt nicht nachhaltig, sondern verlangt nach Wiederholung. Allerdings äußerte die Erzählerin Dorothea Alder, die den Text in ihr Repertoire aufgenommen hat, den Gedanken, dass vielleicht dieses erste Lachen eine so genussvolle Erfahrung für die Prinzessin war, dass sie sie auch ohne erneuten Drogenkonsum wiederholen möchte. Bei genauem Hinhören auf den Text frage ich mich auch, ob nicht die Pilze für Koskė mehr waren als nur eine Droge, eher schon ein Zaubermittel, um die Prinzessin zu befreien und zu gewinnen.

Zudem sind wir nicht befugt, die Erzählung einer fremden Kultur mit unserem Maßstab zu messen. Ohnehin galt in alten Kulturen der maßvolle, in ein Ritual eingebundene Drogenkonsum als völlig legitim.

Jedenfalls können wir an diesem Text unsere Wahrnehmung schärfen, auch die Kostbarkeit der Märchen noch tiefer empfinden lernen, uns im behutsamen Urteilen üben und uns an der lustigen märchennahen Erzählung freuen.

Renate Vogt

Der starke Hansl

Ein armes Bäuerlein hatte viele Knaben, mit denen er sich hart durcharbeitete, denn ein jeder hatte einen großen Löffel, keiner aber konnte etwas verdienen. Nachdem sie aber größer geworden, mussten sie auseinander, um sich ihr Brot durch der Hände Arbeit selbst zu verdienen. Der Älteste davon, Hansl genannt, war ein sehr starker Bursche, der bald bei einem Bauern Platz fand, denn dieser glaubte dadurch einen zweiten Knecht zu ersparen, wenn er den starken Hansl ins Haus brächte.

Gleich am ersten Tag musste Hansl dreschen, aber sieh, alle Dreschflegel waren dem Hansl zu leicht, er schlug sie alle auf den ersten Streich entzwei. Er ging deshalb in den Wald hinaus und machte sich von zwei Bäumen einen, der für ihn passte. Aber mit diesem Dreschflegel hatte er bald die Tenne durchgeschlagen, so dass jetzt schon der Bauer Sorgen bekam, wie es etwa wohl das ganze Jahr mit einem solchen Knecht gehen werde. Er machte jedoch für diesmal bloß ein saures Gesicht und sagte zum Hansl, er solle jetzt mit den andern Dienstboten essen gehen, damit er hernach in den Wald fahren könne, um Holz für eine neue Tenne zu holen. Beim Essen waren aber dem Hansl die gewöhnlichen Löffel viel zu klein; er ging deshalb in die Küche, nahm die Wassergatze (Stielkelle) und fischte mit dieser den andern Tischgenossen die Nudeln in einigen Minuten weg. Da fing die Bäuerin zu stürmen an, als sie für die andern Leute noch einmal kochen musste; aber es war umsonst, denn Hansl war für ein ganzes Jahr gedungen worden, und die Bäuerin musste bald stille sein, um die Sache nicht noch ärger zu machen.

Hansl war unterdessen mit zwei Ochsen und einem großen Wagen in den Wald hinausgefahren, um Bäume für die neue Tenne zu holen. Hier riss er die größten Bäume samt den Wurzeln aus der Erde und lud sie auf den Wagen. Die Ochsen waren aber nicht imstande, die ungeheure Last vom Fleck zu bringen. Er band die Ochsen deshalb auch auf den Wagen und zog alles selbst nach Hause, wo er die neue Tenne bald fertig hatte.

Der Bauer sann nun auf eine List, sich den unlieben Knecht vom Halse zu schaffen. Er befahl ihm, einen Ziehbrunnen zu graben. Wie Hansl bei dieser Arbeit etliche Meter tief in der Erde war, da trug der Bauer, wetteifernd mit dem Weibe, große Steine herbei und wälzte sie auf ihn hinab. Dieser rief aber von unten herauf, man solle doch die Hühner wegtreiben, die ihm immer Sand in die Grube hineinscharrten, sonst komme er mit der Arbeit nicht weiter. Wie die zwei an der Grube das hörten, da wussten sie sich gar nicht zu helfen. Sie blickten lange ratlos herum und ersahen endlich einen großen Mühlstein, welchen sie herbeizuschaffen und hinabzuwälzen beschlossen. Es kostete sie viel Mühe, den großen, schweren Stein von seinem Platze bis an den Rand des Brunnens zu bringen, aber nach längerer Anstrengung gelang es ihnen doch. Wie sie ihn hinabwarfen, fiel der Stein so auf, dass der Kopf des Hansl mitten durch das Loch fuhr und ihm der Stein auf den Schultern fest sitzenblieb. »Juhei«, rief Hansl und stieg aus der Grube herauf, »juhei, jetzt habe ich einen Sonntagskragen, wie ich noch nie einen so schönen gehabt!« Vor Freude hüpfte und tanzte er wie rasend eine Zeitlang herum, legte dann seinen Sonntagskragen ab und stieg wieder in die Grube hinab, wo er nun ungehindert fortarbeiten konnte.

Da fiel den ängstlichen Bauersleuten noch ein Mittel ein, sich den Knecht vom Halse zu schaffen. Nicht gar weit vom Dorfe war eine einsam stehende Mühle, deren letzter Eigentümer, ein rechter Geizhals, sich um eine große Summe Geldes mit Leib und Seele dem Teufel verschrieben hatte. Auf einmal war aber der Müller verschwunden, die Mühle stand, und niemand wagte sich in deren Nähe, denn es war nicht geheuer darin, und man sagte allgemein, die Teufel hätten dort ihren Wohnsitz genommen.

Nach dieser Mühle nun sandten die Bauersleute den Hansl, der von der ganzen Geschichte nichts wusste, mit einem großen Wagen voll Getreide, um es zu mahlen. Wie er bei der Mühle ankam, war die Türe fest verschlossen; drinnen aber lärmte und polterte es fürchterlich herum. Hansl sprengte die Tür, da hüpften und sprangen Dutzende schwarzer Teufel von einer Ecke in die andere, grinsten und bleckten mit den Zähnen. Das erzürnte den Hansl gar sehr. Sogleich kehrte er das Wasser ein, dass die Mühlsteine blitzschnell sich drehten und die Funken auseinanderflogen. Er packte dann einen Teufel nach dem andern und mahlte sie alle samt dem Getreide herunter, so dass das Mehl ganz schwarz wurde, und kehrte dann nach vollbrachtem Geschäfte zum Bauern zurück.

Jetzt hatte Hansl vor Nachstellungen Ruhe; er musste den ganzen Winter hindurch Steine brechen, zu andern Dingen wagte der Bauer ihn nicht zu verwenden.

Im Frühjahr fragte er den Knecht, ob er gehe, wenn er ihm den ganzen Jahrlohn zahle. »Oh ja«, sagte Hansl. Der Bauer bezahlte ihn voller Freude aus, und Hans suchte und fand bald bei einem andern Bauern ein Unterkommen. Dieser hatte aber schon von Hansls Stücklein gehört und glaubte deshalb, die Sache recht klug anstellen zu müssen. Er nahm ihn also unter der Bedingung als Knecht an, dass er alle Arbeiten verrichten müsse, die man ihm auftrage; werde er deshalb zornig, so solle er die Ohren und den Jahrlohn verlieren; werde aber der Bauer zornig, so bekomme Hansl des Bauern Ohren, den doppelten Lohn, und das Jahr sei dann zu Ende. Hansl ging gerne auf den Vorschlag ein.

In den ersten Tagen ging alles gut vonstatten; der Knecht arbeitete recht brav, nur der Bäuerin war er bei Tisch gar zu schnell. Die zweite Woche musste er mit den andern Dienstboten auf die Wiesen hinaus, um zu mähen. Hier arbeitete er soviel wie zehn andere; als aber die Zeit des Essens heranrückte, sagte der Bauer zu ihm:

»Wir gehen jetzt essen, aber du sei unterdessen nicht faul, sondern arbeite fein brav!«, Hansl machte über diesen Befehl große Augen.

»Bist etwa zornig?«, fragte der Bauer mit einem spöttischen Lächeln.

»Gar nicht«, meinte Hansl und arbeitete unverdrossen weiter.

Als aber der Bauer mit den Seinen beim Mittagessen saß, eilte Hans in den Stall, holte zwei der schönsten Kühe heraus, trieb sie zum Metzger und verkaufte ihm die Kühe; von dem Erlös ließ er sich beim Wirt was Ordentliches geben und eilte dann wohlgestärkt wieder zur Arbeit aufs Feld zurück.

»Ich habe zwei Kühe verkauft«, sagte er zum Bauern, »und mir was zu essen geben lassen; hier hast du das übrige Geld!«, und reichte dem Bauern wie zum Spott noch etliche Gulden hin. Diesem stieg das Blut in den Kopf, und er griff nach einem Rechen. »Bist etwa zornig?«, fragte Hans.

»Gar nicht«, antwortete der Bauer, indem er den Rechen fahren ließ und schnell nach den Ohren griff.

Ein anderes Mal verkaufte Hansl die Pferde, ein anderes Mal die Schweine, und so trieb er es fort, bis alle Ställe leer standen. Der Bauer jammerte zwar, durfte aber nicht zornig werden. Da fiel ihm ein Mittel ein. Er hatte bestimmt, dass das Jahr zu Ende sei, wenn der Kuckuck schreie. Er befahl deshalb seinem Weibe, sich mit Teig zu bestreichen und dann in einem Federbett sich herumwälzen und auf einen Baum zu steigen, wo sie das Geschrei des Kuckucks nachahmen sollte. Als Hansl den Kuckuck hörte, lief er in die Kammer, lud seine Flinte und schoss den Kuckuck vom Baume. Wie dies der Bauer sah, da schlug er die Hände über dem Kopf zusammen und schrie und fluchte, dass man's im ganzen Hause hörte.

»Bist etwa zornig?«, fragte Hansl.

»Wer sollte nicht zornig werden!«, antwortete der Bauer. »Zuerst verkaufst du mir mein Vieh, und jetzt schießt du mir gar das Weib tot!«

»Jetzt gib mir nur sogleich die Ohren und den doppelten Lohn her«, meinte Hansl, »und das Jahr ist zu Ende!«

Der Bauer bat und flehte, ihm doch die Ohren zu lassen, er wollte sie teuer bezahlen – alles umsonst. Hansl schnitt ihm ohne Umstände die Ohren ab, nahm den doppelten Lohn und ging dann singend und pfeifend seines Wegs, um anderswo ein Plätzchen zu finden.

Deutschland

∽

Das vorliegende Schwankmärchen gehört zu dem weitverbreiteten Erzähltyp AaTh/ATU 650 A, in dem die Abenteuer eines mit außergewöhnlicher Stärke ausgestatteten Helden zentral stehen. Der Protagonist trägt hauptsächlich einen märchentypischen Allerweltsnamen: Neben Hans sind auch die Namen Ivan und Jack beliebt. Das begleitende Adjektiv »stark« betont, dass der Held dementsprechend nur durch Kampf und schwere Aufgaben, keineswegs durch die Kraft der Logik zum Erfolg kommt. Wenn die Kraftproben allerdings die Funktion von Racheakten des Knechts seinem Herrn gegenüber haben, kann dem Helden auch eine gewisse geistige Überlegenheit oder Gerissenheit unterstellt werden.

In dem ersten Teil der aufgenommenen Variante profiliert der Held sich als der ungehobelte Kraftmensch schlechthin. Sein Dienstherr versucht ein erstes Mal, Hansl loszuwerden, indem er ihm die Aufgabe stellt, einen Brunnen auszugraben, wobei er dann von den Bauersleuten mit schweren Geschossen beworfen wird, mit der Absicht ihn zu töten. Nachdem Hansl diesen Mordanschlag unbeschadet überlebt hat, wird er noch zum Mahlen in eine von Teufeln bewohnte Mühle geschickt, auch wieder in der Hoffnung, dass er dort sein Leben lässt. Nach diesem zweiten Mordanschlag hat der vielgeplagte Held bis zum Ende seines Dienstjahres erstmals seine Ruhe.

Sein nächster Arbeitgeber hatte – wie es im Text heißt – schon viel von Hansls Stücklein gehört und glaubte deshalb, die Sache klug anstellen zu müssen. Herr und Knecht treffen deshalb ein Übereinkommen, nach welchem sich der, der zuerst zornig wird, vom anderen die Ohren abschneiden lassen muss. Die Kraftabenteuer des Helden haben in diesem Teil die Funktion von Streichen, die zum Themenkomplex der *Zornwette* (AaTh/ATU 1000, 1002) gehören und darauf zielen, den Wutausbruch des Arbeitgebers auszulösen, indem sie seinen wirtschaftlichen und oft auch seinen sozialen Untergang herbeiführen. Erst als der

Knecht die als Kuckuck verkleidete Frau des Arbeitgebers umgebracht hat – dieser hatte nämlich versucht, mit List das Vertragsende vorzeitig herbeizuführen, indem er seiner Frau aufgetragen hatte, sich in Federn zu wälzen und so als Vogel vom Baum »kuckuck« zu rufen, was das Ende des Dienstjahres bedeuten sollte (cf. AaTh/ATU 1029/1091/1092: *Frau als unbekanntes Tier*) – wird letzterer zornig und verliert so die Wette.

Der Erzähltyp AaTh/ATU 650 A hat deutlich eine Disposition für die Aufnahme sozialkritischer Elemente. In den zerstörerischen Kraftproben des starken Knechts kommt der Hass der geschundenen Tagelöhner und Kleinbauern gegen ihre Ausbeuter zum Ausdruck.

Das Schwankmärchen hat eher selten ein optimistisches Ende. Das Schicksal des Starken endet oft irgendwo in der Welt. Auch die aufgenommene Variante zeigt den Außenseiter und Heimatlosen Hansl, der – zwar singend und pfeifend – erneut wegzieht, um anderswo ein Plätzchen zu finden.

Harlinda Lox

Die beiden Buckligen

Man erzählt sich, es wären einmal zwei Bucklige gewesen, zwei Gevattern, der eine arm, der andere reich. Die Leute des Dorfes verspotteten den Armen, wo sie nur konnten, aber den Reichen ließen sie unbehelligt. Der Arme war Jäger, aber die Zeiten waren schlecht, und von Mal zu Mal hatte er weniger Glück auf der Jagd.

Einmal, als er dem Wild auflauerte und es schon spät geworden war, schlief er auf seinem Baum, den er sich als Ausguck gewählt hatte, ein. Als er erwachte, war es tiefe Nacht. Er war aber so müde, dass er keine Lust hatte, nach Hause zu gehen. Er machte es sich also wieder bequem, um weiterzuschlafen, als er in der Ferne einen Gesang von vielen Stimmen vernahm. »Da muss eine Maniok-Ernte im Gange sein. Ich will hingehen und helfen.«

Er stieg vom Baum hinunter und machte sich auf den Weg und ging und ging, immer dem Gesang nach, der nicht aufhörte. Er ging weiter, bis er an einen Hügel kam mit einer glatten, großen, weißen Felsplatte auf der Kuppe. Dort gewahrte er einen Kreis seltsamer Leute, geschmückt mit Diamanten, die im Mondlicht glänzten. Alte und Junge und Kinder, alle hatten sich bei den Händen gefasst und sangen und tanzten immer auf denselben Vers:

»Montag, Dienstag,
komm und geh,
hin und her.«

Der Jäger zitterte vor Angst, und seine Beine gehorchten ihm nicht mehr. Er duckte sich hinter einen Busch und lauschte, ohne es eigentlich zu wollen, dem Singsang, der immer gleich blieb, Stunde um Stunde.

Nach und nach beruhigte er sich und fand schließlich seinen Mut wieder, und da er gewohnt war, auf der Geige zu spielen und zu improvisieren, sang er auf einmal die Weise mit, nach der das seltsame Völkchen tanzte.

>*Montag, Dienstag,*
komm und geh,
hin und her.«

Und sang weiter, ohne dass er sich eigentlich dessen bewusst war:

>*Mittwoch, Donnerstag,*
komm, mein Schatz,
her zu mir.«

Oh, hätte er nur den Mund gehalten! Im Augenblick verstummte der Gesang, die Tänzer stoben auseinander wie ein Schwarm Vögel und suchten und suchten überall, bis sie den Buckligen fanden, und schleppten ihn wie Ameisen eine Küchenschabe mitten auf das Felsplateau und legten ihn vor einen Alten. Der glitzerte wie ein Sakramentshäuschen, und mit feiner Stimme hub er an zu reden und fragte:

»Habt Ihr den neuen Vers zu unserem Lied gesungen?«
Der Jäger fasste sich ein Herz und antwortete:
»Das war ich, ja, Herr.«
»Wollt Ihr den Vers verkaufen?«

»Ja, Herr, aber ich verkaufe ihn nicht, ich schenke ihn Euch, denn Euer Tanz hat mir gefallen.«

Das fand der Alte lustig, und auch das sonderbare Völkchen lachte.

»Nun gut«, sagte der Alte, »eine Hand wäscht die andere. Für den neuen Vers will ich dir deinen Buckel abnehmen, und diese Leute werden dir dafür einen neuen Doppelsack geben.«

Damit legte er dem Jäger die Hand auf den Rücken, und der stand schlank und aufrecht da wie ein Jüngling, ganz ohne seinen Buckel. Die Leute brachten einen neuen Doppelsack herbei und sagten ihm, er dürfe ihn aber erst bei Sonnenaufgang öffnen.

Der Jäger begab sich zurück auf die Straße und wanderte und wanderte, und als die Sonne aufging, öffnete er den Sack und fand ihn gefüllt bis zum Rand mit Edelsteinen und Goldmünzen. Nun hatte er ausgesorgt bis zu seinem Lebensende.

Am anderen Tag kaufte er sich ein Haus mit allem, was dazugehört, legte schöne Kleider an und begab sich zur Messe, denn es war Sonntag. In der Kirche traf er den reichen Gevatter, den anderen Buckligen. Der fiel beinahe auf den Rücken, als er die Veränderung bemerkte. Er war sprachlos, als er die Kleidung des Armen sah und erfuhr, dass der ein Haus besaß und ein dickes Pferd und nun reich war. Er fragte und fragte, und der andere erzählte alles. Aber da der, der hat, nie genug hat, wollte der Reiche sich noch mehr Geld verschaffen und auch seinen Buckel loswerden.

Er ließ ein paar Tage verstreichen, um sich zu bedenken, und zog dann an einem günstigen Tag über Land. Als er den Gesang vernahm, ging er ihm nach und fand das Völkchen, das den Reigen tanzte und sang:

*»Montag, Dienstag,
komm und geh,
hin und her,
Mittwoch, Donnerstag,
komm, mein Schatz,
her zu mir.«*

Der Reiche konnte nicht an sich halten, riss sein Maul auf und grölte:

*»Und Freitag, Samstag, Sonntag
auch!«*

Plötzlich war alles still. Das seltsame Volk stürzte sich auf den Dreisten und schleppte ihn auf den Felsen, auf dem der Alte saß. Der schrie wutentbrannt:

»Wer hieß Euch hierher zu kommen, wohin Ihr nicht gerufen wurdet, bucklige Bestie? Wusstet Ihr nicht, dass Geister nichts wissen wollen vom Freitag, dem Tag, an dem der Sohn des Höchsten starb? Samstag, der Tag, an dem der Sohn der Sünde starb? Sonntag, der Tag, an dem der auferstand, der niemals stirbt? Wusstet Ihr das nicht? Nun sollt Ihr es wissen ein für alle Mal! Damit Ihr diese Lehre nie vergesst, nehmt noch diesen Buckel dazu, den man uns ließ, und verschwindet aus meinem Angesicht, sonst mache ich Euch den Garaus!«

Während er noch sprach, fielen die anderen über den Reichen her und stießen und knufften und ohrfeigten ihn. Der Alte legte ihm die Hand auf die Brust und setzte ihm den Buckel auf, den er dem Armen abgenommen hatte. Dann brachten sie ihn weit fort und ließen ihn dort liegen, zerkratzt, gequetscht, rot von Backpfeifen und Fußtritten.

Und so lebte er weiter, reich, aber mit zwei Buckeln, einen vorn und einen hinten, als Strafe für seine Habgier.

Brasilien

∼

Der Bucklige ist ein Außenseiter der Gesellschaft, wie wir ihn aus vielen Märchen kennen, verlacht, verspottet, gehänselt. In den Märchen aus Tausendundeiner Nacht erlebt der arme Bucklige, mit dem ganz fürchterlich Schabernack getrieben wird, scheintot, eine ganze Odyssee.

Manch Buckligem wird der Buckel abgenommen als Lohn für Mut und Anstelligkeit, ein anderer bekommt wegen Fehlverhaltens noch einen zweiten auf die Brust gesetzt, wie auch im Grimmschen Märchen »Die Geschenke des kleinen Volkes« (KHM 182).

Meistens gehören Teufel, Hexen, Geister, elbische Wesen bei nächtlichem Tanz und Gesang zum Szenarium dieser Märchen. Sie sind von ambivalenter Gemütsart, so dass der Mensch, der sich auf sie einlässt, sie nie richtig einschätzen kann, und Belohnung oder Bestrafung auch für uns oft nicht einsehbar ist.

Das vorliegende Märchen aus Natal, dem brasilianischen Nordosten, gehört für mich zu den schönsten dieser Art. Es ist schlüssig und rundherum stimmig erzählt, auch in den kleinen Details.

Es sind von vornherein zwei Bucklige da, jedoch wird nur der arme von den Leuten des Dorfes verspottet, während sie den reichen unbehelligt lassen. Trotzdem entzieht sich der Arme nicht seinen Mitmenschen: Er spielt auf der Geige, improvisiert, und das bedeutet doch wohl im dörflichen

Bereich, dass er auf den Festen zum Tanz aufspielt. Als er, der glücklose Jäger, in der Nacht einen Gesang in der Ferne hört, denkt er gleich an Leute bei der Maniok-Ernte und will ihnen helfen. Und so gerät er in das Abenteuer mit dem sonderbaren Völkchen.

Sehr spannend und bildhaft wird dieser Teil erzählt, wie er erschrickt, dass ihm die Beine nicht mehr gehorchen, und er hinter einem Busch im Versteck dem immer gleichbleibenden Singsang lauscht, ohne es eigentlich zu wollen, magisch angezogen. Wir sehen den Kreis der Singenden und Tanzenden, an den Händen gefasst, im Mondlicht auf dem weißen Felsplateau. Alte und Junge und Kinder, sie sind geschmückt mit glänzenden Diamanten. Das ist ein typisches Detail für die Märchen aus Brasilien, denn ein ganzes Volk war im 18. Jahrhundert involviert in die Suche nach Diamanten, Gold und Edelsteinen, Kostbarkeiten, die den Eingeborenen einst nicht mehr bedeutet hatten als schöne Muscheln, Federn und Blüten.

Und nun geschieht das Entsetzliche: Der Lauscher hat sich selbstvergessen eingemischt, hat das eintönige Tanzlied für alle hörbar weitergesungen, Lied und Tanz brechen ab, und jetzt – der Erzähler ist ein Beobachter der Natur –: Die »Tänzer stoben auseinander wie ein Schwarm Vögel« und »schleppten ihn wie Ameisen eine Küchenschabe« ab. Welch grauenhafte Vorstellung! Und wie entwürdigend. Man lässt ihn nicht wie einen Menschen auf seinen Füßen laufen, er wird abgeschleppt wie eine Jagdbeute. Wieder ist er der Außenseiter, den niemand für voll nimmt.

Vor dem eindrucksvollen Alten, legt man ihn ab wie ein Opfer. Befragt, antwortet er noch ein wenig verwirrt »Ja, nein«, findet dann aber sein Selbstbewusstsein wieder. Man hat ihn diesmal nicht verspotten und beleidigen wollen. Im

Gegenteil: Seine neue Liedstrophe hat Gefallen und Dankbarkeit gefunden. Das Gelächter gilt nicht seiner Missgestalt, sondern seiner Bescheidenheit. Sein Buckel wird ausgetauscht gegen einen gold- und edelsteingefüllten Doppelsack, eine Zugabe zu seinem eigentlichen Glück: ein gesunder Mensch mit geradem Rücken zu sein, gewonnen durch sein Einfühlungsvermögen und seinen Einfallsreichtum. Nun kann er sich am Sonntag in der Kirche sehen lassen.

Aber erst durch die Geschichte des zweiten Buckligen wird die Wende des Schicksals im Leben des Armen voll erkennbar. Denn nicht nur dessen Habgier wird bestraft – wir kennen diese Verknüpfung im Märchen –, sondern der vorlaute Bruch eines Tabus, von dem der Bestrafte nichts wusste. Wie leicht hätte auch der Arme das Liedchen um alle fehlenden Wochentage verlängern können, nichts ahnend von den tabuisierten Wörtern, die den Zorn der Geister zur Folge haben. Zu seinem Glück bricht im rechten Augenblick der Tanz ab, nämlich, als für sie das Lied zu Ende ist.

Unnötig ist der Schluss-Satz des Textes, die so genannte Moral von der Geschichte, denn sie besteht nicht in der Realität unseres Lebens. Viel wichtiger ist dagegen die Botschaft des Märchens, die Hoffnung, dass nämlich der Außenseiter, der Ausgeschlossene, Ausgegrenzte zur rechten Zeit seine Chance und – Glück hat.

Ingrid Jacobsen

Der halbe Mann

Es war einmal ein halber Mann. Was alle Menschen zweimal haben, hatte er nur einmal: einen Arm, ein Bein, ein Auge, ein Ohr; er konnte nur schlecht leben. Wenn er was zu tun hatte, fiel es ihm sehr schwer. Er war unglücklich. Da hörte er von dem Gott des Schicksals, und er beschloss, er wolle ihn aufsuchen und ihn um ein anderes, ein besseres Los bitten. Also machte er sich auf und humpelte den Weg; man hatte ihm gesagt der Gott des Schicksals wohnt ein wenig verborgen, in einem Tal, da hat er seine Wohnung. Es ist eine hohe Reisscheuer. Und da humpelte er nun hin.

Und als er endlich dort angekommen war, stellte er sich an die Leiter, die hinaufführte zu seiner Luke, stellte sich an die Leiter hin und rief: »Gott des Schicksals, höre mich! Gott des Schicksals, höre mich!«

Der Gott des Schicksals war gerade damit beschäftigt, Päcke zu packen, Bündel, Losbündel zu packen für die Menschen. Er hörte den Ruf und schaute hinaus zur Luke, fragte: »Weswegen kommst du?«

»Ach, Gott des Schicksals, höre mein Leid: Ich bin nur ein halber Mann. Wie schwer fällt es mir, alle Dinge zu tun, die die Menschen sonst mit Leichtigkeit vollbringen. Sie können mit ihren Beinen laufen, sie können arbeiten mit ihren Händen. Ich muss alles so schwer verrichten. Bitte, gib mir doch ein anderes, ein besseres Los, so dass ich mich auch einmal freuen kann im Leben.« Der Gott des Schicksals, als bedenke er sich, hielt einen Augenblick inne, blickte dann auf seine Hand, denn er hatte in seiner Hand gerade ein solches Losbündel. Und dann sagte er: »Nimm dies«, und warf ihm das Losbündel zu.

Der halbe Mann hob es auf und war glücklich. Er lief nun, er eilte, so gut er konnte, zurück in seine Hütte. Er konnte es kaum erwarten, bis er von dem Bündel die Fäden gelöst, es aufgeschlagen hatte, und, als er es ausbreitete, ach, da war es wieder ein halber Mann. »Nein«, sagte er, »nein, das kann doch nicht sein. Ich habe doch um ein besseres Los gebeten. Der Gott des Schicksals wollte mir doch nicht dasselbe geben. Es ist ein Irrtum. Nein, ich trage es wieder hin.«

Er schlug das Bündel zusammen und trug es zurück in das Tal zum Gott des Schicksals. Er stellte sich an die Leiter. Er rief: »Gott des Schicksals, Gott des Schicksals, höre mich!« Der Gott des Schicksals schaute heraus zur Luke und fragte: »Nun, warum kommst du wieder? Was willst du, bist du nicht zufrieden?«

»Nein, Gott des Schicksals, ich habe um ein besseres Los gebeten; aber du hast mir noch einmal dasselbe gegeben. Ich habe genug, ein halber Mann zu sein. Bitte, gib mir doch ein besseres Los.«

Der Gott des Schicksals besann sich einen Augenblick und sagte: »Komm herauf.« Und mit Mühe kletterte der halbe Mann die Leiter hinauf, kroch hinein zu der Luke und kam in einen großen Saal und war erstaunt, denn der Saal war gefüllt mit Päcken, mit Bündeln, mit Losbündeln. Ach, da waren herrliche Bündel dabei, schön verpackt, schön eingebunden; es waren kleine, große. »Bitte«, sagte der Gott des Schicksals, »wähle.«

Und er hüpfte nun durch den Gang und hob das eine und hob das andere der Bündel in die Höhe und wog es, nein, das war schön, aber es war zu schwer, das, nein, das war auch schön, aber es war zu groß. Er probierte, er wog sie in seiner Hand und ließ sie wieder sinken.

Aber endlich fand er doch eins, von dem fand er, ja, das hat das rechte Maß, ist schön verschnürt, ich glaube, das ist gut. Er wog es, es lag gut in seiner Hand, fragte: »Darf ich das nehmen?«

»Ja«, sagte der Gott des Schicksals, »nimm es.«

Und unser halber Mann lief nun, so gut er konnte, zurück an die Luke, kletterte die Leiter hinunter und humpelte nach Haus und war voller Freude und voller Spannung, was nun sein Losbündel enthalte. Er konnte es nicht erwarten, er riss die Bastfäden auf, er schlug das Tuch auf und sieh, was sah er, es war wieder ein halber Mann. Ach, könnt ihr euch denken, wie unglücklich er war? »Was soll ich nun tun? Ich habe mir selbst dieses Bündel gewählt. Es lag so gut in meiner Hand. Aber, bei wem soll ich mich jetzt beschweren, es ist wieder ein halber Mann. Ist es mein Los, ein halber Mann zu sein? Ich habe es mir selbst gewählt. Ich kann den Gott des Schicksals nicht anklagen. Ich habe es mir selbst gewählt, ich muss mich damit abfinden.« Und denkt euch, von dem Augenblick an, wo er sich das sagte: »Ich habe es mir selbst gewählt«, war ihm das Los, ein halber Mann zu sein, nur noch halb so schwer.

Molukken

~

»Märchen und Sagen sind wie Zugvögel; an keinen Ort gebunden, wandern sie über Grenzen und Meere.«

So las ich es in dem Nachwort zu den *Nordamerikanischen Indianermärchen*, und so sind auch meine Erfahrungen im

Unterwegssein. Die reiche Bildersprache des Märchens nimmt mich mit in die Innenwelten fremder Kulturen und schenkt mir Teilhabe über Zeit und Raum hinweg. Mit seiner erzählten Wirklichkeit gehe auch ich auf die Suchwanderung.

»Der halbe Mann« ist ein Außenseiter wie auch der in dem von den Brüdern Grimm aufgezeichneten Märchen »Hans mein Igel« (KHM 108). Die Gesellschaft bezeichnet als Außenseiter Menschen, die zu einer Randgruppe gehören sowohl im positiven als auch im negativen Sinne oder in körperlicher Hinsicht. Die Sehnsucht nach »Ganzheit« lässt unsere Außenseiter aufbrechen und mühsame Wege gehen. »Erlösung« wird ihnen in unterschiedlicher Art über Wunsch und Bitte zuteil. Zweimal humpelt »der halbe Mann« den langen Weg zu der hohen Reisscheuer mit der Bitte um ein besseres Los, ein günstigeres Schicksal. Letztendlich wählt er selbst sein Losbündel und gelangt über die dabei gewonnene Erkenntnis zum Einklang mit sich selbst.

Auf dem Kongress der EMG in Freiburg im September 1990 erzählte Rudolf Geiger dieses Märchen, und seitdem trage ich dieses molukkische Märchen erzählend weiter mit seiner Botschaft: sich immer wieder auf den Weg zu machen zu eigener Sinnfindung und zum Gleichklang mit sich und der Welt.

Irmgard Wiemer

Die Geschichte von Catarina und ihrem Schicksal

Es war einmal ein Kaufmann, der war unermesslich reich und hatte Schätze, wie sie nicht einmal ein König besitzt. In seinem Haus standen Sessel, die waren von Silber, von Gold und von Diamanten, so reich war er. Der Kaufmann hatte eine einzige Tochter, die hieß Catarina, und sie war schöner als die Sonne.

Eines Abends saß Catarina allein in ihrem Zimmer und nähte, da ging auf einmal die Tür auf. Herein trat eine schöne hohe Frau, die hielt in ihren Händen ein Rad.

»Catarina«, sprach die schöne hohe Frau, »wann willst du es leichter haben im Leben, in der Jugend oder im Alter?«

Catarina war so erschrocken, dass sie gar nicht wusste, was sie antworten sollte. Aber die schöne hohe Frau fragte noch einmal: »Catarina, wann willst du es leichter haben, in der Jugend oder im Alter?«

Catarina dachte nach. Dann sagte sie: »Im Alter hätte ich es gern leichter. In der Jugend, da hat man Kraft.«

»Es geschehe, wie du gewollt hast«, sagte die schöne hohe Frau, drehte an ihrem Rad und verschwand. Die schöne hohe Frau aber war Catarinas Schicksal.

Die Tage vergingen, da erhielt Catarinas Vater Nachricht, dass eines seiner Schiffe im Sturm gesunken war. Einige Tage später versank ein zweites Schiff, kurz danach ein drittes, und so ging es fort und fort, und bereits einige Monate später hatte er alle seine Reichtümer verloren und war ein bitterarmer Mann. Vor Kummer erkrankte er und starb.

Nun blieb Catarina allein in der Welt zurück. Geld und Gold hatte sie nicht mehr, es war auch niemand da, der sich um sie kümmern konnte. So dachte sie: »Ich werde in eine andere Stadt ziehen und mir dort eine Arbeit suchen.«

Sie machte sich auf und wanderte, bis sie in eine fremde Stadt kam. Wie sie dort so durch die Straßen lief, stand eine vornehme Frau an ihrem Fenster und sah sie. »Wohin gehst du so allein, schönes Mädchen?«, fragte die vornehme Frau.

»Ach, liebe Frau, ich bin ein armes Mädchen und suche einen Dienst, um mein Brot zu verdienen. Könnt Ihr mich nicht brauchen?«

Da nahm die vornehme Frau Catarina zu sich, und Catarina diente ihr treu.

Nach einiger Zeit sprach die Frau: »Catarina, ich werde heute Abend ausgehen und die Haustür abschließen.«

»Das ist mir recht«, antwortete Catarina, und als ihre Herrin gegangen war, setzte sie sich hin und nähte. Plötzlich ging die Türe von allein auf, und ihr Schicksal trat herein. »So«, sagte es, »so, hier bist du also. Und du glaubst, ich werde dich jetzt schon in Ruhe lassen?« Mit diesen Worten ging Catarinas Schicksal an die Schränke und Truhen der Herrin, zerrte die Kleider und Wäschestücke heraus, zerriss alles in Stücke, warf die Fetzen auf den Boden und trat darauf herum. Catarina aber dachte: »Wenn die Herrin nach Hause kommt und alles in diesem Zustand sieht, wird sie denken, ich habe das verbrochen, und dann wird sie mich bestrafen.«

In ihrer Angst brach sie die Tür auf und lief davon. Kaum aber hatte Catarina das Haus verlassen, sammelte ihr Schicksal die zerrissenen Wäschestücke wieder auf, machte alles heil und legte die Sachen an ihren Platz zurück. Und als die Herrin nach Hause kam, war nichts mehr zu sehen. Nur Catarina war nicht mehr da. Erst dachte die Herrin, Catarina habe sie bestohlen, aber von ihren Sachen fehlte nichts; da wunderte sie sich.

Catarina aber kam nicht zurück. Sie lief und lief, bis sie in eine andere fremde Stadt kam. Und wieder bemerkte eine vornehme Frau, wie sie so durch die Straßen lief und sprach sie an: »Wohin des Weges, schönes Mädchen?«

»Ach, liebe Frau, ich bin ein armes Mädchen und suche einen Dienst, mir mein Brot zu verdienen. Könnt Ihr mich nicht brauchen?«

Die Frau nahm Catarina zu sich, und es ging ihr gut. Es dauerte aber nur kurze Zeit. Als eines Abends die Herrin ausgegangen war, erschien Catarinas Schicksal wieder und sagte: »Glaubst du denn, du kannst vor mir davonlaufen?« Und wieder ging das Schicksal an die Schränke und Truhen der Herrin, riss alle Kleider und Wäschestücke heraus und fetzte sie in Stücke. Und wieder lief Catarina davon.

Solch ein Leben führte die arme Catarina nun sieben Jahre lang. Von einer Stadt lief sie in die nächste, von einer Herrin kam sie zur anderen, und immer, wenn sie dachte, sie könne jetzt ein wenig zur Ruhe kommen, dann erschien ihr Schicksal, zerstörte die Sachen der Herrschaft, und Catarina musste fliehen. Aber jedes Mal, wenn Catarina davongelaufen war, brachte das Schicksal wieder alles in Ordnung, nur von Catarina fehlte jede Spur.

Nach sieben Jahren stand wieder eine vornehme Frau am Fenster, als Catarina durch die Straßen einer fremden Stadt irrte.

»Wohin läufst du denn so allein, schönes Mädchen?«

»Ach, ich bin ein armes Mädchen, ich suche einen Dienst, mir mein Brot zu verdienen. Könnt Ihr mich brauchen?«

»Nun, ich könnte schon Hilfe brauchen, aber du müsstest mir jeden Tag einen schweren Dienst tun, und ich weiß nicht, ob du die Kraft dazu hast.«

»Sagt mir nur, was es ist, ich werde tun, was ich kann.«

»Siehst du den hohen Berg dort? Auf diesen hohen Berg musst du jeden Morgen hinaufsteigen und ein großes Brett mit frisch gebackenem Brot mitnehmen. Wenn du oben angekommen bist, musst du rufen: ›Oh Schicksal meiner Herrin‹. Dreimal musst du das rufen, dann wird mein Schicksal erscheinen und das Brot von dir annehmen.«

Es schien, als sei Catarinas Schicksal müde geworden und verfolge sie nicht länger, denn nun blieb sie lange bei dieser Herrin. Jeden Morgen trug sie ein großes Brett mit frisch gebackenem Brot den hohen Berg hinauf; wenn sie oben angekommen war, rief sie dreimal: »Oh Schicksal meiner Herrin«, dann erschien eine schöne hohe Frau, lächelte sie an und nahm das Brot in Empfang. Wenn Catarina dann zu ihrer Herrin zurückkehrte, dachte sie oft daran, wie es ihr früher gegangen war, und dann weinte sie. Eines Tages fragte ihre Herrin: »Catarina, warum weinst du so oft?« Da erzählte ihr Catarina alles, wie es ihr ergangen war, seit sie ein reiches Mädchen gewesen war.

»Weißt du was, Catarina? Wenn du morgen meinem Schicksal begegnest, frag es doch, ob es dir helfen kann bei deinem Schicksal. Was meinst du?«

Catarina gefiel dieser Gedanke, und gleich am nächsten Tag sprach sie das Schicksal ihrer Herrin an und bat sie, doch ein gutes Wort einzulegen bei ihrem Schicksal.

»Ach, du armes Mädchen«, sagte die lächelnde hohe Frau, »dein Schicksal, meine Schwester, ist eingeschlafen, sie liegt unter sieben Decken und kann dich gar nicht hören. Doch will ich sehen, was ich für dich tun kann.« Und als

Catarina fort war, ging sie zu ihrer Schwester, zog ihr die sieben Bettdecken weg, weckte sie und sagte: »Hat die arme Catarina nicht genug gelitten? Wird es nicht Zeit, dass sie endlich wieder bessere Tage sieht?«

»Du hast Recht«, sagte Catarinas Schicksal. »Wenn sie morgen kommt, bring sie zu mir, ich werde ihr etwas geben, das ihr aus aller Not hilft.«

Und so wurde Catarina am nächsten Tag zu ihrem Schicksal geführt. Und das Schicksal gab ihr einen Strang Seide und sagte: »Bewahre die Seide gut, sie wird dir noch nützlich sein.«

Catarina bedankte sich, lief den Berg hinunter zu ihrer Herrin und sagte: »Da hat mir mein Schicksal einen Strang Seide geschenkt, aber was ich damit anfangen soll, hat es mir nicht gesagt.«

Die Herrin sagte das Gleiche: »Bewahre sie gut, sie wird dir schon noch nützen.«

Kurz darauf wollte der junge König des Landes heiraten. Die Hochzeit wurde vorbereitet, die Hochzeitsgewänder waren bestellt, der Schneider hatte schon alles zurechtgeschnitten, da stellte er fest, dass er keine Nähseide von der passenden Farbe hatte. Und seltsam, nirgendwo in der Stadt fand sich passende Seide. Da ließ der König überall im Reich verkünden, wer Seide von der passenden Farbe hätte, solle sie an den Königshof bringen, sie werde gut bezahlt werden.

»Catarina«, fragte die Herrin, »Catarina, ist deine Seide nicht von der nämlichen Farbe? Dann bring sie doch an den Hof, und lass dir vom König ein schönes Geschenk machen.«

Catarina zog ihr schönstes Kleid an, nahm die Seide und ging an den Hof des Königs. Und als die wunderschöne Catarina, und sie war schöner als die Sonne, vor den König gebracht wurde, konnte er kein Auge von ihr wenden.

»König, ich bringe Seide von der Farbe, wie sie im ganzen Königreich nicht zu finden ist«, sagte sie.

»Ja«, antwortete er wie im Traum, »ich werde sie dir bezahlen.«

Er ließ eine Waage bringen, so eine mit zwei Waagschalen, legte den Strang Seide auf die eine Waagschale und ein Goldstück auf die andere Schale.

Ihr werdet nicht glauben, was jetzt geschah. Die Seide wog schwerer als das Gold.

Da nahm er ein zweites Goldstück und legte es dazu. Ein drittes und viertes. Er ließ eine größere Waage bringen und eine noch größere Waage, er legte nach und nach alle Schätze seines Königreiches auf die eine Waagschale, doch immer wog die Seide schwerer als alle Schätze. Zuletzt nahm er noch seine goldene Krone ab, und siehe, da neigte sich die Schale mit der Seide und blieb auf gleicher Höhe neben den Schätzen stehen.

»Woher hast du diese Seide?«

Da begann Catarina zu erzählen, sie erzählte alles, ihre ganze Geschichte.

Am Hof aber lebte eine alte weise Frau, die stand auf und sagte: »Es ist ganz klar, Catarina muss Königin werden, denn erst die Königskrone hat den Wert der Seide aufgewogen.«

Und so geschah es. Der König heiratete die wunderschöne Catarina, und sie lebten lange und glücklich.

Der anderen Braut aber ließen sie sagen, das Schicksal habe es so gewollt.

Sizilien

Es ist schon ein Weilchen her, da entfachte ich – unfreiwillig, versteht sich – eine hitzige Diskussion, als ich bei der mündlichen Abiturprüfung einem entgeisterten Prüfungskollegium erklärte, ich fände antike Tragödien entsetzlich langweilig. Weil sie so vorherbestimmt seien und keinen Spielraum zum Leben ließen. – Es sei wohl in dreizehn Schuljahren nicht gelungen, der Schülerin die Grundlagen der westlichen Kultur sowie die Einheit von Ort, Zeit und Handlung näherzubringen, bedauerte der eine Teil des Lehrkörpers, während der andere Teil besagten Körpers argumentierte, es sei doch erfrischend, wenn Schüler eine eigene, gern auch unkonventionelle Meinung äußerten, und das mit der Kultur käme schon noch.

Was meine Lehrer damals nicht wussten und ich auch nicht, ist der immense Einfluss der antiken Bilder und Themen auf die Märchen und Geschichten des Mittelmeerraums. Da werden Schicksalsgöttinnen zu Paten, da wird eine Schicksalsfrau freundlich oder unleidlich, je nachdem, ob sie gepflegt oder vernachlässigt wird. Es gibt viele Beispiele. Jedenfalls, es war, als schließe sich einer meiner Lebenskreise, als ich vor Jahren zum ersten Mal das sizilianische Märchen erzählte von Catarina und ihrem Schicksal. Man kann etwas tun, es ist nicht unabwendbar, das Schicksal!

Wann ich der wunderschönen Catarina zum ersten Mal begegnet bin, weiß ich nicht mehr; ich weiß aber, dass ihr Schicksal mich vom ersten Augenblick an beschäftigt hat. Ein Schicksal, das ein Leben bestimmt, und doch die Wahl lässt: »Wann willst du es leichter haben im Leben?« Die schöne, erhabene Frau, die zur Furie wird, damit sich ein Schicksal erfüllt. Ein Schicksal, das müde wird und Nahrung braucht.

»Anders« war Catarina wohl von Beginn ihres Lebens an als Tochter eines Mannes, der Schätze besitzt, wie sie ein König nicht hat. Aber zur Außenseiterin, zur Ausgestoßenen, wird sie gemacht durch ihr Schicksal; eine, die jahrelang ihren Platz nicht findet. Sie lernt, dass niemand seinem Schicksal entgehen kann, an keinem Ort, in keiner Zeit, auf keiner Handlungsebene. Aber man kann stehen bleiben, den rechten Zeitpunkt finden und verhandeln. Man kann sich Hilfe holen. Und man kann punkten, indem man sich um das Schicksal anderer Leute kümmert. Und dass, widersinnig genug, Weglaufen passiv sein kann, leidend, duldend, während Ausharren bedeutet, tätig zu werden, am Schicksal zu arbeiten.

Ein paradoxes, ein poetisches, ein tröstliches Märchen. Nur über das Schicksal der ersten Braut des Königs oder gar über das von Catarinas Vater denken wir besser nicht nach, sonst landen wir am Ende doch noch bei der antiken Tragödie, nicht wahr?

Sibylle Renardy-Platen

Der rollende Rindermagen

Es war einmal in Gautland ein König, der hieß Ring, und seine Königin hieß Althrud von Ungerland. Und eine Tochter hatten die beiden, die hieß Sigry.

Dann aber starb die Königin, und dem König war, als sei er mit ihr gestorben, so trauerte er um sie. Oft saß er einsam in der großen Königshalle auf seinem Thron, starr und stumm und eingesponnen in seine Traurigkeit.

Eines Tages aber kam eine fremde Frau in die Halle, wunderschön war die Fremde, und in ihrer Hand hielt sie einen Becher Wein. Sie ging auf den König zu, der hob nicht einmal den Kopf. Da tauchte die Fremde einen Finger in den Becher, berührte mit dem Finger den Mund des Königs und ließ einen Tropfen Wein auf seine Lippen fallen.

Da erwachte der König, er trank, er leerte den ganzen Becher, dann schaute er auf, sah die schöne Fremde an – und vergaß die tote Königin; er nahm die Fremde zur Frau, und sie wurde seine neue Königin.

Die Fremde nannte sich Asa und sagte, sie sei eine Königin aus Halogaland. Aber in Wahrheit war sie keine Königin und auch nicht aus Halogaland. Nein, sie war eine Unholdin. Und Sigry spürte das und wollte nichts wissen von der Stiefmutter.

Nach einer Zeit musste der König in den Krieg ziehen. Kaum war er fort, da zeigte die Unholdin ihr wahres Gesicht: Sie warf alle Schönheit ab, schlimm und schrecklich war sie anzusehen, und so ging sie zur Kammer der Königstochter und warf einen Fluch auf sie:

*»Sigry, Sigry, Königskind,
werde zum Magen von einem Rind,
zu einem blutigen Rindermagen
wie von einem Rind, das gerade erschlagen.
Und dann rolle, Rindermagen roll,
dass der Fluch sich niemals mehr lösen soll!«*

Doch Sigry wusste einen Gegenfluch:

*»Asa, Asa, falsches Weib,
verflucht sei dein Leben, verflucht sei dein Leib.
Schlangen und Stangen, Gras und Moos,
sollen dich beißen, sollen dich stechen,
lässt du deinen Fluch nicht los!«*

Da erschrak die Unholdin, sie sagte einen zweiten Bannspruch, der nahm den ersten Fluch ein wenig zurück und ließ für Sigrys Verwünschung eine Erlösung zu:

*»Du blutiger rollender Rindermagen
sollst deine Schönheit wieder haben,
wenn sich einmal ein Königssohn find't,
der dich so, wie du bist, ins Brautbett nimmt!«*

Sigry aber nahm ihren Fluch nicht zurück, sie warf einen zweiten Fluch auf ihre Stiefmutter, der war noch schlimmer als der erste:

*»Asa, Asa, falsche Frau,
werde zur Katze, räudig und grau.
Und kommt dann der König, der König zurück,
falle tot zu Boden im Augenblick!«*

So verschwanden in einer Nacht Königin und Königstochter, Asa und Sigry. Aber seit dem nächsten Morgen strich eine räudige graue Katze um die Königshalle von Gautland, bis der König endlich heimkam. Und wie er auf den Hof ritt, fiel die Katze tot vom Giebel – Asa aber ward nie mehr gesehen.

Doch auch Sigry war und blieb verschwunden, sie war ja ein blutiger rollender Rindermagen geworden, der rollte und rollte fort immer nach Osten der Sonne entgegen und wälzte sich durch viele Länder und kam bis nach Holmgard.

Dort herrschte ein junger König mit seiner Mutter. Und nah beim Königshof lebte auch ein Alter, der eine Rinderherde hatte. Einmal, als der Alte zu seinen Rindern hinausging auf die Weide, fand er dort einen schrecklichen blutigen Rindermagen. Und der Magen sagte: »Lass mich deine Rinder hüten.« Der Alte erschrak und fürchtete sich, wagte aber nicht, den blutigen Rindermagen fortzuschicken und willigte ein. Und nun trieb der rollende Rindermagen die Kühe des Alten davon, trieb sie auf die Weiden des jungen Königs, und die Kühe weideten auf Königsland und fraßen es ab.

Das hörte der junge König, und er kam zu dem blutigen rollenden Rindermagen: »Was verdirbst du mir mein Land?«

Der Magen aber wurde grob: »Früher gab's Könige, die hatten mehr und bess'res Land, und sie waren auch nicht so geizig wie du!«

Da zog der junge König zornig sein Schwert und wollte den Rindermagen in Stücke hauen. Doch er konnte sich nicht bewegen, stand starr, und seine Füße waren wie festgewurzelt in der Erde. Er rief: »Lass mich los, du Ungeheuer!«

Aber der Magen sprach:

»Du kommst nicht mehr los, du kommst nicht vom Fleck!
Oder nimm mich zur Frau, nimm mich in dein Bett!«

Das wollte der König gewiss nicht, aber er kam und kam nicht los, und der Magen gab nicht nach, da musste der junge König es versprechen. Und der Magen warnte ihn: »Wenn du dein Versprechen brichst, dann wirst du tot zu Boden fallen, und ich werde dein Reich verwüsten und verderben!« Dann löste der Magen den Bann und wälzte und rollte dem jungen König nach bis zu seiner Halle.

Dort wurde nun Hochzeit gehalten, und als es dunkel wurde, brachte die Mutter des Königs den Magen in das goldgeschmückte Bett ihres Sohnes. Dann kam auch der junge König, aber als er zu seinem Bett kam und den blutigen Magen sah, der sich darin herumwälzte, fiel er in Ohnmacht vor Entsetzen. Aber die Mutter des Königs wachte über die beiden. Und als sie in der Nacht noch einmal nach dem Brautpaar sah, da lag der schreckliche Magen leblos vor dem Bett, im Bett aber – in den Armen ihres Sohnes – lag eine junge schöne Braut. Da rief die Königsmutter ihre Knechte, die trugen den Magen hinaus und warfen ihn ins Feuer – und Sigry war erlöst. Und sie und der König lebten lange und glücklich und sahen Kinder und Kindeskinder.

Island

Dieses isländische Märchen ist sehr alt und ist unter dem Namen Vambarljóð als Gedicht mit Stabreimen aus dem frühen 16. Jahrhundert erhalten. Es gibt aus der Überlieferungsgeschichte zahlreiche leicht variierende Fassungen, die in den unterschiedlichen isländischen Märchensammlungen abgedruckt sind; meine Erzählfassung beruht vor allem auf der kargen »Ur-Form«.

Anders als in den stilisierten Grimmschen Märchen werden in nordischen und keltischen Zauber- und Sagenmärchen Orte genannt; auch wenn die in diesem Märchen genannten Namen sicher nicht historisch zu nehmen sind und für die, die davon in Island erzählten, auch kaum mit genaueren geographischen Vorstellungen verbunden sind, so verdeutlichen sie doch die Bewegung im Märchen: Gautland ist Südschweden (nicht Gotland), Halogaland ist Nordostnorwegen (die auch Finnmark genannte Region), Holmgard ist bei Nowgorod oder ein anderer Name für diese von Skandinaviern gegründete Handelsstadt in Nordwest-Russland. Es gibt somit einen Einbruch aus dem Norden, dem Land der langen Nächte, und einen Aufbruch nach Osten, zum Sonnenaufgang.

Viele Motive des Märchens sind vertraut, wenn auch, wie ich finde, hier mit so knappen wie starken Bildern skizziert: der Tod der alten Königin, die neue Frau, die eine »Unholdin« ist, die Feindschaft zwischen ihr und der Königstochter Sigry.

Aber diese ist nun kein hilfloses Aschenputtel oder Schneewittchen. Auch sie hat Zauberkräfte, ist mit der Anderswelt vertraut. Im Zauberduell mit der Stiefmutter bleibt sie Siegerin, allerdings schwer gezeichnet, zum blutigen rollenden Rindermagen geworden.

Wie kommt man auf so ein Bild? Ich weiß nicht, ob Rindermägen im mittelalterlichen Island eine besondere praktische oder symbolische Bedeutung hatten, aber das Märchen lässt keinen Zweifel daran, dass hier eine eklige abstoßende Lebensform beschrieben wird, vor der sich alle Männer, alt oder jung, grausen. Aber wie in vielen Märchen, die ich als Frauenmärchen empfinde, sind die Männer gar nicht die entscheidenden Gegenfiguren, entscheidend ist vielmehr die Figur der älteren Frau, die hier doppeldeutig als verwünschende Stief- und erlösende Schwiegermutter erscheint. Könnte es sein, dass der blutige Rindermagen ein Ausdruck des Entsetzens über die weiblichen Blutungen ist, Ausdruck des Gefühls, nun nicht mehr ein liebes Kind, sondern eklig, abscheulich, fremd geworden zu sein?

Aber wie immer das sein mag, Sigry antwortet auf die Verwandlung in ein Ungetüm nicht mit Ohnmacht oder Scham, sondern mit »pubertärem« Trotz, mit Rebellion und Provokation. So erzwingt sie sich den Platz im Bett des jungen Königs. Aber dass dieser Kampf ein gutes Ende nimmt, liegt vor allem an der Königsmutter, die den Magen wohlwollend aufnimmt, führt und behütet.

So erinnert mich das Märchen an den Weg der »rebellisch«-starken Außenseiter; sie wissen sich zu wehren, grenzen sich ab, nehmen ihr Schicksal in die Hand und kämpfen um Anerkennung. Aber ihr Außenseiterdasein löst sich dann doch erst, als auch ihr weibliches Vor-Bild sich gewandelt hat: von der gestorbenen guten Mutter über die konkurrierend-böse Stiefmutter zur Schwiegermutter, die das Frauwerden begleitet.

Ich habe allerdings das Gefühl, es steckt noch viel mehr in dem Märchen als die Erfahrung einer gut überstandenen Pubertät. Und darum werde ich es mir noch länger durch den Kopf und durch die Seele gehen lassen.

Heinrich Dickerhoff

Die Schwanfrau als Stamm-Mutter der burjatischen Schamanen

Irgendein Tangkalshing, ein Burjate, lebte einstmals bei den Chorin-Burjaten im Osten an einem Orte gleichen Namens. Er hatte fünf Söhne und fünf Töchter. In der Nähe seines Wohnplatzes befand sich ein See. Zu diesem See kamen einmal fünf Schwäne herbeigeflogen. Die Leute sahen sie und dachten: »Die wollen nach Norden fliegen, es sind Zugvögel.«

Als Tangkalshing sie sah, bemerkte er, dass es fünf Mädchen waren, die sich entkleideten, um zu baden. Da kam ihm der Gedanke, einem dieser Mädchen die Schwanenkleider wegzunehmen. Er schlich sich deshalb unbemerkt zum Ufer, ergriff eines der Kleider und versteckte sich hinter den Sträuchern. Nachdem die Mädchen zu baden aufgehört hatten, ergriff jedes ihr Kleid und war, nachdem es sich angezogen hatte, plötzlich wieder ein Schwan. Das eine Mädchen jedoch suchte vergeblich nach seinem Gewand. Nachdem es dieses nirgends hatte finden können, begann es zu weinen und sagte:

»Wenn jemand mein Kleid weggenommen hat, der gebe es mir zurück!«

Denn ohne ihr Kleid kann sie nicht fliegen. Die anderen vier Schwanenmädchen flogen endlich fort, nur das eine blieb nackt am Ufer zurück. Und es sagte weiter:

»Derjenige, der mein Kleid weggenommen hat, möge sich von mir erbitten, was es auch sei, ich gebe es ihm!«

Da kam Tangkalshing herbei und sagte, dass er ihr Kleid entwendet hätte. Aber er brachte ihr nur die Unterhosen und das Leibchen, den Rock jedoch nicht. Dann machte er ihr den Vorschlag: »Werde meine Frau!«

Sie war schließlich damit einverstanden. Und er legte den Rock in einen Eisenkasten.

Das Schwanenmädchen gebar ihm fünf Söhne und fünf Töchter. Diese Kinder werden allgemein folgendermaßen genannt: Tangkhalshne tabang tasharne gurbung, wobei »Tasharne« vielleicht der Name der Frau ist. »Tabang« ist im Burjatischen die Bezeichnung für »fünf«, und »gurbung« die Bezeichnung für »drei«. Über diese letzteren drei gibt es keine Nachricht. Zwei von ihnen starben wahrscheinlich, und man weiß nichts von ihnen. Der älteste Sohn hieß Choriodé und die älteste Tochter Chobshe. Eine andere Tochter war Jabshe. Andere Söhne waren Helüng und Hölüng. Auch Saran war ein Sohn. Ob Tabshe ein Sohn oder eine Tochter war, ist nicht bekannt, und eben so unbestimmt ist Bitcho.

Einmal nun sagte die Schwanfrau zu ihrem Mann:

»Wir haben nun so viele Kinder. Mache Milchbranntwein, wir wollen trinken!«

Und sie begannen, den Tarassun auszutrinken. Da sagte die Frau zu ihrem Mann:

»Wieviele Jahre wir zusammen gelebt haben, so viele Kinder haben wir. Jetzt fliege ich nicht mehr weg von dir. Jetzt kannst du mir ruhig einmal den Rock, den du mir damals weggenommen hast, wiedergeben.«

Tangkalshing öffnete die Kiste, wo er den Rock verborgen hatte und gab ihn ihr. Dann tranken sie weiter Tarassun. Sie saßen in der Jurte, dem runden burjatischen Filzzelt. In der Mitte lagen drei große Steine und darauf die Schüssel, der Brennereiapparat. Jetzt zog die Frau den Rock an und schrie dreimal mit Schwanenstimme:

»Gü, gü!«

Die älteste Tochter war damit beschäftigt, den Tarassun-Apparat einzulehmen. Und gerade in diesem Augenblick flog die Schwanfrau weg. Die Tochter ergriff sie noch gerade an den Beinen, als sie aus dem Rauchloch davonfliegen wollte, und kam mit ihren Lehmhänden daran. Seit dieser Zeit haben die Schwäne keine roten, sondern etwas schmutziggelb aussehende Beine. Die Tochter konnte sie aber nicht mehr festhalten, und sie entkam. Sie machte noch einige Kreise über der Jurte und sprach:

»Meine Kinder, meine Töchter, werdet Schamaninnen; meine Söhne, werdet Schamanen!«

Darauf flog sie weg. Und ihre Kinder wurden Schamanen. Seitdem erscheinen überhaupt erst Schamanen. Mit ihnen beginnt der Schamanismus.

Diese Schamanen fanden das Bestehen der Götter schon vor. Es waren acht außerordentlich große Schamanen. Sie konnten sich unsichtbar machen, konnten sich den Kopf abschneiden und dabei schamanisieren, und sie konnten fliegen.

Als sie gestorben waren, wollten sie zu den fünfundfünfzig Himmeln fliegen, um an dem Schöpferwerk teilzunehmen. Als sie nun so dahinflogen, lebte bei den Kudinischen Burjaten ein großer Schamane namens Gabne Barlak. Seine Frau hieß Suutän Njilcharachschan.

Diese beiden sahen die Tangkalshingkinder wegfliegen, und sie merkten auch, wohin sie fliegen wollten. Das aber sahen die beiden nicht gern, weil Menschen zu den Göttern wollten, und sie meinten, dass die Tangkalshingkinder auf Erden bleiben und nicht im Himmel leben sollten. Deshalb sagten sie zu ihnen:

»Bleibt auf Erden und werdet Schöpfer der hiesigen Welt. Werdet Helfer der fünfundfünfzig Himmel!«

Gabne Barlak zeichnete fünf von ihnen auf Goldplättchen und sagte: »Bleibt hier, hier werden die Menschen euch anbeten!«

Außer Tangkalshing lebte da noch ein Burjate namens Als'chng. Er war etwas älter als ersterer und hatte zehn Kinder, vier Töchter und sechs Söhne. Diese sollten ebenfalls mit den Tangkalshingkindern wegfliegen. Barlak zeichnete auch diese, und sie blieben daraufhin auf Erden. Diese Zeichnungen werden gehalten, damit eine Frau viele Kinder bekommt. Und wenn die Frau erkrankt, betet der Mann zu diesen Zeichnungen, damit sie wieder gesund wird. Diese Kinder des Als'chng haben keine bestimmten Namen. Ihre Onkel und Tanten waren richtige Schwäne.

Sibirien

Einerseits mutet die Geschichte von der Schwanfrau an wie ein Märchen, andererseits befremdet sie Märchenfreundinnen und -freunde. Ein Mann beobachtet fünf Schwäne, die an einem See ihre Kleider ablegen und sich in wunderschöne Mädchen verwandeln, deren Baden er beobachtet. Er stiehlt ein Kleid und zwingt damit diese Schwanfrau, ihn zu heiraten und bei ihm zu bleiben. Die Frau erkennt diese einzige »Wahl« und nimmt sie schließlich an. Sie schenkt ihm in dieser langen Ehezeit zehn Kinder. Danach glaubt sie die Zeit für gekommen, dass sie wieder in ihre Sphäre zurückkehren kann, denn er fühlt sich ihrer sicher. Dazu feiern sie ein Fest, das zugleich ein Abschiedsfest wird, denn sie erhält von ihm ihr Kleid, zieht es an und fliegt davon.

An dieser Stelle würde in einem Zaubermärchen eine zweite Sequenz beginnen. Nachdem er das Tabu bricht, das sie zur Bedingung ihrer Heirat aufstellte, entflieht sie. Der Mann würde sich auf die Suche nach seiner Frau begeben. Nach langen Prüfungen würde er sie zurückgewinnen. Meist muss er dazu in ihre Sphäre eindringen. Sie würde erkennen, wie stark er sie braucht und liebt. Sie würden gemeinsam weiterleben. Und wenn sie nicht gestorben sind ...

Hier ist es anders: Die Schwanfrau lässt sich auch von ihrer Tochter nicht abhalten. Die Abdrücke der lehmigen Hände der Tochter sind noch heute an den Beinen aller Schwäne zu finden. Der Erzähler schließt also eine Ätiologie ein, eine Erklärung, warum die Beine der Schwäne nicht rot sind.

Die Schwanfrau entfliegt. Sie gibt ihren Töchtern und Söhnen aber den Auftrag, Schamanen zu werden, die es also – hier wieder eine Ursprungserklärung – seitdem überhaupt erst gibt. Der Erzähler erklärt auch, dass diese Schamanen außerordentliche Fähigkeiten hatten. Sie konnten beispielsweise – wie ihre Mutter – fliegen. Nach ihrem Tode wollten sie wohl in die Sphäre ihrer Mutter entfliegen, wurden aber von Schamanen eines anderen Stamms daran gehindert: Sie sollten dem Schöpferwerk auf der Erde weiter dienen und von den Menschen angebetet werden. Seit der zeichnerischen Bannung der Schamanen auf kleine Goldblättchen sind sie den Menschen zugänglich, sie werden verehrt, sie dienen der Gesundung der Frauen.

Dieser Teil erzählt uns, woher die Schamanen kommen. Mit ihren Namen ist ihre Genealogie und Lebensgeschichte zugänglich, ist ihre Geschichte beglaubigt und zugleich ihr Nennen möglich, machen doch Namen Wesen und Herkunft der Person greifbar. Auch in Legenden fügte man die

Genealogie der Heiligen ein. Uns wird damit erklärt, aus welchem Hause der Heilige kam und wer seine Vorfahren waren, ein wesentliches Element zur gesellschaftlichen Einordnung seiner Person. Zugleich geht von der Namensnennung ein Zauber aus. Sie sind also auch ein rituelles Element des Erzählens.

Diese Geschichte fasziniert. Sie trägt mythische und legendenartige Elemente in sich, begründet die Entstehung der Schamanen und mit ihnen verbundene Riten. Die Schwanfrau ist selbstbewusst, kann fliegen und ihre Gestalt wandeln. So stammt sie als Urheberin aus »Himmlischem«, einer anderen als der menschlichen Sphäre. Ihre Interessen hat sie klar im Blick: Sie täuscht den Mann, der sie einst bezwang, um ihr Kleid zu erhalten und zurückzukehren. Sie verfolgt einen Plan und ihr Interesse: Mit der Ernennung ihrer Kinder zu Schamanen implementiert sie ihr Außermenschliches in das Irdische. Diese Außenseiterin – von außen kommend, nach draußen gehend – hinterlässt bleibende Spuren.

Kathrin Pöge-Alder

Traumhaus und Wolkenschloss

Vorwort

Einige Märchen und märchenartige Erzählungen von »Traumhaus und Wolkenschloss« habe ich für diesen Band ausgewählt aus der Fülle der Märchen, die zu diesem Thema etwas zu erzählen haben.

Zwei Gesichtspunkte waren bei der Auswahl bestimmend:

Das Büchlein soll überwiegend weniger bekannte Märchen zugänglich machen, darum wurden einige schöne, aber weit verbreitete Traumhaus-Geschichten nicht aufgenommen. Und alle Märchen sind hier in einer Erzähl-Fassung abgedruckt, also in einer Form, in der sie erzählt (oder auch vorgelesen) wurden und werden.

Ebenso wichtig wie dieser war aber der inhaltliche Gesichtspunkt: Die Märchenauswahl soll zeigen, dass es unter dem Leitwort »Traumhaus und Wolkenschloss« nicht nur um ein märchentypisches Motiv geht, sondern auch um eine dahinter liegende Lebenserfahrung – und auch um eine Erfahrung im Umgang mit Märchen, die Traumhaus oder Wolkenschloss sein können.

Weil aber weder Traumhaus noch Wolkenschloss exakte Begriffe mit klar definierten Bedeutungen sind, möchte ich kurz erklären, wofür diese beiden Bildworte hier – nicht nur nebeneinander, sondern durchaus auch gegeneinander – stehen:

Ein »Traumhaus« ist für mich ein Traum von einem Haus, aber ein Traum, der wahr werden kann. Ich wohne in einem, in meinem Traumhaus. Es ist kein Prachtbau mit Park und Pool, es ist fast zu klein für unsere große Familie, und doch passt es uns »wie angegossen«: ein kleiner Lebens-Raum, in dem wir zu uns kommen, um mit neuem Mut und neuer Kraft wieder hinauszugehen in den großen Lebens-Raum dieser Welt.

Und was ist ein Wolkenschloss? Für mich ist es – anders als das Traumhaus – keine noch verborgene, aber auszubauende Möglichkeit, sondern eine Illusion, eine Wunschfantasie, die in die Irre führt, weil wir darin weder heimisch werden noch neue Kraft schöpfen können für den weiteren Weg.

Anders gesagt: Das Traumhaus ist ein *surrealer* Raum. Mein Traumhaus finde ich nicht auf den Hochglanzbroschüren von Lotterien und Bausparkassen, ich entdecke es vielleicht beim Bauen oder auch erst, wenn ich darin wohne. Das Wolkenschloss hingegen ist ein *irrealer* Raum. Es bedeutet nur Flucht aus, nicht Zuflucht in der Welt.

Viele Volksmärchen erzählen – ohne diese Worte zu gebrauchen – von Traumhäusern, in denen wir so zu uns kommen, dass sich das Leben zum Besseren wendet, dass unsere Träume lebendig werden. Aber sie erzählen auch von Wolkenschlössern, die uns nicht weiterbringen, vielleicht sogar abbringen vom Weg. Weil Ermutigung wichtiger ist als Warnung, darum erzählen die Geschichten dieses kleinen Bandes mehr von »Traumhäusern«, von surrealen Lebenschancen, als von »Wolkenschlössern«, wenn es auch bei mancher Erzählung gar nicht eindeutig sein mag, in welchen Raum sie uns führt.

Aber das Märchen erzählt nicht nur von Lebens-Räumen, es ist auch Lebens-Raum. Und so können und müssen wir auch das Märchen selbst befragen, was es für uns ist, oder besser, uns befragen, was das Märchen für uns sein soll: ein Wolkenschloss, in dem wir das Leben verträumen, oder ein Traumhaus, in dem der Mut wächst, Träume zu leben? Ist es ganz »abgehoben« von unserem alltäglichen Leben oder traumtief darin verborgen? Hilft es, dem Leben standzuhalten, oder dient es nur dazu, ihm auszuweichen?

Zwanzig Märchen von Wolkenschlössern und Traumhäusern, in denen wir zu uns selber kommen, enthält dieses Büchlein, und zu jedem der Märchen (die überwiegend, aber nicht durchgängig typische Volksmärchen sind) gibt es einen kurzen Hinweis, der aufmerksam machen möchte für das Märchen, der nach seinem Tief- und Hinter-Sinn fragt, der aber keine ausführliche Interpretation sein soll. Denn das Märchen ist – wie jedes Kunstwerk – wichtiger als jeder gelehrte Kommentar und jede tiefsinnige Interpretation.

Dass auch die hier zusammengetragenen Märchen wie ein kleiner goldener Schlüssel Lebens-Räume um uns und in uns erschließen, dass wünsche ich mir und Ihnen.

Heinrich Dickerhoff

Frau Holle

Eine Witwe hatte zwei Töchter, davon war die eine schön und fleißig, die andere hässlich und faul. Sie hatte aber die hässliche und faule, *weil sie ihre rechte Tochter war,* viel lieber, und die andere musste alle Arbeit thun und war recht der Aschenputtel im Haus. *Es musste sich täglich hinaus auf die große Straße bei einen Brunnen setzen und so viel spinnen, dass ihm das Blut aus den Fingern sprang. Nun trug es sich zu, dass die Spuhle einmal ganz blutig war, da bückte es sich damit in den Brunnen und wollte sie abwaschen, sie sprang ihm aber aus der Hand und fiel hinab. Weinend lief es zur Stiefmutter und erzählte ihr das Unglück, sie schalt es aber heftig und war so unbarmherzig, dass sie sprach:* »Hast du die Spuhle hinunterfallen lassen, so hol sie auch wieder herauf!« *Da ging das Mädchen zu dem Brunnen zurück und wusste nicht, was es anfangen sollte, und sprang in seiner Angst in den Brunnen hinein.*

Als es erwachte und wieder zu sich selber kam, war es auf einer schönen Wiese, da schien die Sonne und waren viel tausend Blumen. Auf dieser Wiese ging es fort und kam zu einem Backofen, der war voller Brot; das Brot aber rief: »Ach! zieh mich raus, zieh mich raus, sonst verbrenn' ich, ich bin schon längst ausgebacken!« Da trat es fleißig herzu und holte alles heraus. Danach ging es weiter und kam zu einem Baum, der hing voll Äpfel und rief ihm zu: »Ach! schüttel mich! schüttel mich! Wir Äpfel sind alle miteinander reif!« Da schüttelt' es den Baum, dass die Äpfel fielen, als regneten sie, und schüttelte, bis keiner mehr oben war; und als es alle in einen Haufen zusammengelegt hatte, ging es wieder weiter. Endlich kam es zu einem kleinen Haus, daraus guckte eine alte Frau, weil sie aber so große Zähne hatte, ward ihm

Angst, und es wollte fortlaufen. Die alte Frau aber rief ihm nach: »Fürcht' dich nicht, liebes Kind, bleib bei mir, wenn du alle Arbeit im Haus ordentlich thun willst, so soll dirs gut gehn: Nur musst du recht darauf Acht geben, dass du mein Bett gut machst, und es fleißig aufschüttelst, dass die Federn fliegen, dann schneit es in der Welt*; ich bin die Frau Holle.« Weil die Alte so gut sprach, willigte das Mädchen ein und begab sich in ihren Dienst. Es besorgte auch alles nach ihrer Zufriedenheit und schüttelte ihr das Bett immer gewaltig auf, dass die Federn wie Schneeflocken umherflogen; dafür hatte es auch ein gut Leben bei ihr, kein böses Wort und alle Tage Gesottenes und Gebratenes.

Nun war es eine Zeit lang bei der Frau Holle, da ward es traurig in seinem Herzen und wusste anfangs selbst nicht, was ihm fehlte; endlich merkte es, dass es Heimweh war, ob es hier gleich viel tausendmal besser war als zu Haus, so hatte es doch ein Verlangen dahin; endlich sagte es zu ihr: »Ich hab den Jammer nach Haus kriegt, und wenn es mir auch noch so gut hier geht, so kann ich doch nicht länger bleiben, ich muss wieder hinauf zu den Meinigen.« Die Frau Holle sagte: »Du hast Recht, und weil du mir so treu gedient hast, so will ich dich selbst wieder hinaufbringen.«

Sie nahm es darauf bei der Hand und führte es vor ein großes Thor. Das Thor ward aufgetan, und wie das Mädchen darunter stand, fiel ein gewaltiger Goldregen, und alles Gold blieb an ihm hängen, so dass es über und über davon bedeckt war. »Das sollst du haben, weil du so fleißig gewesen bist«, sprach die Frau Holle und gab ihm auch noch die Spuhle wieder, die ihm in den Brunnen gefallen war. Darauf ward das Thor verschlossen, und es war oben auf der Welt, da ging es

---

* Darum sagt man in Hessen, wenn es schneit: Die Frau Holle macht ihr Bett.

heim zu seiner Mutter Haus, *und als es in den Hof kam, saß der Hahn auf dem Brunnen und rief:*

»Kikeriki! Unsere goldene Jungfrau ist wieder hie!«

Da ging es hinein zu seiner Mutter, und weil es so mit Gold bedeckt ankam, ward es gut aufgenommen.

Als die Mutter hörte, wie es zu dem Reichtum gekommen war, wollte sie der andern hässlichen und faulen Tochter gern dasselbe Glück verschaffen, und sie musste sich auch *an den Brunnen setzen und spinnen; damit ihr die Spuhle blutig ward, stach sie sich in den Finger und zerstieß sich die Hand an der Dornenhecke. Danach warf sie sie in den Brunnen und sprang selber hinein.* Sie erwachte, wie die andere, auf der schönen Wiese und ging auf demselben Pfad weiter. Als sie zu dem Backofen gelangte, schrie das Brot wieder: »Ach! zieh mich raus, zieh mich raus, sonst verbrenn' ich, ich bin schon längst ausgebacken!« Die Faule aber antwortete: »Da hätt' ich Lust, mich schmutzig zu machen!«, und ging fort. Bald kam sie zu dem Apfelbaum, der rief: »Ach! schüttel mich! schüttel mich! Wir Äpfel sind alle miteinander reif!« Sie antwortete aber: »Du kommst mir recht, es könnt' mir einer auf den Kopf fallen!«, und ging damit weiter. Als sie vor der Frau Holle Haus kam, fürchtete sie sich nicht, weil sie von ihren großen Zähnen schon gehört hatte, und verdingte sich gleich zu ihr. Am ersten Tag that sie sich Gewalt an und war fleißig und folgte der Frau Holle, wenn sie ihr etwas sagte, denn sie dachte an das viele Gold, das sie ihr schenken würde; am zweiten Tag aber fing sie schon an zu faulenzen, am dritten noch mehr, da wollte sie morgens gar nicht aufstehn, sie machte auch der Frau Holle das Bett schlecht und schüttelte es nicht recht, dass die Federn aufflogen. Das ward die Frau Holle bald müd und sagte der Faulen den Dienst auf.

Die war es wohl zufrieden und meinte, nun werde der Goldregen kommen, die Frau Holle führte sie auch hin zu dem Thor; als sie aber darunter stand, ward statt des Golds

ein großer Kessel voll Pech ausgeschüttet. »Das ist zur Belohnung deiner Dienste«, sagte die Frau Holle und schloss das Thor zu. Da kam die Faule heim, ganz mit Pech bedeckt, und das hat ihr Lebtag nicht wieder abgehen wollen. *Der Hahn aber auf dem Brunnen, als er sie sah, rief:*
»Kikeriki! Unsere schmutzige Jungfrau ist wieder hie!«

(Deutschland)

(Diese Erzählbearbeitung basiert auf folgenden Grimm'schen Fassungen des Märchens: Urfassung 1812; *2. Auflage von 1819;* Ausgabe letzter Hand von 1857)

Nach-gedacht

Am Anfang unserer Märchensammlung steht das bekannte Grimm'sche Märchen »Frau Holle«, allerdings in einer Erzählfassung, zusammengestellt anhand von drei Ausgaben der Grimm'schen Sammlung. Für mein Sprachempfinden verbindet sie die im Grunde märchentypische sprachliche Kargheit der Urfassung von 1812 mit einigen der zauberhaften Ausgestaltungen Wilhelm Grimms aus späterer Zeit. Die Geschichte selbst ist freilich immer gleich:

Da sind zwei ungleiche Schwestern, die eine schön und fleißig, aber von der Mutter ungeliebt, die andere hässlich und faul. »Schön« meint im Märchen nicht das gefällige Äußere, sondern die innere Wahrheit, und »fleißig« meint nicht eine etwas spießige Arbeitsmoral, sondern eine Haltung, die dem Leben dienen will. »Faul« ist hingegen, wer sich vom Leben bedienen lässt. Doch in der Welt, so scheint es, sind die Faulen oft genug besser dran.

Die schöne Schwester aber springt in ihrer Angst und Verzweiflung in den Brunnen, kommt »unten« zu sich selbst, findet in der Tiefe einen Weg, sie hört, was auf diesem Weg von ihr gefordert wird, und erfüllt den Lebens-Anspruch absichtslos: Sie holt das Brot goldbraun aus dem Ofen, sie schüttelt die Äpfel goldgelb vom Baum, ohne zu fragen, was sie davon hat – und golden wie Brot und Äpfel wird auch sie, als sie nach dem Aufenthalt im Traumhaus der Frau Holle durch das Tor in die Alltagswelt zurückkehrt, golden auch wie die Sonne, die der Hahn am Morgen begrüßt.

Die Faule geht den gleichen Weg, aber nicht unter »Leidensdruck«, sondern aus Berechnung. Sie weiß ja schon über alles Bescheid und will nur auf billige Weise reich werden. Doch sie hat nichts als Pech. Sie lässt das Brot im Ofen schwarz brennen und die Äpfel am Baum verfaulen, und schwarz wie das verbrannte Brot und die verfaulten Äpfel wird sie selbst zurückkehren an die Oberfläche der Welt. Frau Holles Haus erweist sich für sie als Wolkenschloss, als Illusion, und ihre Rückkehr in die Alltagswirklichkeit bedeutet nichts als bittere Ent-Täuschung.

Der Weg zum Traumhaus, sagt mir das Märchen, ist weder ein gemütlicher Spaziergang noch eine wohl kalkulierte Investition. Ich erreiche die Traumhäuser zumeist wohl nur unter Schmerzen, leidend an der Welt, so wie sie ist, und an meinem Leben, so wie es ist. Und wenn ich das Traumhaus gefunden habe, so bedeutet es wieder Arbeit und nicht Verwöhnung, Arbeit freilich mit Vollpension und ohne böse Worte. Und doch muss ich aus dem Traumhaus zurückkehren in die Alltagswelt, die meine Heimat ist. Denn ich werde nicht jemand anderes im Traumhaus, ich bin keine Traumgestalt, kein Wesen der Anderswelt. Und ich werde im Traumhaus auch nicht jemand anderes, aber ich komme so zu mir, dass ich, wenn ich zurückkehre, den anderen anders erscheinen mag. Was ich absichtslos tue, ohne Berechnung, das wird sich auszahlen. Wer aber seine Haltung zum Leben schlau kalkuliert und seine Freundlichkeit nur gezielt und berechnend investiert, der wird Pech haben und aus allen Wolken fallen.

Die Mammadráa

Es war einmal eine Mutter. Die hatte eine Tochter, und diese hieß Sophia. Eines Tages sagte die Mutter: »Sophia, Sophia, nimm das Scheffelchen und geh den Dreck wegwerfen.«

Es gab da einen tiefen Pfuhl, und Sophia ging hin und warf den Dreck hinein. Die Leute erzählten, in diesem Pfuhl wohne die Mammadráa. Wie Sophia den Dreck wegwirft, fällt ihr das Scheffelchen aus der Hand hinunter in den Pfuhl. Sie beugt sich über das Wasser und sagt: »Mammadráa, Mammadráa, gib mir das Scheffelchen herauf.«

Da sagt die Mammadráa: »Komm runter. Komm runter und hol es dir.«

»Nein, ich komm nicht runter, denn dann frisst du mich«.

»Nein, dann fress' ich dich nicht! Bei der Seele meines Sohnes: Ich werd' dich nicht fressen!«

»Und wie kann ich runterkommen?«

»Setz einen Fuß vor den anderen und steig herab!«

Sophia hatte Angst, meine Mutter prügelt mich, wenn ich das Scheffelchen nicht zurückbringe, denkt sie. Und so steigt sie hinab. Wie die Mammadráa sie da unten sieht, umarmt sie sie feste. »Oh, wie schön du bist, meine Sophia, wie schön du bist!«

Dann sagt sie zu dem Mädchen: »Kehre mein Haus aus.« Das Mädchen kehrt ihr das Haus aus. Als es fertig ist, sagt die Mammadráa: »Was ist in meinem Haus?« Sophia sagt: »Ach, nur Drecklein und Erdlein, wie bei andern Leuten auch.«

Darauf sagt die Mammadráa: »Such mir den Kopf ab. Sag, was findest du auf meinem Kopf?« Sophia sucht den Kopf ab und sagt: »Ach, nur Nisslein und Läuslein, wie bei andern Leuten auch.«

Nun sagt die Mammadráa noch: »Mach mir das Bett. Jetzt sag, was findest du in dem Bett?«

»Ach, nur Wänzlein und Flöhlein, wie bei andern Leuten auch.«

Da sprach die Mammadráa: »Wie schön du bist, Sophia! Auf deiner Stirn soll dir ein Stern aufgehen, der so glänzt, dass alle die Augen senken müssen, wenn sie dich ansehen. Wie schön ist dein Kopf! Auf deinem Kopf sollen dir Haare wie Goldfäden wachsen. Wenn du dich kämmst, werden auf der einen Seite Perlen und Diamanten herunterfallen und auf der anderen Seite Gerste und Weizen!«

Dann nahm die Mammadráa das Mädchen bei der Hand und führte es in ein Zimmer. Dort gab es viele Kleider, alte und neue. Sie fängt mit den Strümpfen an: »Ein Paar schöne und ein Paar alte, welche von denen willst du?« Sophia sagt, sie wolle die alten. »Und ich gebe dir die neuen.« Dann das Hemd, Sophia will das alte – die Mammadráa gibt ihr das bessere. Und der Rock, Sophia will den älteren – und bekommt den neueren. So geht es weiter, bis sie ganz neu eingekleidet ist, mit so schönen Kleidern, dass sie aussieht wie ein Püppchen aus Deutschland. Zuletzt gibt die Mammadráa ihr noch ein Sümmchen Geld. Dann steigt Sophia wieder hinauf.

Wie die Mutter Sophia sieht, freut sie sich: »Ach ist das schön! Und wie bist du so geworden?« Und da erzählt Sophia, wie sich alles zugetragen hat.

Wir alle wissen doch, wie das in der Nachbarschaft so ist! Eine Gevatterin fragt die Mutter über alles aus, und die Mutter von Sophia erzählt ihr nur zu gerne die Füllung der Pastete.

Diese Gevatterin hatte auch eine Tochter, die war hässlich wie ein Messerstich. Sie sagte zu ihr: »Hör auf deine Mutter.

Hast du bei Sophia gesehen, was ihr die Mammadráa alles geschenkt hat? Geh, wirf auch den Dreck in den Pfuhl, das Scheffelchen hinterher und dann hole es dir von der Mammadráa zurück.«

Die Hässliche machte es genau so. Sie nimmt das Scheffelchen, wirft es mit dem Dreck in den Pfuhl und ruft zum Wasser hinunter: »Mammadráa, Mammadráa, gib mir das Scheffelchen herauf.«

Und die Mammadráa sagt: »Komm runter, komm runter und hol es dir.«

Die Hässliche lässt sich nicht lange bitten und steigt hinab in den Pfuhl. Die Mammadráa lässt sie auskehren und fragt: »Was ist in meinem Haus?«

Sie antwortet: »Ein Haufen Schmutz und Erde, wie bei dreckigem Lumpenpack.«

Dann sagt die Mammadráa: »Such mir den Kopf ab, und sag, was findest du auf meinem Kopf?«

»Dicke Läuse und Nissen, wie bei dreckigem Lumpenpack.«

Nun sagt die Mammadráa noch: »Mach mir das Bett, jetzt sag, was ist in dem Bett?«

»Dicke Wanzen und Flöhe, so wie bei dreckigem Lumpenpack.«

»Wie hässlich du bist – an deiner Stirn soll ein stinkendes Horn wachsen, und wenn du dich kämmst, dann wird aus deinen Haaren auf der einen Seite Mist herunterfallen und auf der anderen Seite stinkender Kot!«

Und dabei hatte sich die Hässliche schon so gefreut!

Dann ging die Mammadráa mit ihr in ein Zimmer. Dort waren alte und neue Kleider. Sie legt ihr die Strümpfe vor und sagt: »Welches Paar willst du?«

»Welche ich will? Die schönen!«

»Und ich gebe dir die alten.«

Dann legt sie ihr das Hemd vor, es geht genau so; dann den Rock – wieder das Gleiche, und dann weiter so, bis sie wie eine schmutzige Küchenmagd angezogen ist. Am Ende gibt die Mammadráa ihr noch eine schallende Ohrfeige und sagt: »Verschwinde!«

Dann stieg die Hässliche wieder hinauf. Wie ihre Mutter sie sieht, ruft sie: »Tochter, ach Tochter, wie ist denn das passiert?«

»Das hat die Mammadráa gemacht!«

Da ging das Gezanke los zwischen den beiden Gevatterinnen. Was soll's! Die eine blieb hässlich und stinkend. Sophia aber war, so lange sie lebte, reich und über die Maßen schön.

(Sizilien)

Nach-gedacht

»Mammadráa« ist unverkennbar die sizilianische Schwester der »Frau Holle«, viele Motive dieses Märchens und die grundsätzliche Struktur wiederholen sich in dieser recht originellen Variante. Sophia, so wird die »Goldmarie« hier genannt, lässt nicht eine Spindel in den Brunnen, sondern eine Dreckschaufel in den Pfuhl fallen. Sie weiß, anders als ihre Grimm'sche Schwester, um die Bewohnerin der Tiefe, aber die Angst vor der eigenen Mutter ist noch größer als die vor der unbekannten Mammadráa. Doch die nimmt sie unten herzlich in Empfang: »Wie schön du bist!« Eine doppelte Prüfung muss Sophia bestehen, zunächst durch das Reinigen von Haus, Haar und Bett der Mammadráa, dann durch die Auswahl von Kleidern. Geprüft wird aber nicht der »Fleiß«, die tatkräftige Achtsamkeit und Hilfsbereitschaft, sondern eine doppelte Bescheidenheit und Zurückhaltung. Angesichts des Schmutzes in Haus, Haar und Bett der Mammadráa urteilt Sophia nicht von oben herab, sondern begibt sich auf die gleiche Stufe: Es ist alles »wie bei andern Leuten auch«, also auch bei ihr, es ist kein Grund für Spott oder Herablassung. Denn gewiss stammt der Schmutz aus der Menschenwelt, gewiss hat nicht nur Sophia den eigenen Dreck in den Pfuhl der Mammadráa geworfen. Weil sie das Hässliche und Unvollkommene freundlich annimmt, darum wird ihr von der Mammadráa ihre Schönheit bestätigt und verstärkt. Zur Bescheidenheit im Urteil, das auf Sophia zurückfällt, kommt die Bescheidenheit im Anspruch: Sophia wählt die alten abgetragenen Kleider – und bekommt die kostbaren neuen, und dazu noch »ein Sümmchen Geld«.

Ihr dunkles Spiegelbild, hier keine Schwester, wählt märchentypisch den falschen Weg, sie sieht nicht den Balken im eigenen Auge und den eigenen Dreck in Haus und Haar und Bett der Mammadráa, sie urteilt und verurteilt und verurteilt dabei zugleich sich selbst; ihr Ekel, ihre hässliche Verachtung bringt nur die eigene Hässlichkeit ans Licht. Und als sie die besten Kleider beansprucht, bekommt sie Lumpen und Schläge.

»Aus dir wird werden, was in dir ist« – das zeigt sich im Haus der Frau Holle wie in dem der Mammadráa. Ob dieses Haus für dich ein Traumhaus sein wird oder ein nichtsnutziges Wolkenschloss, das liegt an dir, liegt daran, wie du hineingehst – mit einem Traum vom Leben, den du selbst nach Kräften wahr machen willst, oder mit einem völlig überzogenen Anspruchsdenken und einer Überheblichkeit, die dich nur dumm und blind und hässlich macht.

Es gibt eine in alten arabischen Quellen überlieferte kleine Jesus-Legende, die zu diesem Märchen passt: *Jesus ging mit seinen Aposteln an einem toten Hund vorbei, der stank schon. Die Apostel sagten: »Wie schrecklich dieser Hund stinkt!« Jesus erwiderte: »Was für schöne weiße Zähne er hat!«* (Agraphon 189 nach Berger, Neues Testament und frühchristliches Schrifttum).

Hans und Grete
und das verwünschte Schloss

Es lebte einmal ein armer Holzhauer, der den ganzen Tag im Wald arbeitete. Seine Kinder, Hans und Grete, mussten ihm jeden Mittag das Essen bringen.

Einmal spielten sie und verliefen sich. Sie irrten umher, bis es dunkel wurde, und fürchteten sich. Da gingen sie geradeaus und meinten, aus dem Wald herauszukommen. Auf einmal standen sie auf einem großen schönen Platz vor einem Schloss. Sie klopften ans Tor, und als sich nichts rührte, gingen sie hinein, weil sie hungrig und durstig waren. Im Schloss glänzte und glitzerte alles von Gold, Silber und Marmor. In einem großen Saal war der Tisch gedeckt. Weil niemand zu sehen war, setzten sie sich, nahmen aber nur ein wenig trockenes Brot und Wasser und Milch. Dann sahen sie die vielen Stuben im Schloss an. Schöne Schlafkammern mit weichen Betten fanden sie, aber sie gingen weiter, bis sie auf dem Boden eine einfache Kammer mit einem harten Bett fanden, und legten sich schlafen.

Als um Mitternacht eine Uhr laut durch das Schloss dröhnte, wachten sie auf. Beim zwölften Schlag wurde die Haustür aufgerissen, laut wieder zugeschlagen, und dann rumorte es im Erdgeschoss. Sie hörten, wie jemand, tipp, tapp, die Treppen heraufkam.

Hans rief leise: »Grete, ich fürchte mich!«

Sie aber flüsterte: »Hans, sei doch still!«

Beide Kinder kletterten aus dem großen Bett heraus und krochen hinter den Ofen. Jetzt war jemand die Bodentreppe heraufgekommen und suchte überall herum.

»Grete, ich fürchte mich!«

»Hans, sei still!«

Endlich wurde an die Tür der kleinen Kammer gefasst, und sie konnten sehen, dass ein schwarzer, scheußlicher, kleiner Kerl hereinkam. Er sprang auf das Bett, riss alles auseinander, fand aber nicht, was er suchte. Er hüpfte in der Kammer herum, warf alles um, polterte laut und kam in die Nähe des Ofens. Da sah er die Kinder, sprang auf sie zu, wollte sie fassen. Bumm, die Uhr schlug eins. Der Kerl war verschwunden, es war still. Da waren die beiden Kinder froh, räumten alles wieder zurecht, legten sich hin und schliefen wieder bis zum frühen Morgen.

Am nächsten Tag konnten sie auch keinen Menschen erblicken, der Tisch aber war immer gedeckt. So blieben sie in dem Schloss, wohin sollten sie auch?

In der Nacht erwachten sie wieder, als es zwölf schlug, es rumorte genauso. Die Kinder krochen in den kleinen Schrank, und wieder kam der schwarze Kerl in die Kammer und suchte herum. Als er aber die Schranktür aufmachte und die Kinder packen wollte, schlug es ein Uhr, und er war verschwunden. Wieder schliefen die Kinder in aller Ruhe.

Am nächsten Tag blieben sie auch im Schloss, konnten sie sich doch hier satt essen. Aber sie nahmen immer nur wenig.

In der nächsten Nacht stiegen sie in den Schornstein hinauf. Da bemerkten sie, dass der schwarze Kerl fast weiß war, nur die Füße waren noch schwarz. Er suchte wie wild herum, rumorte und tobte in der Kammer herum. Aber er fand die Kinder nicht. Die beiden waren froh und erwachten erst spät am Morgen. Sie wunderten sich, weil alles anders war. Um das Schloss herum war jetzt ein Park, wo früher dichter Wald gewesen war. Im Schloss schien alles lebendig zu sein, aber es gab nichts zu essen, kein Tisch war gedeckt. Da überlegten sie: »Was sollen wir noch hier, hungern können wir zu Hause!« Sie fassten sich an die Hände, stiegen die Treppe hinab und wollten fort.

Da hörten sie Musik, und als sie aus dem Tor traten, kam ein fröhlicher, ein großer Zug daher. Zuerst Musik, dann Prinz und Prinzessin, und dann viele feine Leute mit Kutschen und Pferden. Der Prinz und die Prinzessin sprangen vom Pferd und nahmen Hans und Grete in die Arme.

»Ihr habt uns erlöst. Wir waren verwünscht und konnten nur erlöst werden durch zwei fromme, mutige, bescheidene Kinder. Das seid ihr gewesen!«

Sie haben Hans und Grete viel geschenkt und in einer Kutsche zu den Eltern zurückgebracht und auch sie reich beschenkt.

Prinz und Prinzessin lebten glücklich im Schloss, und Hans und Grete hatten bei den Eltern keine Not mehr.

Und wenn sie nicht gestorben sind, leben sie noch heute.

(Deutschland)

Nach-gedacht

Ein typisches Volksmärchen, das die aus dem Grimm'schen »Hänsel und Gretel« bekannte Grundidee der verirrten Kinder mit anderen märchentypischen Motiven verbindet, dazu von Gertrud Hempel in die ihr eigene prägnante Sprachform gebracht.

Die Kinder finden in größter Not ein Märchenschloss, aber sie nehmen dieses unverhoffte Glück nicht selbstsicher in Besitz, sie beanspruchen nur das Lebensnotwendige; ihnen ist klar, dass sie nicht hierhin gehören. Welche Bedrohung und Versuchung wir auch immer in dem nächtlichen Spuk sehen, er kann die Kinder nicht fassen. In der letzten Nacht verstecken sie sich im Schornstein, am Platz des Aschenputtels, das den Kamin von innen auskehren muss, da kann der nächtliche Spuk ihnen nichts anhaben. Vielmehr hellt sich die Bedrohung auf, und am Morgen ist das Schloss erlöst. Aber die Kinder stellen nur nüchtern fest, dass es nun nichts mehr zu essen gibt, »was sollen wir noch hier«, und sie verlassen das Märchenschloss. Und erst da, als sie das Schloss hinter sich lassen, begegnet ihnen das erlöste Prinzenpaar, das sie reich belohnt und heimbringt.

Das Märchen in seiner kurzen Form lässt nur ahnen, was den Kindern geschehen wäre, wenn sie von der großen Tafel gegessen und im seidenen Himmelbett geschlafen hätten – es hätte gewiss ein böses Erwachen gegeben.

Nun kann man gewiss kritisch fragen, ob dieses Märchen mit seinem Lob der Bescheidenheit nicht doch jene »Moral von oben« ausspricht, die den »kleinen Leuten« ans Herz legt, immer hübsch klein und bescheiden zu bleiben und nicht mehr zu erwarten als trockenes Brot und harte Betten.

Aber es ist auch richtig und »weise«, dass wir manche Lebensmöglichkeit, die sich uns überraschend eröffnet, besser mit Vorsicht genießen, wenn wir spüren, dass sie nicht wirklich zu uns passt. Ist ein Haus zu groß für seine Bewohner, so wird es unheimlich, und die darin hausen bleiben unbehaust. So ist es wohl auch mit Traumhäusern, mit manchen Lebensträumen. Weil die Kinder das Märchenschloss nicht einfach als ihr Zuhause ansehen, weil sie spüren, dass es ein verwunschenes Wolkenschloss mit dunklen Seiten ist, darum kann es ihnen, als sie es hinter sich lassen, doch noch zum Glück bringenden Traumhaus werden.

So wiederholen sich hier zwei Traumhaus-Erfahrungen, die uns schon in den ersten beiden Märchen begegnet sind, und die wir auch in den folgenden immer wieder entdecken können:

- Das Traumhaus ist kein Schlaraffenland, sondern immer auch »Dienst« und Prüfung, eine Herausforderung unserer Ver-Antwortung. Wer aber diese Erfahrung der Anderswelt nur Gewinn bringend ausnutzen und hier sein Glück machen will, der wird ent-täuscht.
- Das Traumhaus in der Anderswelt eignet sich nicht als Stammsitz, es ist eine begrenzte Erfahrung, aus der nur der Glück und Reichtum gewinnt, der bereit ist, heimzukehren in seine Alltagswelt.

Das Königsschloss unter der Alm

Vor langer Zeit, wars gestern, wars heut, gab es einen reichen Bauern. Er hatte einen großen Hof und viel Gesinde. Jörgl, der Großknecht, war stattlich und klug. Er konnte wirtschaften. Aber er war der Sohn einer armen Magd. Die Tochter des Bauern, Sali, hatte den Jörgl lieb und er sie auch. Sie wollten gern Mann und Frau werden. Endlich im Mai fasst sich Jörgl ein Herz. Er tritt vor den Bauern: »Gib sie mir zur Frau!«

Der hochmütige Bauer findet das so dumm, dass er nicht einmal zornig wird, er lacht: »Jörgl, wenn das Schloss unter der Alm erlöst ist, wenn es wieder ein richtiges Königsschloss ist, sage ich ja, vorher nicht!«

Jörgl dreht sich wortlos um, er lässt den Kopf hängen, Tränen kommen. Die Sali tröstet ihn. Beide haben sie nie von einem solchen Schloss gehört. Der Bauer aber warnt Sali: »Gib dich ja nicht mehr mit dem Jörgl ab!«

Der Jörgl geht zur Großmutter. Sie lebt in einer armseligen Badstubenkeuschen mit ihrem Enkel, dem jüngeren Bruder Jörgls. »Ahnl, gibt es ein verwunschenes Schloss unter der Alm?«

»Jörgl, wie kommst du darauf? Ja, da hat ein Schloss gestanden. Ich habe es von meiner Ahnl gehört und die hats von ihrem alten Mandl. Der ist im Schloss ein- und ausgegangen. Das soll so gewesen sein: Der König hatte eine einzige Tochter. Eines Tages ist einer gekommen und hat für seinen Sohn, einen Lindwurm, um die Tochter gefreit. Das Mädchen hat beide ausgelacht. Sie ahnt nicht, dass der Lotter zaubern konnte. Er hat alles in eine Wüstenei verwandelt. Die Diener leben als wilde Nachtvögel. Die Königstochter wird in einem

Raum von dem Wurm bewacht, der Vater steht am Eingang. Sie warten darauf, dass die Königstochter eines Tages ‚ja' sagt.«

»Ahnl, weißt du, wie alles erlöst werden kann?«

»Ja, das weiß ich auch. Ein unschuldiger Bub muss die Königstochter herausführen. Aber Jörgl, wer weiß das, wer kennt den Weg?«

»Ach Ahnl, ich kann den Bauern nicht im Stich lassen. Er stöhnt. Er ist so traurig.«

Der Hansl hockt in der Ecke am Herd. Er ist etwas verwachsen, seine linke Hand hängt lahm herab. Er ist gescheit. Kühe hüten kann er gut. Er hat Tiere gern und schützt sie vor bösen Buben. Zur Knechtsarbeit langt es aber nicht. Jetzt hat er gut zugehört: »Weißt Jörgl, ich habe Zeit, ich gehe für dich, ich versuche es.«

Schon am nächsten Morgen nimmt er den Buckelkorb. Die Ahnl gibt ihm ein großes Stück Brot mit. Er geht, so schnell er kann, dem Wald zu. Da, ein Vogel hüpft vor ihm her und schreit. Hansl fasst in den Korb und bröckelt Brot auf den Weg für das Vogerl. Es pickt und fliegt davon. Hans kommt zum Scheideweg. Wohin soll er? Da hüpft der Vogel vor ihm her, fliegt auf, und ein Blümerl fällt ihm vor die Füße. Hans hört es: »Steck das Blümerl an den Hut, es führt dich gut!« Er tut es, und schon weiß er den rechten Weg.

Er geht und geht. Da hört er ein Fauchen und Stöhnen. Er sieht einen Dachs im Eisen. »Armes Viecherl, wenn dich der Jäger erwischt, ist es aus mit dir.« Mit der gesunden Hand, es ist mühsam, macht er das Eisen auf. Der Dachs kriecht heraus. »Hansl, nimm Haar von mir, es nützt dir!« Fort ist das Tier. Hans nimmt die Wolle, die der Dachs im Eisen abgestreift hat, und steckt sie in seinen Hosensack.

Weiter geht es. Mittags isst er Brot. Weiter geht's. Er sieht zwei Krähen. Sie fliegen um eine verwitterte Lärche. Hans schaut hinauf. Ein Iltis kriecht auf ein Krähennest zu. Er fasst einen Stein, wirft, trifft nicht. Der zweite Stein trifft auch nicht, aber er vertreibt den Iltis. Die Krähen kommen tief herab: »Hans, nimm die Federn von unserem Kleid, sie bewahren dich vor Not und Leid!« Sie lassen drei Federn fallen. Hans steckt sie zu den Dachshaaren.

Weiter geht's. Es wird finster. Endlich findet er eine Hütte. Die Tür steht offen. Auf der Pritsche ist Heu und Moos. Er schläft und träumt von einem Schloss. Am Morgen ist es recht kalt, alles ist bereift. Da, was ist das? Ein schimmernder Käfer liegt starr und steif auf dem Rücken. Hans hebt ihn auf, hält ihn in der warmen Hand, haucht ihn an. Er kriecht. Hans hört es: »Du erbarmst dich, ich helfe dir!«

Hans findet einen Steig voller Gestrüpp. Es ist wie im Urwald. Fast kommt er nicht mehr vorwärts, aber er kehrt nicht mehr um. Das Blümerl fällt ihm ein. Ja, es ist noch am Hut, er ist auf dem rechten Weg. Bald wird es sumpfig, bald steinig. Felsen ragen empor. Ein Rudel großer schwarzer Raubvögel kommt daher. Gerade auf ihn zu. Er fürchtet sich, will um sich schlagen, fasst nach dem Schneuztüchel und hat die Krähenfedern in der Hand. Krähen kommen. Die Vögel weichen zurück, sie fliegen den Krähen nach. Hans kommt wieder vorwärts.

Auf einmal steht er vor einem grauen Gemäuer, eine Burg? Er jubelt. Als er näher herankommt, sieht er den starken Lotter, den Zauberer, vor dem Tor. Der droht ihm schon mit einem Prügel. Hans bricht einen Stecken ab. Wie aber soll er an dem starken Mann vorbeikommen? Die Viecherl fallen ihm ein. Er zieht die Wolle heraus. »He, Dachs!« Nichts rührt sich! Doch, der Lotter schlägt mit dem Prügel zu. Der Dachs ist da, er springt hin und her. Hans stürmt an dem Mann vorbei. Da ist der Zauberer zu Stein geworden, der Dachs ist verschwunden.

Durch den wild verwachsenen Schlosshof geht der Hansl. Eine zweite Mauer! Er nimmt den Hut ab, das Blümerl ist noch da! Durch eine kleine Tür kriecht er hindurch, kommt ins Schloss. Er sieht den Drachen. Unförmig ist er, hat Fratzen, glühende Augen starren ihn an. Hans erschrickt: »Wenn mir doch jemand helfen würde!« Der Käfer, er fliegt dem Lindwurm direkt ins Auge. Mit seiner riesigen Pratze schlägt der Lindwurm danach, vergisst den Hans und die Königstochter in der hinteren Ecke des Saales.

In diesem Augenblick springt der Hans vor, wichst dem Lindwurm kräftig eines auf den Puckel mit seinem Stecken und ist schon bei der Königstochter. Er fasst nur ihre Hände, er zieht sie fort. Da sieht er es: Der Lindwurm ist erstarrt! Schnell eilen die beiden am Drachen vorbei.

Da donnert es, wie ein Schneedonner rollt es im Gemäuer. Es wird hell! Alles ist verwandelt. Nun sehen sie den Vater der Prinzessin, den König. Er begrüßt die Tochter, den Hansl. Alle Menschen sind erlöst, im Schloss ist es lebendig. Ein Jubel! Der Hansl hat allen das Leben wiedergegeben. Der König segnet die beiden. Hans hat es eilig. Er muss zu dem Bauern, dem Jörgl und der Sali. Ein Kogelwagen fährt das Brautpaar hin. Der Urwald ist verschwunden, schöne Gärten und Felder sind da. Sie halten vor dem Bauernhof. Hansl tritt mit seiner Königstochter vor den Bauern: »Bauer, das Königsschloss unter der Alm ist erlöst. Meine Braut, die Königstochter, wird es dir berichten!« Sie kann nicht genug berichten von dem Hans und seinem Mut, seinen Schwierigkeiten und seiner guten Tat. Da muss der Bauer zustimmen, dass der Jörgl die Sali freit. Es gibt ein großes Hochzeitsfest im Königsschloss unter der Alm.

(Österreich)

Nach-gedacht

Noch ein Märchen von einem verwunschenen und dann erlösten Schloss, von einer vergessenen und dann ans Licht gebrachten königlichen Lebensmöglichkeit. Hier freilich gewinnt der Hansl, der verwachsene Krüppel, das Schloss für sich, zusammen mit der Prinzessin. Mir scheint, der Grund dafür könnte die Hochzeit sein, die in den drei vorangegangenen Märchen fehlt: Sie, Sinnbild für die Verbindung der Gegensätze, durch die das Leben fruchtbar wird, macht ihn zum königlichen Menschen, der zu Recht im Schloss feiert. Aber er vergisst in seinem Glück nicht das Unglück seines Bruders, für den er sich auf den Weg gemacht hat, er kehrt zuerst in die Alltagswelt zurück mit seiner königlichen Braut. Und die berichtet von der Erlösung des Schlosses, und die ganz und gar unstandesgemäße Hochzeit des Krüppels mit der erlösten Königstochter ermöglicht nun dem Bruder eine ebenfalls, wenn auch deutlich weniger, unstandesgemäße Hochzeit.

Fast zu deutlich wird im Märchen ausgemalt, wodurch Hansl die Erlösung bewirken kann. Nicht Stärke und Cleverness bringen ihn voran, sondern durch seine Gutherzigkeit, seine Freundlichkeit und sein Mitgefühl gewinnt er Tiere zu Freunden, und diese recht unscheinbaren Helfer – nicht Löwen oder Adler, sondern ein kleiner Vogel, Dachs und Käfer – helfen ihm, alle Hindernisse auf seinem Weg zu überwinden. Auch Hansl handelt ohne Berechnung, »sunder warumbe«, wie Meister Eckart schrieb, ohne Warum, ohne die Frage »Was habe ich davon?«. Wer so handelt, handelt königlich und passt in das verborgene Schloss.

Die Reise zur Sonne

Am Hof eines Königs lebte einst ein Küchenjunge. Und wenn's auch nur ein Küchenjunge war, so war's doch der schönste und beste Junge im ganzen Land. Nur dass kaum einer seine Schönheit sah unter dem hässlichen grauen Küchenkittel. Nur die Tochter des Königs hatte gleich erkannt, wie schön und gut er war. Sie waren beide noch Kinder, als sie sich zum ersten Mal trafen im Garten des Schlosses, und von da an waren sie Freunde, und es verging kein Tag, an dem sie sich nicht sahen und sich zumindest einmal zublinzelten.

Das wurde bekannt, und den Räten des Königs war's gar nicht recht. Die Königstochter und ein Küchenjunge! »Jagt den Jungen fort«, sagten sie, »eh' es ein böses Ende nimmt!« Da befahl der König, der Junge müsse Schloss und Reich verlassen. Doch die Prinzessin weinte so lange, bis ihr Vater den Befehl zurücknahm: »Es sind ja noch Kinder, mit der Zeit kommen sie schon zu Verstand.«

So blieb alles, wie es war, die Kinder sahen sich jeden Tag, und niemand durfte sie hindern. Sie wurden älter und wuchsen und hörten auf, Kinder zu sein – doch ihre Liebe, die hörte nicht auf, die wuchs mit ihnen und wurde immer inniger und fester. Als nun die Königstochter alt genug war, um zu heiraten, da kamen Königssöhne von allen Enden der Erde und baten um ihre Hand. Doch sie sah die fremden Königssöhne kaum an und dachte nur an ihren Freund, den Küchenjungen.

Der alte König war ratlos: »Mein Kind, gefällt dir denn keiner? Magst du keinen zum Mann?« Und immer gab sie die gleiche Antwort: »Doch, lieber Vater, einer gefällt mir sehr, das ist der Küchenjunge, und ich will keinen andern als nur ihn!«

Da fragte der König seine Räte. »Was soll ich tun? So viele Königssöhne wollen meine Tochter zur Frau – und sie will einen Küchenjungen!«

»Schafft den Jungen aus dem Weg!«, sagten die. »Gebt den Befehl, ihn zu töten.« Nein, davon wollte der König nichts hören. Da stand der Klügste seiner Ratgeber auf: »Mein König. Wenn Ihr den Tod des Jungen nicht wollt, so schickt ihn fort mit einem Auftrag. Und die Reise muss so lange dauern, dass er in hundert Jahren nicht wiederkehrt. Schickt ihn auf die Reise zur Sonne. Die soll er fragen, warum sie am Morgen höher und höher steigt und sich gegen Abend tiefer und tiefer neigt!«

Ja, dieser Rat gefiel dem König. »Wenn meine Tochter ihn so lang nicht sieht, wird sie den Jungen vergessen!« Und der König ließ den Küchenjungen rufen, gab ihm Reisegeld und schickte ihn auf die Reise zur Sonne. »Und komm erst zurück, wenn du die Antwort auf meine Frage weißt!«

Unter Tränen schied die Königstochter von ihrem Freund, mit schwerem Herzen machte der sich auf den Weg. Niemand konnte ihm raten, wohin er sich wenden sollte. Da folgte er seinem Herzen, ging nicht der Sonne entgegen, sondern dorthin, wo sie niedersinkt, ging und ging, auf einsamen dunklen Wegen, die schon lange kein Mensch mehr gegangen war, durch endlose Wälder, über grundlose Moore, so kam er in ein fremdes Reich.

Dort herrschte ein mächtiger König, der war aber blind. Dieser König rief den Jungen zu sich vor seinen hohen goldenen Thron. »Woher kommst du? Wohin gehst du? Wonach suchst du?«

»Ich bin auf der Reise zur Sonne, Herr König, ich muss ihr eine Frage stellen.«

»Zur Sonne gehst du, Sohn? Ich brauche einen Rat, den mir allein die Sonne geben kann. Willst du der Sonne, wenn du sie findest, eine zweite Frage stellen?«

»Das will ich gern, Herr König.«

»Gut. So frag sie, warum ich blind geworden bin trotz meiner Macht. Bringst du mir die Antwort, gebe ich dir die Hälfte meines Reiches!«

Und auch der blinde König gab dem Jungen Reisegeld, und der zog weiter der Sonne nach, über hohe Berge und durch tiefe Täler, wo nichts zu sehen und zu hören war, bis er zum Ufer des Meeres kam.

Unendlich schien das Meer, so weit, so tief, so wild. »Was soll ich nur tun?«, dachte er. »Dort hinter dem Meer sinkt die Sonne nieder, aber wie komm ich dorthin?«

Und wie er so am Ufer stand und nachsann, kam ein großer Fisch geschwommen, halb unter Wasser und halb darüber: unter Wasser war er ganz wie ein Fisch, sein Rücken über dem Wasser aber funkelte wie glühende Kohle, das kam vom Glanz der Sonne.

»Woher kommst du? Wohin gehst du? Wonach suchst du?«, fragte der Fisch.

»Ich bin auf der Reise zur Sonne. Zwei Fragen muss ich ihr stellen. Doch wie komm ich übers Meer?«

»Ich will dich auf meinem Rücken hinübertragen, wenn du der Sonne eine dritte Frage stellst. Warum kann ich nicht untertauchen im Meer wie die andern Fische? Willst du die Sonne das fragen?«

»Das will ich«, sagte der Junge, und dann trug ihn der Fisch auf seinem Rücken über das Meer zum andern Ufer. »Komm wieder hierher zurück. Ich warte hier auf dich.«

Der Junge nickte, dann wanderte er weiter durch glühend heiße trostlose Wüsten, wo kein Mensch zu sehen war und nicht einmal ein Vogel. So kommt er zum Ende der Welt.

Und da sieht er, wie die Sonne grad vor ihm zu Boden sinkt. Sie ruht sich aus im Schoß ihrer Mutter. Er tritt näher, verneigt sich und grüßt die Sonne. Die grüßt freundlich zurück, und da sagt der Küchenjunge, was er auf dem Herzen hat: »Drei Fragen muss ich Euch stellen, edle Sonne. Mit der ersten hat mich mein König ausgesandt: Er will wissen, warum Ihr am Morgen höher und höher steigt und Euch gegen Abend tiefer und tiefer zu Boden neigt.«

»Mein Lieber, frag doch deinen König, warum er als Kind mehr und mehr gewachsen ist und sich im Alter immer mehr zu Boden neigt. Nicht anders ist es mit mir. Jeden Morgen bringt mich meine Mutter neu zur Welt als einen schönen Knaben, und jeden Abend begräbt sie mich in ihrem Schoß als schwachen Greis.«

»Die zweite Frage gab mir ein mächtiger König mit, der nicht weiß, warum er blind geworden ist trotz all seiner Macht.«

»Ach, mein Lieber, nicht trotz seiner Macht, nein, wegen seiner Macht ist er blind. Er wollte sein wie Gott, hat sich einen goldenen Thron machen lassen und darüber einen Himmel aus Glas, mit Sternen übersät. Nun glaubt er, von solchem Thron aus könne er aller Welt befehlen. Doch nur wenn er von seinem Thron heruntersteigt und sich vor Gott zur Erde neigt und den gläsernen Himmel zerschlägt, wird ihm sein Augenlicht zurückgegeben.«

»Die dritte Frage stell ich für den großen Fisch, der mich übers Meer getragen hat. Warum kann er nicht untertauchen wie die andern Fische?«

»Weil er noch niemals Menschenfleisch gefressen hat. Doch verrate ihm die Antwort nicht, bis du sicher am anderen Ufer bist.«

Da dankte der Küchenjunge und nahm Abschied. Und die Sonne schenkte ihm zu ihrem Rat noch eine Nuss, darin war ein Sonnenkleid aus lichten Strahlen.

So kam er zurück zum Meeresufer, da wartete der Fisch schon auf ihn. »Weißt du die Antwort? Sag mir die Antwort! Warum kann ich nicht untertauchen im Meer?« Doch der Junge wollte nichts sagen, bevor er am anderen Ufer wäre. Also trug ihn der Fisch auf seinem Rücken übers Wasser.

Aber auf halbem Weg fing er wieder an: »Wie kann ich hinunter ins Meer? Sag's mir, oder ich werfe dich ins Wasser, dass du ertrinken musst!«

»Droh mir, so viel du willst, ich sag' nichts, bevor wir drüben sind!«

Und als sie zum Ufer kamen, sprang der Junge vom Rücken des Fischs herunter, und erst als er ein gutes Stück an Land war, drehte er sich um und rief zum Meer zurück: »Großer Fisch, großer Fisch, erst wenn du Menschenfleisch gefressen hast, kannst du untertauchen im Meer!«

Da geriet der Fisch in Wut, als wär der Teufel in ihn gefahren. Er peitschte das Meer mit seinem Schweif, dass die Wellen turmhoch übers Ufer rollten, und sie kamen dem Jungen nach: bis zu seinen Knöcheln, dann bis zu seinen Knien, endlich reichte ihm das Wasser bis zum Gürtel. Allein, er war schon zu weit an Land, da konnte ihm der Fisch nicht folgen. »Hat mich der Teufel jetzt nicht bekommen, so bekommt er mich nie!«

Und frohen Mutes zog der Junge weiter, dem Sonnenaufgang entgegen, und er fand seinen Weg ins Land des blinden Königs. Als der die Antwort der Sonne vernahm, stieg er von seinem Thron, warf sich in den Staub und ließ den gläsernen Himmel zerschlagen. Und gleich da sah er so hell, als sei er aus dem Grab an Gottes Sonnenlicht getreten. Und er schenkte, wie er versprochen hatte, dem Jungen das halbe Königreich. Nun war der Küchenjunge ein König geworden, doch er hielt sich nicht damit auf und eilte nach Haus.

Als er da endlich ankam, läuteten überall die Glocken und die Kirchentür stand weit offen. Und die Leute sagten, das wären die Hochzeitsglocken zur Hochzeit der Königstochter. Da öffnete der Junge die Nuss, warf das Sonnenkleid über und setzte sich in die Kirche, in die erste Bank.

Die Hochzeitsgäste wundern sich sehr über den schönen Fremden in dem lichten Kleid, sie flüstern, wer das denn sei, keiner kennt ihn.

Dann kommt die Braut, aber die fragt nicht lange, wer da sitzt, die hat ihren Freund gleich erkannt. Und sie fliegt zu ihm und schließt ihn in die Arme, und die zwei sind nicht mehr zu trennen – und die Hochzeit mit dem andern, die fällt natürlich aus.

Dann tritt der Küchenjunge in seinem Sonnenkleid vor den alten König, und er erzählt von seiner Reise und warum die Sonne steigt und sinkt. Und die Königstochter steht an seiner Seite, und sie lässt seine Hand nicht los. Da segnet der alte König das junge Paar, er steigt herab von seinem Thron, und Küchenjunge und Königstochter treten vor den Altar, und nach der Hochzeit herrschen sie als König und Königin glücklich bis an ihr Grab.

(Slowakei)

Nach-gedacht

Wie im vorigen Märchen wird auch hier ein Schloss gewonnen durch die Hochzeit mit der Königstochter, aber hier ist das zu gewinnende Schloss nicht verwunschen und versunken, es steht in der Alltagswelt, wo die Großen Herren ihre Töchter nicht an Küchenjungen geben. Wenn die beiden doch davon träumen und nichts anderes wollen, so scheinen sie in einem Wolkenschloss zu leben. Sie spinnen einen

Kindertraum, »aber mit der Zeit kommen sie gewiss zu Verstand«. Als sie nicht vernünftig werden, wird der Küchenjunge aus dem Weg geschafft, und er nimmt die Herausforderung an, er macht sich auf die Reise zur Sonne. Unbeirrt geht er seinen Weg bis ans Ende der Welt, geht bis in die Anderswelt. Typisch für viele Märchen ist, dass wir nicht wirklich eine Entwicklung des Jungen erkennen, er bleibt sich treu, ändert sich nicht; aber als er heimkehrt von der Reise, ändert sich, wie ihn die anderen sehen. Die Königstochter freilich liebt und erkennt ihn im Aschenkittel wie im Sonnenkleid.

Mir scheint, der Küchenjunge weiß schon immer um das Gesetz und Geheimnis der Sonne: Der für uns sichtbare Weg der Sonne führt durch Aufgang und Untergang, aber ob sie uns leuchtet oder uns zu verlöschen scheint, die Sonne bleibt, was sie ist, sie erhebt sich immer neu aus der Dunkelheit, die ihr kein Grab ist, sondern ein Mutterschoß. Und Sonnenkinder wissen, dass ihr Licht nicht daran hängt, ob andere es sehen. Unbeirrt geht der Junge seinen Weg, lernt in drei Fragen das Geheimnis der Endlichkeit: Aufgang und Untergang haben ihre Zeit, Macht, die Unendlichkeit vorgaukelt, macht blind, die Kräfte der Tiefe können uns über Abgründe tragen, wenn wir ihnen nicht die Macht zusprechen, uns endgültig zu verschlingen. Das größte Wunder ist aber wohl die Wandlung der Könige, die von ihrem Thron steigen, ohne Bitterkeit und mit einem Segen für die Jungen, die ihren Platz einnehmen.

Was zunächst nur ein Wolkenschloss war, machen die beiden Liebenden wahr, sie bauen ein Haus für ihre Liebe, ihren Traum.

Wie König Cormac zu den Feen ging

as ist die Geschichte von König Cormac MacArt und warum er zu den Feen ging und was er dort sah und bekam.

Cormac war der Sohn von Art, den man »den Einsamen« nannte, und der Enkel von Conn, genannt Conn Der Hundert Schlachten Schlug. Und wie sein Vater und Großvater vor ihm war Cormac Hochkönig von Irland und hielt in Tara Hof.

Aber eines Tages sah Cormac einen fremden Jungen über die grüne Wiese gehen, der hielt in seiner Hand einen glitzernden Zweig, neun rote Äpfel hingen daran. Und dann schüttelte der Junge den Zweig, die Äpfel stießen aneinander, und da erklang eine Melodie, so süß und lieblich, nie hatte der König Schöneres vernommen. Und alle, die es hörten, Mann oder Frau, Jung oder Alt, Arm oder Reich, die lullte dies Zauberlied ein. Ja, selbst wer schwer verwundet war an Leib oder Seele, vergaß beim Klang der Äpfel allen Kummer und sank in sanften Schlummer.

Auch der König stand da und lauschte ganz verzückt, dann aber lief er dem Jungen nach. »Warte«, rief er, »gehört dieser Zauberzweig dir?« Ja, meinte der Junge, das wäre seiner. »Würdest du ihn mir verkaufen? Kein Preis soll mir zu hoch sein!« Der Junge lächelte. »Ich will dir den Zweig wohl überlassen«, sagte er, »aber ich feilsche nicht. Versprich, mir zu geben, was immer ich verlange – und der Zweig gehört dir!«

»Gut, gut!«, rief der König, »es ist dir versprochen.«

Da reichte ihm der Junge den Zweig. »Dafür«, sagte er, »verlange ich deine Frau und deine Tochter und deinen Sohn!«

Cormac erschrak, als er das hörte, an einen solchen Preis hatte er nicht gedacht, und ihm war, als würde sein Herz zerbrechen. Aber er hatte sein Wort gegeben. Tief betrübt rief er seine Frau und seine Kinder. »Ich liebe euch sehr«, sagte er. »Doch jetzt müssen wir voneinander Abschied nehmen, und dann werdet ihr mich verlassen. Denn ohne zu wissen, was ich da tat, habe ich diesem Jungen versprochen, was immer er verlangen sollte. Und nun will er von euch, dass ihr mit ihm fortgeht!«

Da brachen seine Lieben in Tränen aus, sie wollten nicht fort. Cormac aber schüttelte den Zauberzweig, die Äpfel stießen aneinander, und als das liebliche Lied erklang, da vergaßen die Weinenden ihren Schmerz und gingen wie im Traum mit dem fremden Jungen davon über die grüne Wiese. Nebel kam auf, hüllte sie ein, und sie waren nicht mehr zu sehen.

Als sich die Kunde davon in Erin verbreitete, da war das Land erfüllt von Klagen und Flüchen. Aber der König ging umher und schüttelte den Zauberzweig, da wichen Trauer und Zorn.

So verging ein Jahr, dann aber legte Cormac den Zauberzweig beiseite und sagte sich: »Ein Jahr ist es her, dass ich meine Liebsten verloren habe. Nun will ich nicht länger ohne sie leben. Heute werde ich ihnen folgen, ich werde den gleichen Weg gehn, den auch sie gegangen sind!«

Und still und heimlich verließ der König das Schloss von Tara, sagen die einen, andere erzählen, er sei an der Spitze eines großen Heeres aufgebrochen. Aber wie es auch gewesen sein mag, als Cormac über den Wiesenpfad ging, den der fremde Junge gegangen war, da stiegen aus den Wiesen dunkle Nebelschwaden auf, die hüllten ihn ein, und da war er allein, und er konnte auch nicht mehr erkennen, wohin der Weg ihn führte. Aber der König ging unbeirrt weiter, und dann lichtete sich der Nebel wieder, und er fand sich auf einer weiten wunderschönen Ebene.

Dort sah er viele stolze Reiter, die versuchten, das Dach eines Hauses zu decken, aber nicht mit Stroh, sondern mit den

Federn fremdartiger Vögel. Darum jagten die Reiter hin und her und haschten im Wind nach den Federn. Und hatten sie endlich eine Hand voll zusammengeklaubt, so ritten sie zu dem Haus zurück und legten die Federn aufs Dach. Und dann jagten sie gleich wieder los, um mehr Federn zu fangen. Doch wenn sie zurückkamen, war nichts mehr auf dem Dach, waren längst alle Federn wieder vom Wind verweht. Cormac besah sich eine Weile, was sie da trieben, dann ging er kopfschüttelnd weiter.

Nun kam er zu einem Burschen, der schleppte totes Holz herbei, einen ganzen Baumstamm, dann machte er Feuer. Und als es brannte, lief der Bursche gleich wieder los, um mehr Feuerholz zu suchen; doch immer wenn er zurückkam, war das Holz längst verbrannt und das Feuer erloschen, und alles fing von vorne an. Und Cormac dachte, dass diese Arbeit wohl niemals enden würde.

Weiter ging seine Reise, endlich sah er am Rand der Ebene drei seltsame Brunnen: drei mächtige Brunnenschalen und über jeder ein riesiger Kopf aus Stein mit offenem Mund. Der König ging näher heran, nun sah er, wie sich die drei Brunnen unterschieden. Beim ersten Brunnen sprang aus der Schale ein kräftiger Wasserstrahl in den Mund des Kopfes – und ein gleich großer Wasserstrahl kam wieder heraus. Beim zweiten Brunnen strömten drei Bäche aus dem Mund des Steinkopfs in die Schale, aber nichts floss aus der Schale zurück. Und beim dritten Brunnen sprudelten viele Wasserstrahlen aus der Schale in den Mund, doch nur ein kümmerliches Rinnsal tropfte wieder heraus. Cormac wunderte sich: »Ich weiß nicht, was ihr bedeuten sollt«, sagte er dann zu den Steinköpfen, »und hier ist wohl auch niemand, der mir eure Geschichte erzählen kann.«

Damit ging er weiter und kam zu einem Haus mitten in der Ebene. Er ging hinein, drinnen saßen ein Mann und eine

Frau, beide waren hoch gewachsen, und ihre Kleider leuchteten in allen Farben wie Narrenkleider. Cormac grüßte höflich, das Paar erwiderte seinen Gruß und hieß ihn willkommen für die Nacht.

Dann sagte die Frau ihrem Mann, er solle etwas zu essen besorgen. Der stand auf, ging hinaus und kam bald wieder herein, auf dem Rücken trug er einen riesigen Eber, geschlachtet und ausgenommen, und in der Hand einen mächtigen Holzklotz. Er warf das Schwein und den Klotz auf den Boden: »Da ist Fleisch«, sagte er zum König. »Kochen musst du es schon selbst!«

»Ja, wie soll ich das denn machen?«, fragte Cormac.

»Das kann ich dir wohl beibringen«, sagte der Mann. »Spalte den Klotz in vier Teile und vierteile auch das Schwein, lege unter jedes Schweineviertel ein Stück Holz und dann erzähle eine wahre Geschichte – und das Fleisch ist gar!«

Also spaltete Cormac den Holzklotz, zerteilte das Schwein und legte ein Scheit unter jedes Schweineviertel. »Erzähl du doch die erste Geschichte«, sagte er dann zu dem Hausherrn.

»Gut«, sagte der. »Ich habe sieben solcher Schweine, und mit diesen sieben Schweinen könnte ich die ganze Welt ernähren. Denn hab' ich eins der Schweine geschlachtet, so muss ich nur seine Knochen über Nacht in den Schweinekoben werfen, und am nächsten Morgen ist das Schwein wieder lebendig, fett und prall.«

Die Geschichte war wahr, und das erste Schweineviertel gar.

Nun bat Cormac die Frau, eine Geschichte zu erzählen.

»Ich habe sieben weiße Kühe,« sagte die, »die geben jeden Tag sieben Kessel Milch. Und du kannst mir glauben: Kämen alle Menschen aus deiner Welt auf unsere Ebene, die Milch meiner Kühe reichte aus, ihren Durst zu stillen!«

Auch die Geschichte war wahr, und auch das zweite Schweineviertel gar.

Nun aber war Cormac an der Reihe mit einer wahren Geschichte für sein Viertel Schwein, und da erzählte er von seiner Suche nach Frau, Tochter und Sohn, die er vor einem Jahr verloren hatte an den Jungen mit dem Zauberzweig.

»Wenn das wahr ist, was du erzählst«, sagte der Hausherr, »so musst du Cormac sein, der Sohn von Art dem Einsamen und Enkel von Conn Der Hundert Schlachten Schlug.«

»Ja, genau der bin ich«, sagte Cormac.

Und da war auch das dritte Schweineviertel gar, denn seine Geschichte war ja wahr.

»Nun iss aber auch!«, sagte der Hausherr.

»Es wird mir nicht schmecken«, sagte Cormac, »ich habe noch nie mit nur zwei Tischgenossen gegessen.« »Würde es dir denn besser schmecken, wenn noch drei andere Gäste kämen?«

»Das kommt auf die Gäste an,« sagte Cormac, »wenn sie mir lieb wären, dann ja.«

Da ging die Tür auf, und herein kamen seine Frau, seine Tochter und sein Sohn. Cormac sprang auf und drückte sie an sein Herz, und sie hielten einander so fest, als ob sie sich nie wieder loslassen wollten.

Da warf der Hausherr sein buntes Kleid ab und zeigte sich in seiner wahren Gestalt, und Cormac erkannte: Es war Mananan MacLir, der Herr des Feenreichs. »Ich war es, Cormac, der dir den Zauberzweig gab und diese drei genommen hat«, sagte der Feenkönig, »und das habe ich getan, damit du ihnen folgst und den Weg hierher findest zu mir. Und nun setzt euch, esst und trinkt.«

»Das werden wir«, sagte Cormac, »doch verrate mir erst noch, was das für Wunder waren, die ich auf meinem Weg hierher gesehen habe.«

»Nun gut,« sagte Mananan MacLir, »ich will dich lehren, auf was diese Wunder weisen. Die stolzen Reiter, die ihr Haus mit Federn decken, sind Menschen, die in deiner Welt stets auf der Jagd nach Glück und Ruhm und Reichtum sind. Sie hetzen hin und her, solange sie leben, und klauben Federn zusammen, aber nie bekommen sie genug, und wenn sie heimkommen, ist ihr Haus nackt und leer, und es weht sie davon.

Der Bursche, der Baumstämme zum Feuer schleppt, ist einer, der immer nur für Fremde arbeitet und niemals etwas Eigenes schafft. Er schuftet und schuftet und schürt das Feuer, doch ihm selber wird niemals warm dabei.

Und schließlich die drei Brunnenköpfe: So wie sie seid ihr Menschen. Manche sind wie der erste Kopf, sie teilen gerade so freigebig aus, wie sie selbst bekommen haben. Einige sind wie der zweite Kopf; sie schenken reichlich, auch wenn sie wenig erhalten. Und wieder andere sind wie der dritte Kopf: Vieles fließt ihnen zu, doch geben sie selbst nur wenig – und das, Cormac, das sind die Schlimmsten!«

Und dann setzten sich Cormac, seine Frau und seine Kinder, und Mananan MacLir breitete ein Tischtuch vor ihnen aus. »Das ist ein ganz besonderes Tuch«, sagte er. »Was immer ihr zu essen wünscht, mag es auch noch so ausgefallen sein, wird im Handumdrehen auf diesem Tuch erscheinen.«

»Das ist wirklich gut«, sagte Cormac.

Da zog der Feenkönig einen Kelch aus seinem Gürtel und stellte ihn auf seine Hand. »Auch dieser Kelch ist ein Wunder«, sagte er. »Wird an dem Tisch, auf dem er steht, eine Lüge erzählt, so zerspringt der Kelch in vier Teile. Doch wird die Wahrheit gesprochen, so fügt sich der Kelch wieder zusammen.«

»Da besitzt du große Kostbarkeiten, Herr des Feenreiches«, sagte Cormac.

»Jetzt sollen sie alle dir gehören«, sagte Mananan, »der Kelch, das Tischtuch und der Zauberzweig!«

Und dann aßen sie miteinander, und was war das für ein Festmahl! Kaum dachten sie an einen Leckerbissen, da stand er schon vor ihnen auf dem Tisch, und was immer sie trinken mochten, das spendete ihnen der Kelch. Und Cormac dankte dem Feenkönig für seine Gastfreundschaft, für die Geschenke und für das Wiedersehen mit seinen Lieben.

Als sie mehr als genug gegessen und getrunken hatten, wurde ihnen ein Lager bereitet, sie legten sich nieder, ganz nah beieinander, schlummerten glücklich ein und schliefen fest und friedlich bis zum Morgen. Und als die Sonne aufging, da erwachten sie in Tara, am Hof des Königs, und neben dem Bett lagen der Kelch und das Tischtuch und der glitzernde Zweig.

Ja, das ist die Geschichte von der Reise König Cormacs zu den Feen und wie er dort seine Lieben wiederfand und Zauberdinge gewann und Weisheit.

(Irland)

Nach-gedacht

Mit dem sehr surrealen keltischen Sagenmärchen von Cormacs Reise in die Anderswelt verlassen wir zunächst einmal den Bereich der typischen und vertrauten Volksmärchen. Die Geschichte wurzelt wie viele alte irische Erzählungen in einer »aristokratischen« Lebenshaltung, sie erzählt, was es braucht, um ein guter und weiser König zu sein. Aber weil im Märchen jeder Mensch königlich ist, der Herr ist über sich selbst und sich selbst beherrscht, darum gilt die Geschichte für alle Menschen, die ihr Leben »veredeln« und sich ihrer Würde und Verantwortung bewusst werden wollen.

Am Anfang verspielt Cormac die ihm liebsten Menschen, weil er geradezu süchtig ist nach dem Glücksgefühl, das der

Zauberzweig hervorruft. Seine Musik wirkt fast wie eine Droge, die die Wirklichkeit und ihre Schmerzen verdrängt. Aber nach einem Jahr kann sich Cormac durch seine Erinnerung aus der Betäubung befreien, und er geht seinen Lieben nach in die Anderswelt – ein Weg, den er gewollt oder ungewollt allein gehen muss. Er kommt an ein Haus, das für mich das »Wolkenschloss« schlechthin ist; stolze Reiter decken es mit Federn, nach denen sie im Wind haschen, doch die Federn sind schneller verweht als gefangen. Auch die Gefahr des völlig entfremdeten Lebens begegnet dem König und die Frage nach dem rechten Maß, wobei Ausgewogenheit und Großzügigkeit nicht bewertet werden, Geiz aber als die schlimmste Haltung verurteilt wird.

Dann gelangt Cormac in das Haus des Feenkönigs, in ein wirkliches Traumhaus. Hier erfährt er die Macht einer wahren Geschichte, die Macht der Wahrheit, die das, was wir zum Leben brauchen, erst gar und genießbar macht. Und als er seine Wahrheit erzählt, seinen Verlust und Schmerz, da treten die vermissten Lieben wieder ein. Der Verlust wurde ihm vom Feenkönig nur deshalb zugemutet, damit er den Weg in diese Anderswelt findet, um hier mit dem beschenkt zu werden, was das Leben ausmacht: mit einem frühen Vorläufer des »Tischlein deck dich« und mit einem Kelch, der die Wahrheit misst. Und als der König wieder erwacht und zu sich kommt, ist er daheim in seinem alten Leben, aber seine Lieben hat er wiedergefunden, und dazu drei Gaben, drei Begabungen, die ein König braucht, um seinem Volk gerecht zu werden: Er kann den Hunger stillen, er kann die Wahrheit erkennen, und er kann Freude schenken.

Wieder ist das Traumhaus ein Ort, den ich nur unter Schmerzen und Leidensdruck finde, dort aber habe ich die Chance, zu mir selbst zu kommen und reich beschenkt heimzukehren in die Alltagswelt.

Thomas der Reimer im Land der Elfen

Vor mehr als 700 Jahren lebte in Ercildoune, einem Dorf im Schatten der Hügel von Eildon, ein Mann namens Thomas Learmont. Zunächst war an ihm nichts Besonderes, nur dass er ein Träumer war und Laute spielte wie die fahrenden Sänger. Doch dann wurde er in ganz Schottland bekannt als »Thomas der Reimer« oder auch »True Thomas«, Thomas der Wahr-Sager, denn er hatte die Gabe des Hellsehens, und die, sagt man, sei ein Geschenk der Feen gewesen.

Denn einmal, als Thomas an einem Hügelhang überm Ufer des Huntley im Schatten unter den Bäumen lag und ganz in Gedanken auf seiner Laute spielte, hörte er ein Rauschen wie von einem Bergbach, und dann sah er eine wunderschöne Frau auf dem Uferpfad vorüberreiten. Doch sie ritt nicht auf einem sanften Zelter wie die vornehmen Damen sonst, ihr Ross war groß und feurig und weiß wie Milch, neununddreißig Silberglocken, in seine Mähne geflochten, klangen bei jedem Schritt im Wind. Der Sattel war aus Elfenbein und goldverziert, und ebenso prächtig waren die Steigbügel. Doch noch schöner als Pferd und Zaumzeug war die Reiterin. Sie hielt einen Bogen in der Hand, trug Pfeile im Gürtel, drei Windhunde hielt sie an der Leine, drei Jagdhunde liefen hinter ihr her. Ihr Kleid war aus grasgrüner Seide, ihre Haut war so weiß wie das Fell ihres Pferdes, und ihr blondes Haar fiel offen über ihre Schultern. Thomas glaubte, so wunderschön könne nur die Jungfrau Maria sein, und ehrfürchtig kniete er nieder. Doch die stolze Jägerin wies seine fromme Huldigung zurück. »Ich bin die Königin des Elfenlandes«, sagte sie, »steh auf!« Und als Thomas nun merkte, dass er keine himmlische Erscheinung sah, da wurde er so kühn, wie er vorher scheu gewesen war. »Und die Königin meines Herzens seid Ihr auch«, sagte er, »ohne Eure Liebe kann ich nicht leben!«

Da lächelte sie und reichte ihm die Hand, er half ihr absteigen und führte sie unter die Bäume. »Spiel auf deiner Laute, Thomas«, sagte die Dame, »Musik und grüner Schatten passen gut zusammen.« Und Thomas spielte, nie, so schien ihm, hatte die Laute süßer geklungen. Die Stunden flogen dahin: Das weiße Pferd graste am Hang, die Hunde schliefen zu ihren Füßen, und als es dämmerte, sprach die Feenkönigin: »Nun will ich dich belohnen. Sag, was wünschst du dir?«

Da fasste Thomas ihre weiße Hand: »Ich wünsche nichts als einen Kuss von Euren Lippen.«

»Hüte dich«, warnte sie, zog aber ihre Hand nicht fort. »Küsst du mich, so wirst du mir verfallen.«

Doch Thomas nahm sie ohne Zögern in seine Arme, und sie gewährte ihm alles, was er verlangte. Doch kaum hatte sie sich aus seiner Umarmung gelöst, da verwandelte die Feenkönigin sich in eine abscheuliche Hexe: Gold und Glanz, Pferd und Hunde waren verschwunden, sie war lahm und krumm und wie vom Schlagfluss getroffen, ein Auge quoll ihr aus dem Kopf, das andere sank zurück. Ihr Gesicht, gerade noch wie jungfräuliches Silber, war nun schmutzig grau wie Blei.

Doch wie vorher seinem Verlangen war Thomas nun ihrer Macht ausgeliefert. Und als sie befahl: »Nimm Abschied vom Licht der Sonne und vom Grün der Bäume«, da musste er ihr folgen, ob er nun wollte oder nicht.

Eine schwarze Höhle tat sich vor ihnen auf, die Hexe verschwand darin, er musste ihr nach, immer weiter. Drei Tage ging das so in tiefster Finsternis. Manchmal meinte Thomas, das Donnern eines fernen Meeres zu hören, dann glaubte er, durch Ströme von Blut zu waten, und die Feenkönigin sagte, alles Blut, das auf Erden vergossen werde, ströme durch diese Höhle.

Dann aber tauchten sie wieder auf ins Tageslicht und waren in dem schönsten Garten, den Thomas je gesehen hatte. Die Sonne strahlte, Einhörner weideten auf bunten Blumenwiesen, die Bäume waren hier grüner als sonst, ihre Früchte köstlicher. Fast ohnmächtig vor Hunger streckte Thomas seine Hand danach aus, doch die Feenkönigin hielt ihn zurück: »Hüte dich, davon zu essen. Diese Äpfel brachten die Menschheit zu Fall!«

Da bemerkte er, dass sie, sowie sie die Luft dieses Gartens eingeatmet hatte, wieder schön war wie am Hügelhang überm Huntley, vielleicht sogar noch schöner. »Komm«, sagte sie und ließ sich auf einer Rasenbank nieder, »lege deinen Kopf in meinen Schoß, ich will dir dieses Land erklären: Der schmale steile Pfad dort drüben«, ihre Hand wies nach rechts, »ist der Weg der Aufrechten – nur wenige haben den Mut, ihn zu gehen. Die breite ausgetretene Straße zur Linken führt hinab in Verdammnis und Verderben. Der dritte Weg, der sich in den Dornen zu verlieren scheint, führt zum Ort der Vergebung. Aber sieh den vierten Pfad, der sich durch Moos und Farne windet: Er führt ins Reich der Elfen, dorthin wollen wir jetzt, zum Schloss des Feenkönigs, dessen Frau ich bin. Aber, Thomas, lieber würde ich zwischen vier wilde Pferde gebunden, als dass mein Mann erfährt, was zwischen uns geschehen ist. Darum musst du schweigen im Schloss, sprich mit niemandem als nur mit mir. Und ich werde zur Erklärung sagen, ich hätte dir die Sprache genommen, als ich dich von der Mittelerde hierher brachte. Doch sagst du auch nur ein einziges Wort, musst du auf ewig durch die Wälder irren!«

Dann stiegen sie auf das milchweiße Pferd, das mit der Schönheit der Königin zurückgekehrt war, und ritten auf dem vierten Pfad zum Schloss und gingen von hinten hinein, durch die Küche. Dort wurde gerade ein königliches Festmahl vorbereitet: Dreißig Hirsche lagen abgehäutet auf den schweren Küchentischen, zahllose Köche waren dabei, sie zu zerlegen, riesige Jagdhunde verschlangen die Eingeweide, die man ihnen zuwarf, und leckten das Blut vom Boden auf.

Sie gingen durch die Küche weiter in die Königshalle, und der Herrscher begrüßte seine geliebte Gemahlin ohne Argwohn. Ritter und Damen tanzten durch den Saal, immer zu dritt. Und Thomas vergaß alle Müdigkeit und die Schrecken der Reise und stürzte sich in das ausgelassene Getümmel.

Doch schon nach kurzer Zeit, so glaubte er, nahm ihn die Königin beiseite: »Mach dich bereit, du musst in deine Heimat zurück. Was meinst du, wie lange bist du bei uns gewesen?«

»Ach, schöne Herrin«, sagte Thomas, »gewiss doch nicht länger als sieben Tage.«

»Du täuschst dich, sieben Jahre bist du schon in diesem Schloss, und nun ist es höchste Zeit, dass du gehst. Denn morgen, Thomas, kommt der höllische Feind hierher und fordert seinen Tribut. Und ein schöner Mann wie du wird ihm – so wie schon mir – gewiss in die Augen stechen. Nicht um alles in der Welt will ich aber, dass du ihm ausgeliefert wirst. Also komm, lass uns gehn!«

Diese Schreckensnachricht machte Thomas den Abschied vom Feenreich leicht, und die Königin brachte ihn zurück zu dem zauberischen Garten vor den Toren des Elfenlandes, wo sich die Wege teilten. Dort nahm sie zärtlich Abschied von ihm, dann pflückte sie einen von den Äpfeln: »Iss!«. Und als Thomas hineingebissen hatte, sprach sie: »Wer von diesen Äpfeln isst, der bekommt die ‚Zunge, die nicht lügen kann'.«

Thomas erschrak. »Diese Gabe will ich nicht!«, rief er, »denn wer nicht lügen kann, kommt nirgends zurecht: nicht auf dem Markt noch in der Kirche, nicht am Königshof noch bei den Frauen!«

Aber die Elfenkönigin lächelte nur: »Du wirst noch lernen, den Wert dieser Gabe zu schätzen.« Dann küsste sie ihn ein letztes Mal und sagte: »Versprich mir, dass du zu mir zurückkommst, wenn ich dich rufe. Du wirst meine Boten schon erkennen.«

Thomas nickte nur und starrte stumm in ihre schwarzen Augen, und er wusste, ihr Liebeszauber würde seine Macht nie ganz verlieren. Dann aber verschwand sie, und mit ihr verschwand der Garten wie in einem weißen Nebel, und Thomas schlief ein, und als er wieder erwachte, lag er im Schatten der Bäume am Hügelhang überm Huntley, und er dachte erst, alles wäre nur ein Traum gewesen. Doch als er nach Ercildoune zurückkam, sagten die Leute, er wäre sieben Jahre verschwunden.

Zunächst schien nicht viel verändert. Wohl hatte sein Dach ein paar Löcher, die Nachbarn ein paar Runzeln mehr, doch Tag und Nacht, Sommer und Winter wechselten wie immer. Dann aber zeigte sich die Gabe der Elfenkönigin: Thomas brachte nichts als die Wahrheit über die Lippen, was er sagte, ging in Erfüllung, und bald galt er bei den Leuten, ob er wollte oder nicht, als ein Prophet. Und weil er, was er vorhersagte, meist in Reimen sagte, nannte man ihn »Thomas den Reimer«, und viele seiner Reime sind bis heute bei den Leuten auf dem Land in Umlauf.

Seine berühmteste Vorhersage war diese: Der Earl of March ließ wegen eines Festes fragen, wie das Wetter würde. Thomas gab zur Antwort:

»Noch vor Mittag geht ein Wind durchs Land,
wie man in Schottland nie einen stärkeren fand.«

Aber am Morgen war das Wetter schön und mild, und am späten Vormittag kam der Earl und fragte, wo denn der Wind geblieben sei. »Mittag ist noch nicht vorbei«, sagte Thomas ruhig. Und im gleichen Augenblick jagte ein Bote herbei und rief, der König – es war Alexander III., der größte und weiseste König auf Schottlands Thron – sei auf einem Klippenpfad vom Pferd gestürzt und auf der Stelle tot gewesen. »Da habt ihr den Wind, der großes Unheil über Schottland bringen wird«, sagte Thomas, und so kam es auch.

Manche seiner Reime müssen sich noch erfüllen. Einer lautet:

»*Wenn die Kühe von Gowrie an Land geschwommen,
ist der Tag des jüngsten Gerichts gekommen.*«

Die Kühe von Gowrie sind zwei mächtige Felsblöcke, die im Firth of Tay unter dem Wasserspiegel liegen. Und jedes Jahr, sagt man, kommen sie ein paar Fingerbreit auf das Festland zu.

Thomas aber lebte noch lange Jahre in einem Turm bei Ercildoune. Er war geachtet, blieb aber immer etwas seltsam und ein Einzelgänger. Doch jedes Jahr gab er ein Fest für die Bewohner des Dorfes. An einem solchen Festabend aber stürzte ein Diener herein und rief, eine Hirschkuh und ein Rehkitz, beide weiß wie Milch, seien aus den Bergen gekommen und warteten ganz ohne Scheu im Mondlicht vor dem Turm. Da erkannte Thomas, dass seine Stunde gekommen war und er gerufen wurde. Er erhob sich von der Tafel und folgte den Tieren in die Wälder; und wenn er auch manchmal noch einem einsamen Wanderer begegnet sein soll, so hat er sich doch nie wieder unter die Menschen gemischt. Aber manche glauben, er sammele im Verborgenen ein Heer, um einmal, in einer schweren Schicksalsstunde, Schottland zu retten.

(Schottland)

Nach-gedacht

Auch die Geschichte von Thomas dem Reimer ist keltisch, doch ist sie formal wie inhaltlich eher Sage als Märchen: Thomas wird als konkrete historische Gestalt vorgestellt, und seine Geschichte endet nicht märchenhaft glücklich, sondern hat ein zumindest offenes Ende.

Viele bekannte Motive klingen in der Sage von Thomas an. Er begegnet einer doppeldeutigen weiblichen Gestalt, die ihn verführt und ins Verderben reißt wie Loreley, dann aber doch wieder schön und liebenswert erscheint. Die Begegnung mit ihr lässt für Thomas alle bislang vertrauten Maßstäbe verschwimmen, schön und hässlich, Hölle und Paradies werden relativ, hängen ab von dem Betrachter; und neben den drei traditionellen christlichen Lebenswegen bietet sich ein verborgener vierter Weg zur Lebensfreude an.

Freilich, das Feenschloss ist kaum ein »Traum-Haus«, in dem Thomas sich selbst findet, er muss schweigen, weil seine Worte den Verrat am Feenkönig zeigen könnten, und seine Begegnung mit der Frau bleibt ein Abenteuer, ohne Aussicht auf eine Hochzeit, eine wirkliche Verbindung, Versöhnung und Integration der Gegensätze. Wie immer in der Anderswelt verfliegt die Zeit nur so, und nur zu bald muss Thomas fliehen vor der in die scheinbare Idylle einbrechenden Macht des Teufels, des *Diabolos,* der innere Zerrissenheit bedeutet und bewirkt.

Auf dem Rückweg isst er von den Früchten des Paradieses und kann nun nur noch wahr sprechen, eine Gabe, die Thomas keineswegs willkommen scheint. Und heimgekehrt in die Alltagswelt bleibt er ein Fremder, nie mehr ganz von dieser Welt, schließlich zurückgerufen ins Feenreich, und er wird selbst, so sagt die Geschichte, eine Wolkenschloss-Gestalt, die einmal, wenn es ganz ernst wird für Schottland, zu Hilfe kommen soll.

Mir scheint, das Schloss des Feenkönigs, das Thomas besucht, ist weit weniger Traumhaus, weit mehr Wolkenschloss als das Haus des Feenkönigs, das Cormac erreicht. Zwar gewinnen beide auf ihrer Reise in die Anderswelt die Gabe, die Wahrheit zu erkennen, aber Thomas bleibt doch ein Einzelgänger, ein Außenseiter, der seine Begabung nicht in die Welt integrieren kann, sondern ihr, wie es scheint, nur Warnungen und Unheilsprophezeiungen zu sagen hat.

Liegt es an der fortgeschrittenen Christianisierung, dass für Thomas das Feenschloss ein letztlich doch dämonischer Ort bleibt, der ihm weder Glück bringt noch wirkliche Lebens-Weisheit, wo am Ende der Teufel regiert? Oder findet Thomas darum kein Glück, weil er in die Anderswelt gelangt, als er mit Liebe spielt, während Cormac im Leid um die verlorenen Lieben aufbricht?

Finna Forvitna

Es war einmal ein Mann, der hieß Thrandur, und er war Lögmathur, das heißt Gesetzessprecher. Er war alt und sehr weise, und er hatte zwei Kinder, einen Sohn, der hieß Sigurd, und eine Tochter, die hieß Finna und wurde von allen nur Finna Forvitna genannt, Finna die Vorherwissende, denn, so sagten die Leute, sie wisse mehr, als man von Menschen erfahren kann. Finna war aber nicht nur sehr klug, sondern auch wunderschön.

Einmal, als ihr Vater zum Thing reiten wollte, sagte Finna beim Abschied: »Vater, ich ahne, dass man auf dieser Reise um mich anhalten wird. Ich bitte dich aber, versprich unterwegs keinem Mann meine Hand, es sei denn, es geht um dein Leben.« Der Alte versprach es, und wenn ihn beim Thing auch manch angesehener Mann um die Hand seiner Tochter bat, er dachte an sein Versprechen und wies einen jeden ab.

Als das Thing beendet war, kehrte Thrandur heim. Eines Abends ritt er allein seinen Männern voraus, da kam ein düsterer Mann auf ihn zu, der ritt auf einem roten Pferd und sah ziemlich streitbar aus. Der Fremde griff Thrandur in die Zügel, sagte, sein Name sei Geirr, und dann verlangte er von dem Alten: »Thrandur Lögmathur, gib mir deine Tochter zur Frau!« Der lehnte ab. »Ich kann sie dir nicht versprechen«, sagte er, »sie soll über ihre Zukunft selbst entscheiden.« Da zog Geirr sein Schwert: »Wenn du mir deine Tochter nicht gibst, bist du des Todes!« Ja, da willigte Thrandur ein, um sein Leben zu retten, wie's ja auch mit Finna abgemacht war, dann konnte er weiterziehn.

Zu Hause wartete Finna schon vor der Tür, sie begrüßte ihren Vater und fragte: »Ist es so, wie ich ahne, dass du mich einem Mann versprochen hast?« Ja, das sei so, musste Thrandur eingestehen, sein Leben habe daran gehangen. »So muss es geschehen«, sagte Finna, »aber ich ahne, dass es mir keine Freude bringen wird.«

Aber Geirr ließ lange nichts von sich hören, so dass die Geschichte fast vergessen war. Doch dann eines Tages erscheint der düstere Reiter, um seine Braut zu holen. Er will sich aber nicht lange aufhalten und sagt, er habe nicht viel Zeit und Finna solle sich beeilen. Finna sagt, sie sei bereit, gleich mit ihm zu kommen. »Aber mein Bruder Sigurd, der muss mich begleiten.« Geirr erwidert, das sei ihm recht, und so reiten sie zu dritt davon.

Sie haben eine weite Reise vor sich, und auf ihrem Weg sehen sie wunderliche Gesichte, verwirrende, verlockende und erschreckende, aber sie reiten unbeirrt weiter bis zu einer Bergweide, wo viele Rinder grasen. Finna fragt, wem das alles gehöre, da sagt Geirr: »Niemandem sonst als mir und dir.« Am andern Tag kommen sie zu einer Weide voller Schafe. Finna fragt, wem die Herde gehöre, wieder sagt Geirr: »Niemandem sonst als mir und dir.« Und am dritten Tag kommen sie zu einer Bergweide, auf der sind viele Pferde, zum dritten Mal sagt Geirr zur Finna, all dies gehöre »niemandem sonst als mir und dir«.

Endlich aber gelangen sie zu dem stattlichen Hof, wo Geirr zu Hause ist. Dort leben sie miteinander in Frieden und Glück, nur dass Geirr sehr schweigsam ist. Aber Finna tut, als denke sie sich nichts dabei. Als sie aber vor dem Weihnachtsfest ihrem Mann die Haare waschen will, da ist Geirr verschwunden. Und seine alte Amme, die mit im Hause wohnt, sagt, er sei noch nie an Weihnachten zu Hause gewesen, dabei weint sie sehr. Aber Finna tut wieder, als denke sie sich nichts dabei, sie sagt, man solle Geirr nicht suchen, er komme schon zurück, und unbeirrt bereitet sie das Festessen vor.

Doch in der Weihnachtsnacht steht sie auf und weckt ihren Bruder, die beiden machen sich auf, Geirr zu suchen. Sie folgen seinen Spuren bis zum Meer. Dort liegt ein Boot, damit setzen sie über zu einer Insel. Finna bittet Sigurd, beim Boot zu warten, dann geht sie allein an Land. Sie kommt zu einem kleinen Haus, die Tür steht halb offen, in der Stube brennt noch Licht. Finna tritt ein, in dem halberleuchteten Raum führt eine Stufe hoch zu einem schönen Bett. Darin sieht Finna ihren Mann, und er hält eine fremde Frau in den Armen, beide schlafen tief. Finna ist, als wollte ihr das Herz zerbrechen, aber sie setzt sich nur auf den Boden vor die Stufe zum Bett und singt:

»*Zur Insel fuhr ich aufs Meer hinaus,*
es brannte noch Licht in dem einsamen Haus,
mein Geliebter im weißen Leinenhemd,
umarmt eine Frau, die ist mir fremd.
Oft fällt das Meer, oft fällt das Meer über die Lande her.«

Dann geht sie still aus dem Haus und kehrt mit ihrem Bruder heim zum Hof ihres Mannes. Und über das, was sie im Haus gesehen hat, spricht sie mit niemandem.

Am Tage nach Weihnachten geht Finna früh morgens in die Kammer, wo sie und Geirr sonst schlafen, da ist er dort, geht auf und ab, und in seinem Bett liegt ein Kind. Geirr fragt, wem das Kind gehöre, da sagt sie: »Niemandem sonst als mir und dir.« Und sie nimmt das fremde Kind auf, als wär's ihr eigenes.

Ein Jahr vergeht. Vor dem nächsten Weihnachtsfest ist Geirr erneut verschwunden. In der Nacht folgen Finna und Sigurd ihm übers Meer zu dem Haus auf der Insel. Dort findet Finna ihn wieder schlafend in den Armen der fremden Frau. Sie ist so betrübt, aber sie setzt sich nur auf die Stufe vor dem Bett und singt ihre Klage, die niemand hört:

»Oft sitze ich im Schatten der Eiche,
stumm und so blass wie eine Leiche.
Denn meinen Kummer muss ich verschweigen,
darf keinem meine Trauer zeigen.
Oft fällt das Meer, oft fällt das Meer über die Lande her.«

Dann kehrt sie mit ihrem Bruder heim und verschließt alle Traurigkeit in ihrem Herzen, mit niemandem spricht sie darüber.

Geirr kommt bald zurück, auch diesmal wird ihm ein Kind gebracht, und Geirr weiß nicht, wem es gehört. Finna aber sagt: »Niemandem sonst als mir und dir«, und sie nimmt es an und zieht es auf, als wär's ihr eigenes Kind.

Auch vor dem dritten Weihnachtsfest verlässt Geirr seine Frau. Finna bereitet unbeirrt das Festmahl vor, erst als ihre Leute im Bett sind, fährt sie mit Sigurd übers Meer zum Haus auf der Insel. Diesmal will Sigurd mit an Land. »So komm«, sagt Finna, »aber du darfst nicht sprechen!« Sie gehen zu dem kleinen Haus, an der Schwelle muss Sigurd warten, Finna geht allein hinein. Zum dritten Mal findet sie ihren Mann im Bett der fremden Frau. Da setzt sie sich auf die Bettkante und singt:

»Am Bett einer Fremden sitz ich hier,
der Mann, den ich liebe, der liegt bei ihr.
Er liegt bei ihr, und ich bin allein,
schon bricht die See ins Boot hinein.
Oft fällt das Meer, oft fällt das Meer über die Lande her.«

Jetzt aber ist Geirr erlöst, er steht auf und ruft: »Das soll nicht länger so sein!« Da fällt die Frau, die bei ihm liegt, in tiefe Ohnmacht. Finna aber tropft ihr Wein auf die Lippen, da kommt sie wieder zu sich, und sie ist ein wunderschönes Mädchen. Und sie sagt, sie heiße Ingibjörg – und sei Geirrs

Schwester. Und da zeigt sich, dass ihr Vater König war von Gartharikki. Als ihre Mutter gestorben war, hatte der König eine fremde Frau geheiratet, die niemand kannte. Und die war eine Hexe, hatte den König vergiftet und auf Geirr und seine Schwester einen Fluch gelegt. Und der Fluch war nur zu lösen, wenn Geirr eine Frau finden kann, die ihn dreimal bei einer anderen liegen sieht und doch die so gezeugten Kinder annimmt.

Auch die Gesichte, die Finna bei ihrer Brautreise gesehen hatte, waren Zauberwerk der Stiefmutter. Doch Finnas Geduld war stärker und hatte alles Blendwerk entzaubert. Hätte sie aber ihr Schweigen gebrochen und von ihrem Schmerz gesprochen, Geirr wäre auf ewig in einen Drachen verwandelt worden, und seine Schwester in ein ungezähmtes Fohlen draußen auf der Weide!

Doch nun löst aller Kummer sich auf in Freude. Finnas Bruder nimmt Geirrs Schwester Ingibjörg zur Frau, und dann sind sie ins Reich ihres Vater gefahren, nach Gartharikki, und Sigurd hat das Land zurückgewonnen, Geirrs Stiefmutter aber wurde zwischen zwei Pferde gebunden und mittendurch gerissen.

Doch zuvor haben sie auf Geirrs Hof die Verlobung gefeiert, und dazu kam auch der alte Thrandur Lögmathur. Und als Thrandur gestorben war, folgte Geirr ihm als Gesetzessprecher, und er und Finna lebten noch lange in Glück und Frieden und sahen Kinder und Enkelkinder.

(Island)

Nach-gedacht

Finnas Leben spielt sich ab zwischen drei »Häusern«: Das Vaterhaus muss sie verlassen, als Geirr alles wagt, um sie zu gewinnen, sogar den Angriff auf den obersten Richter Islands. Diesem Bräutigam folgt Finna, begleitet von ihrem Bruder, in sein Haus, das nun auch das ihre wird, denn alles, so sagt Geirr, gehöre »niemandem sonst als mir und dir«. Es könnte ein Traumhaus sein, wäre Geirr nicht so schweigsam und immer in der Weihnachtsnacht verschwunden. Als sie ihm folgt, findet Finna ihn in einem dritten Haus auf einer Insel im Bett einer fremden Frau. Aber sie behält diesen Albtraum für sich und nimmt die Folgen, die Kinder, an, als gehörten sie »niemandem sonst als mir und dir«. Und in der dritten Weihnachtsnacht erlöst ihre Geduld den verwunschenen Mann aus dem Bann, der ihn in die Arme der eigenen Schwester treibt, alles löst sich in Glück auf, ja Geirr übernimmt sogar Amt und Würde ihres Vaters, so dass ihr neues, nun erlöstes Heim die Tradition des Vaterhauses aufnimmt und fortsetzt.

Mich erinnert die Geschichte von Finna mit ihren dunklen Bildern an eine Lebenswahrheit, die Augustinus verdichtet hat in den Worten »extra – intra – supra«: nach außen – nach innen – darüber hinaus. Finna verlässt ihr erstes Zuhause, sie will nicht, aber sie sieht ein, dass es sein muss. Allein in der dunkelsten Nacht geht sie ihrem verlorenen Mann nach, für mich ein Weg nach innen, den sie aushalten muss, der durch die »Nacht der Seele« führt. Und ihre Geduld, ihre Fähigkeit, den Schmerz des Lebens und der Liebe auszuhalten, führt auf eine neue »höhere« und glücklichere Ebene.

Das Märchen macht deutlich, dass Geirr nicht einfach »fremdgeht«, er steht unter einem Zwang, und die Frau, mit der er die längste Nacht verbringt, ist seine eigene Schwester. Mag sein, dass in der Menschenleere des alten Island Inzest ein Problem war; aber es geht hier doch eher um eine innerseelische Erfahrung. Dem verhexten Geschwisterpaar stehen Finna und ihr Bruder gegenüber, und deren Beziehung ist ungetrübt – ja, ganz gegen die übliche Märchenlogik übertritt der Bruder nicht einmal Finnas Verbot, ihr in das Inselhaus zu folgen.

Immer wieder erinnern im Märchen Geschwisterpaare, Bruder und Schwester, an zwei Seiten, Kräfte, Ausrichtungen in jedem von uns; oft scheint dabei der Bruder die eher bewusste intellektuelle Seite unseres Wesens zu verkörpern und die Schwester die »seelische«, unbewusste, eher intuitive. Finna ist eine intuitiv »Vorherwissende«, ihr Bruder ist ihr hilfreicher Begleiter. Geirr hingegen ist zupackend und willensstark – und doch auf unheilvolle Weise seiner Schwester verfallen. Immer wieder zieht er sich zurück von seiner Frau, geht und wird er fremd. Aber die geduldige Liebe, das wechselseitige Vertrauen des »Niemandem-sonst-als-mir-und-dir«, besiegt Verzweiflung und Verwünschung. Und in der Erlösung finden nun beide Seiten zueinander, Finnas Bruder heiratet Geirrs Schwester, und so kann Geirrs verlorenes Reich und Erbe zurückgewonnen wie auch die Nachfolge von Finnas Vater angetreten werden.

Die Vergangenheit, in der man bleiben möchte, ist ein Wolkenschloss, eine Illusion. Nur Scheinwelt ist auch das Inselhaus, in das ich ausweiche, wenn es dunkel wird, in das ich mich verkrieche und zurückziehe auch vor der, die mich liebt. Zum Traumhaus wird das gemeinsame Leben, wenn jede und jeder all seine Seiten mit hineinbringen darf und auch seine »ererbten«, aus der Kindheit mitgebrachten Lasten, Begabungen und Ziele, wenn »Geschwister« und »Väter« mitleben dürfen unter dem gemeinsamen Dach.

Die geschwätzige Alte

Tag und Nacht schilt die Alte – dass ihr die Zunge nicht wehtut! Immer ist die Stieftochter schuld: Dumm ist sie und unansehnlich! Ob sie geht, ob sie kommt, ob sie steht, ob sie sitzt – alles falsch, alles verkehrt! Von morgens bis abends, wie eine aufgezogene Gusli! Der Mann war es satt, alle waren es satt, es war zum Davonlaufen! Der Alte spannte an, wollte in die Stadt fahren und Hirse verkaufen, da rief die Alte: »Nimm die Stieftochter mit! Setz sie meinetwegen im dunklen Wald ab oder mitten auf der Fahrstraße, nur, dass ich sie los bin!«

Der Alte fuhr und fuhr. Der Weg war lang und beschwerlich, immerfort durch Wald und Sumpf, wo sollte er das Mädchen absetzen?! Da sah er: Ein Häuschen stand auf Hühnerbeinen, ein Pfannkuchen als Dach, eine Pirogge als Stütze, es stand da und drehte sich. »In einem Häuschen«, dachte er, »kann ich meine Tochter wohl zurücklassen.« Er hieß sie aussteigen, gab ihr Hirse für die Kascha mit, schlug auf das Pferd ein, und der Wagen rollte davon.

Das Mädchen blieb allein; sie stampfte die Hirse, kochte einen großen Topf voll Kascha, aber es war niemand da, der sie essen konnte. Und dann brach die lange Nacht herein, die unheimliche Nacht; wenn man schläft, liegt man sich die Seiten wund – wenn man hinausschaut, sieht man sich die Augen blind, niemand weit und breit, mit dem man ein Wort wechseln kann, alles öde und unheimlich! Da trat sie auf die Schwelle, öffnete die Tür zum Wald und rief: »Wer im Wald ist, wer im Dunkeln ist – der sei mir ein willkommener Gast!« Ein Waldgeist rief zurück. Er verwandelte sich in einen jungen Burschen, in einen Nowgoroder Kaufmann, kam gelaufen und brachte ein Geschenk mit. Er war gestern da zu einem Schwätzchen, er war heute da – und jedes Mal brachte er ein Geschenkchen mit; er kam immer wieder und trug so viel zusammen, dass das Häuschen von seinen Geschenken überquoll!

Aber die geschwätzige Alte langweilte sich ohne ihre Stieftochter, in ihrem Haus war es still, ich ihrem Bauch war es öde, und ihre Zunge trocknete aus. »Hol mir meine Stieftochter zurück, Alter! Hol sie vom Meeresboden herauf, oder reiß sie aus dem Feuer heraus! Ich bin alt, ich bin kränklich, es ist niemand da, der mich pflegt.« Der Mann gehorchte; die Stieftochter kam zurück, und als sie ihre Truhe öffnete und eine Leine vom Haus bis an das Tor spannte, um ihre Aussteuer zu lüften, die Alte hatte schon den Mund aufgemacht und wollte das Mädchen auf ihre Art empfangen, da machte die Alte den Mund zu, bot ihr wie einem Ehrengast den Platz unter den Ikonen an, lobte sie und fragte: »Was wünschest du, meine Beste?«

(Russland)

Nach-gedacht

Verglichen mit der Geschichte von Cormac oder Finna ist dies russische Märchen sehr schlicht und knapp, eine Kurzfassung vieler längerer Märchen um das Haus auf Hühnerbeinen, das zumeist der Baba Jaga gehört, hier einem Waldgeist.

Ganz märchentypisch wird die Stieftochter verstoßen, muss hinaus in den Wald, findet dort ein Haus aus Lebensmitteln, ein Haus, das Lebensmittel ist. Aber sie verbarrikadiert sich nicht in der Dunkelheit, sie tut, was sie kann, sie kocht ihre Hirse und lädt die dunklen Kräfte ein. Und die kommen in durchaus ansehnlicher Gestalt und mit reichen Geschenken.

Während die Stieftochter ihr dunkles einsames Leben aushält, ja sogar gestaltet, kommt die Stiefmutter nicht zurecht ohne ihre Gegenspielerin. Und als das zurückgeholte Mädchen seine Aussteuer zeigt, seine erworbenen Lebens-Schätze, da bekommt sie sogar den Ehrenplatz im Haus.

Wieder ein Traumhaus. Und eine sehr nüchterne Stieftochter. Allein gelassen im Wald weint sie nicht, sie kocht. Und sie gibt, was sie hat, und nimmt auch die Geschenke des Waldgeistes an, aber ein Paar wird nicht aus ihnen. In der Verbannung wird sie nicht bitter und verliert sich auch nicht, sie bekommt ihre Aussteuer zusammen für eine glückliche Zukunft in der Alltagswelt.

Das Märchen wirkt etwas unvollständig, wie ein Ausschnitt. Aber der richtige Bräutigam wird schon noch kommen.

Der siebte Vater im Haus

Es war einmal ein Wanderer, der war schon lange unterwegs. Da kam er zu einem schönen großen Gutshof, so herrschaftlich, es hätte auch ein kleines Schloss sein können. »Hier lässt sich wohl gut Rast machen«, sagte er sich, als er durchs Tor auf den umzäunten Hof kam. Eben da stand ein graubärtiger Alter und hackte Holz. »Guten Abend, Vater«, sagte der Wanderer, »kann ich heut Nacht in Eurem Hause bleiben?«

»Ich bin nicht der Hausvater hier«, sagte der Graubart, »geh in die Küche und sprich mit meinem Vater.«

Der Wanderer ging in die Küche, und da traf er einen noch älteren Mann, der lag auf den Knien vor dem Kamin und blies das Feuer an. »Guten Abend, Vater«, sagte der Wanderer, »kann ich heut Nacht in Eurem Hause bleiben?«

»Ich bin nicht der Hausvater hier«, sagte der Alte, »aber geh nur hinein und sprich mit meinem Vater, der sitzt in der Stube am Tisch.«

Da ging der Mann in die Stube und sprach mit dem, der am Tisch saß. Der war noch viel älter als die beiden andern, er saß da und war ganz zittrig und tattrig, und seine Zähne klapperten, und er las in einem großen Buch, fast so wie ein kleines Kind. »Guten Abend, Vater, kann ich heut Nacht in Eurem Hause bleiben?«, fragte der Mann.

»Ich bin nicht der Hausvater hier«, sagte der zittrige tattrige Alte mit den klappernden Zähnen, »sprich mit meinem Vater, der sitzt da vorn auf der Bank.«

Da ging der Wanderer zu dem Steinalten auf der Bank, der wollte sich grad eine Pfeife stopfen; er war aber so verhutzelt, und seine Hände zitterten so, dass er die Pfeife kaum halten konnte. »Guten Abend, Vater, kann ich heut Nacht in Eurem Hause bleiben?«

»Ich bin nicht der Hausvater hier«, brummte der Hutzelgreis, »sprich doch mit meinem Vater, der liegt da drüben im Bett.«

Also ging der Wanderer zu dem Bett; darin lag einer, der war älter als alt und ganz eingetrocknet, er war kaum größer als ein Kind, und nichts an ihm schien lebendig als nur seine beiden großen Augen. »Guten Abend, Vater, kann ich heut Nacht in Eurem Hause bleiben?«

»Ich bin nicht der Hausvater hier«, hauchte der Alte mit den großen Augen, »sprich mit meinem Vater, der liegt da hinten in der Wiege.«

Ja, da ging der Mann also zu der Wiege, darin lag einer, der war uralt und so eingeschrumpft, er war nicht größer als ein Säugling. Und dass er noch am Leben war, konnte man nur an seinen Lippen sehen, die unablässig murmelten. »Guten Abend, Vater. Kann ich heut Nacht in Eurem Hause bleiben?« Es dauerte lange, bis der Uralte Antwort gab, noch länger, bis er sie über die Lippen brachte: »Ich bin nicht der Hausvater hier. Sprich mit meinem Vater, der hängt in dem Horn an der Wand.«

Da suchte der Wanderer die Wände ab, bis er zuletzt das Horn entdeckte. Und wie er hineinschaute, war nichts darin zu sehen als eine Hand voll Asche, die sah aus wie das Gesicht eines ururalten Menschen. Dem Wanderer wurde ganz schlecht vor Angst, und er stammelte: »Guten Abend, Vater, kann ich heut Nacht in Eurem Hause bleiben?« Da zirpte es oben im Horn, als wäre eine kleine Meise drin, es war kaum zu verstehen, aber es klang wie: »Ja, mein Kind!«

Und im gleichen Augenblick kam ein Tisch in die Stube gefahren, der war mit den besten Speisen gedeckt, und mit Met, Bier und Branntwein. Und als er geschmaust und getrunken, kam ein Bett hereingerollt, ein gutes Bett mit Rentierfellen. Ja, und da war der Wanderer wirklich froh, dass er am Ende doch noch den rechten Hausvater gefunden hatte.

Es wird aber auch noch erzählt: Bevor der Wanderer sich schlafen legte, habe ihn der Ururalte in dem Horn gefragt, woher er denn komme. »Von Selgjord«, sagte der Mann. »Lass sehen«, zirpte es da aus dem Horn, »ob die Männer von dort noch so stark sind wie in den alten Zeiten. Gib mir deine Hand.« Da gab der zittrige tattrige Alte, der mit dem Buch am Tisch saß, der mit den klappernden Zähnen, dem Wanderer ein Zeichen, er solle dem Hausvater im Horn nicht die Hand geben, sondern eine von den Eisenstangen, die in der Ecke standen. Das tat er auch, und der Ururalte presste die Eisenstange so fest, dass Wasser heraustropfte. »Du hast ja noch Mark in den Fingern«, zirpte es, »aber wenn ich dran denke, wie stark deine Landsleute in den alten Zeiten waren, so ist's doch nur Schafsmilch.«

Am andern Morgen zog der Wanderer weiter. Und als er sich nach ein paar Schritten noch einmal umdrehte und zurücksah, waren Haus und Hof verschwunden.

(Norwegen)

Nach-gedacht

In diesem norwegischen Weg- und Kettenmärchen gleicht der Suchweg des Wanderers eher einer Spirale als einer Geraden. Auf der Suche nach einem Haus, wo er für die Nacht unterkommen kann, gerät er tiefer und immer tiefer hinein in eine unheimliche Geschlechterkette. Aber er geht weiter.

Und das ist sicher die erste und offenkundige Botschaft dieses Märchens: »Geh den Dingen auf den Grund! Geh deinen Weg zu Ende! Lauf nicht weg, wenn es dir unheimlich wird. Du kannst vor nichts, was wirklich wichtig ist, weglaufen!« Der Wanderer geht weiter, bis er das »Ja, mein Kind« hören kann.

Die Väter werden aber nicht nur immer älter und äußerlich hinfälliger, sondern auch, das zeigt sich am Schluss, immer stärker. Wer sind diese Väter? Wohl nicht ältere Menschen, denn unsere Macht wächst nicht mit dem Alter. Mich erinnern die Väter an die Vergangenheit, die kollektive der Menschheit, die kulturelle einer Gesellschaft, vor allem an meine ganz persönliche Vergangenheit. Meine ältesten Zeiten habe ich nicht mehr im Blick, aber sie prägen mich stärker als alles, was danach kam. Und ich muss meiner eigenen Vergangenheit auf den Grund gehen, muss in meiner Geschichte zu Hause sein, unterkommen können. Dann freilich kann ich weitergehen.

Als mein Sohn Jonathan im Alter von sieben Jahren dieses Märchen hörte, fragte er mich: »Warum sind Haus und Hof am Morgen verschwunden?«

»Ich weiß nicht«, sagte ich, »vielleicht hat der Wanderer das alles nur geträumt.«

»Nein, Papa,« sagte Jonathan, »dass hast du nicht verstanden. Der hat die erlöst!« Das Märchen sagt nichts davon, aber mir scheint, Jonathan hatte Recht.

Gerät der Wanderer in ein Traumhaus oder ein Wolken- und Spukschloss? Für mich erfüllt seine Unterkunft alle märchentypischen Ansprüche an ein Anderswelt-Haus: Der Weg ist mühsam, doch lohnend; freilich bietet dies Haus keinen dauerhaften Pflegeplatz, sondern nur eine begrenzte Rast, um wieder zu Kräften zu kommen für den weiteren Weg, den Fort-Schritt.

Reb Eisiks
Suche nach dem Schatz

Diese Geschichte pflegte Rabbi Bunam von Przysha, der um 1800 einer der großen chassidischen Lehrer des polnischen Judentums war, seinen Schülern zu erzählen, wenn sie sich wieder auf den Heimweg machten:

Da lebte einst in Krakau ein Jude, Isaak, Sohn des Jakob, auf Jiddisch sagt man Eisik, Sohn des Jekel. Arm war er und geplagt von vielen Sorgen. Und dazu kam eines Nachts noch ein seltsamer Traum. Eisik wanderte in diesem Traum durch eine fremde Stadt, er kommt an eine Brücke, die führt zum Königsschloss, und eine Stimme sagt zu ihm: »Eisik, Sohn des Jekel, mach dich auf, geh nach Prag und grab unter der Brücke zum Königsschloss einen Schatz aus.« Träume sind Schäume, dachte Eisik – und natürlich machte er sich nicht auf in die ferne, fremde Stadt Prag. Aber in der nächsten Nacht hatte er wieder den gleichen Traum, hörte er die gleiche Stimme: »Eisik, Sohn des Jekel, mach dich auf, geh nach Prag und grab unter der Brücke zum Königsschloss einen Schatz aus.« Und gerade so war es auch in der dritten, vierten, fünften Nacht. Endlich machte Eisik sich auf den Weg, und sei's nur, um nachts wieder seine Ruhe zu haben.

Er wanderte durch Polen und Galizien, durch Mähren und Böhmen, bis er endlich ankam in der großen Stadt Prag – müde, hungrig, halberfroren und mit zerfetzten Sohlen. Das Schloss über der Stadt, von dem er geträumt hatte, fand er gleich und auch die Brücke vor dem Schloss. Aber auf dieser Brücke stand eine Wache. Was sollte er tun? Wie konnte er unbemerkt den Schatz ausgraben? Eisik überlegte hin und her, lief auf und ab – ganz unauffällig, meinte er –, und gerade so fiel er den Soldaten auf. Die packten ihn und brachten ihn zum Hauptmann der Wache.

Der saß an diesem kalten Wintertag in der gut geheizten Wachstube hinter einem großen Schreibtisch. »Hauptmann«, sagten die Soldaten, »dieser Jude läuft vor der Brücke auf und ab und macht sich verdächtig!« Der Hauptmann beugte sich vor: »Was hast du hier zu suchen? Gesteh, oder soll ich es aus dir herausprügeln?«

In seiner Angst fiel Eisik nichts ein als die Wahrheit. »Herr Hauptmann«, sagte er, »ich komme von weit her und bin viele Wochen unterwegs gewesen, denn ich habe geträumt, hier in Prag unter der Brücke zum Königsschloss sei ein Schatz vergraben.«

Der Hauptmann starrte ihn an, dann lachte er schallend: »Ihr Juden seid ja noch dümmer, als ich immer schon dachte. Da kommst du armer Tropf wegen eines Traums von wer weiß woher gelaufen. Wäre ich so dumm wie du, säß' ich nicht hier am warmen Ofen hinter meinem schönen Schreibtisch. Denn ich träume schon seit Jahren wenigstens einmal in der Woche, irgendwo im Osten, in einer Stadt namens Krakau, liege ein Schatz vergraben unter dem Ofen im Haus eines Eisik, Sohn des Jekel. Aber ich gebe doch nicht alles hier auf und lauf einem Traum nach und geh in eine fremde Stadt, wo sicher die eine Hälfte der Leute Eisik heißt und die andere Jekel – und alle haben einen Ofen!«

Abermals lachte er schallend, und weil er seit Tagen nicht mehr so viel gelacht hatte, ließ er den Festgenommenen gnädig laufen.

Und Eisik, Sohn des Jekel, verneigte sich, ging nach Haus und grub unter seinem Ofen den Schatz aus. Und von dem

Schatz baute er ein Lehrhaus, das bis heute steht: Reb Eisik ben Jekels Schul'.

(Polen)

Nach-gedacht

Von dieser kleinen Weisheitsgeschichte gibt es viele unterschiedliche Fassungen bis hin zu Janos' Bilderbuch »Oh wie schön ist Panama«. Der gesuchte Schatz wartet dort, wo ich herkomme, war schon immer bei mir; und doch ist der lange Suchweg kein Irrweg, keine Vergeudung von Zeit und Kraft, denn wir hätten den nahen Schatz nie gefunden, wären wir nicht aufgebrochen und unserem Traum, unserer Sehnsucht in die Ferne gefolgt.

Ich mag die jüdisch-chassidische Variante dieser Einsicht besonders gern, weil sie der Geschichte einen doppelten Rahmen gibt: Vorab wird berichtet, dass der große Lehrer und Wunderrabbi Bunam von Przysha diese Geschichte denen zu erzählen pflegte, die bei ihm gelernt hatten – vielleicht waren die ja auch einem verrückten eigenen Traum vom Leben gefolgt oder wurden gedrängt von Eltern mit lästigen Träumen von der Zukunft ihrer Söhne. Und das Lernen, das den Schatz erbringen sollte, war ein langer und mühsamer Weg, und am Ende stand man vor einer hinderlichen Autorität, an der man einfach nicht vorbeikam. Aber mein Schatz liegt nicht im Königsschloss und nicht im Leben und Wissen des großen Rabbi Bunam, der wahre Schatz wartet zu Hause verborgen auf mich. Und was sich uns erst als Hindernis erweist, ermöglicht dann doch den entscheidenden Fortschritt. Nur wenn ich dem Traum folge bis Prag, kann ich erfahren, dass mein Traumhaus in Krakau steht. Wieder fällt mir Augustinus ein: »Extra – intra – supra«.

Mit dem Schatz, den er unter seinem Ofen gefunden hat, baute Reb Eisik kein neues großes Haus für sich, sondern eine »Schul'« , ein Lehr- und Bethaus. Und jede »Schul'«, denke ich, sollte eine Brücke zum Königsschloss sein, ein sinnvoller Umweg, der uns hinführt zu den Schätzen, die in uns verborgen darauf warten, gefunden, gehoben und geteilt zu werden.

Der Bursche,
der keine Geschichte kannte

Da war einmal ein junger Bursche, Paddy Ahern. Er war freundlich zu jedermann, und doch nicht gerade willkommen in den Häusern der anderen, denn man hätte statt seiner auch einen Stein in die Ecke setzen können. Ja, stumm wie ein Stein war Paddy, wenn es darum ging, die anderen zu unterhalten. Kein Lied konnte er singen, keine Geschichte erzählen, ja nicht einmal ein Rätsel oder einen Witz konnte Paddy zum Besten geben.

Einmal arbeitete Paddy für Bauern in der Gegend von Limerick, mal für diesen, mal für jenen, und er übernachtete dort, wo es sich gerade anbot. Aber bald merkte er, dass er auch hier nicht willkommen war in den Häusern, in denen er über Nacht blieb. Denn die Leute waren zwar gastfreundlich, aber sie erwarteten doch, dass er als Fremder Neuigkeiten zu erzählen hätte oder den Abend durch Lieder und Geschichten verkürzen könnte. Der arme Paddy war betrübt, aber was sollte er tun?

So ging er eines Abends einen einsamen Weg entlang, denn er hatte noch keine Unterkunft für die Nacht gefunden. Da sah er auf einmal Licht in einem Haus etwas abseits mitten im Feld. Paddy sprang über den Straßengraben, ging auf das Haus zu und klopfte an die Tür. Es war ein seltsames Haus, groß und dunkel, und die Tür öffnete ein seltsamer großer und dunkler Mann. »Willkommen, Paddy Ahern!«, sagte der Mann. »Komm herein und setz dich ans Feuer.« Paddy wunderte sich, dass der Mann seinen Namen wusste, aber er traute sich nicht zu fragen, denn es war wirklich ein seltsamer

Ort. Sie aßen zusammen, und dann zeigte der Mann Paddy, wo er schlafen konnte. Paddy zog seine Kleider aus und legte sich hin, müde wie er war.

Aber viel Schlaf bekam er nicht in dieser Nacht. Denn kaum hatte er die Augen zugemacht, da schlug krachend die Tür auf, und drei Männer kamen herein, sie trugen einen Sarg – er schien sehr schwer zu sein. Vom Hausherrn war nichts zu sehen.

»Wer hilft uns nun den Sarg zu tragen?«, fragte einer der Männer die beiden anderen. »Paddy Ahern, wer sonst?!«, sagten sie. Nun musste der Paddy aufstehen, sich anziehen und mit einem der Männer ans Fußende des Sarges gehen, die beiden anderen gingen ans Kopfende, und dann trugen sie den Sarg aus dem Haus über die Wiesen, weiter und immer weiter querfeldein durch Gräben und Hecken. Es dauerte nicht lange, da war Paddy völlig durchnässt, schmutzig und ganz zerkratzt. Wenn Paddy stehen blieb, um zu verschnaufen, schimpften die Männer ihn aus, und wenn er stolperte und hinfiel, so traten sie ihn mit Füßen, bis er wieder aufstand. Ihm war hundeelend. Schließlich kamen sie an eine mannshohe Mauer – schrecklich einsam war es dort. »Wer hebt nun den Sarg über die Mauer?«, fragte einer der Männer. »Paddy Ahern, wer sonst?!,« sagten die beiden anderen. Nun musste Paddy ganz allein den schweren Sarg über die Mauer wuchten, das war kaum zu schaffen.

Als er endlich den Sarg über die Mauer gebracht hatte, sah er, dass sie auf einem Friedhof standen. Paddy konnte sich kaum noch auf den Beinen halten. Aber die Männer ließen ihm keine Ruhe.

»Wer gräbt nun das Grab?«, fragte einer. »Paddy Ahern, wer sonst?!« Sie gaben ihm einen Spaten, und Paddy schaufelte ein Grab. Als die Grube endlich ausgehoben war, sagte einer der Männer: »Wer öffnet nun den Sarg?«

»Paddy Ahern, wer sonst?!« Paddy wäre fast gestorben vor Angst, aber was blieb ihm übrig? Er kniete nieder, öffnete mit zitternden Fingern den Sarg und nahm den Deckel ab. Und stellt euch vor: der Sarg – so schwer er war – war leer.

»Wer legt sich nun in den Sarg?«

»Paddy Ahern, wer sonst?!«

Die drei Männer wollten Paddy packen, aber der wartete nicht länger, er sprang auf, sprang über die Mauer und lief davon über die Felder, so schnell er konnte. Und die drei Männer hinter ihm her, sie schrien und johlten, eine schöne Hetzjagd war das! Paddy rannte und rannte wie nie zuvor in seinem Leben, und doch hätten die drei Männer ihn mehr als einmal fast gepackt, aber irgendwie konnte Paddy ihnen immer wieder im letzten Augenblick entwischen. Dann sah er in der Ferne Licht in einem Fenster, und er rannte darauf zu. »Macht auf«, schrie er schon von weitem, »macht auf, um Himmels willen, und rettet mich!« Die Tür ging auf, und Paddy stürzte hinein in die Küche. Und wer hatte die Tür geöffnet? Ein seltsamer, großer, dunkler Mann. Das war zu viel für Paddy, ohnmächtig brach er zusammen.

Als Paddy wieder zu sich kam, war es heller Tag, und er lag ihm Bett. Der Hausherr kochte in der Küche Tee. Sonst war niemand zu sehen. »Ah, bist du endlich wach, Paddy?«, fragte er. »Ich hoffe, du hast gut geschlafen?«

»Ganz und gar nicht!«, sagte Paddy. »Völlig zerschlagen bin ich von dem, was ich heut Nacht erlebt habe. Und nicht eine Minute länger bleibe ich in diesem Haus. Ich gehe!« Er stand auf und schlüpfte in seine Kleider, die vor dem Bett lagen. Ja, aber die waren sauber und trocken, ohne Risse, ohne Flecken, ohne irgendeine Spur von den Erlebnissen dieser Nacht. Paddy wusste nicht, was er davon halten sollte, er nahm sein Bündel und ging rasch zur Tür.

»Hör mal, Paddy«, sagte da der Hausherr, »du hast mir Leid getan, wie du so umhergezogen bist ohne Lied, ohne Geschichte. Aber sag doch selbst, bevor du gehst: Hast du nun nicht eine schöne Geschichte zu erzählen?«

Paddy gab keine Antwort, er machte, dass er hinauskam, und erst als er über den Straßengraben gesprungen war, schaute er noch einmal zurück – aber da war nichts, keine Spur von dem großen dunklen Haus, nur blanke Felder, auf denen Schafe weideten.

(Irland)

Nach-gedacht

Ein typisches Märchen, ein Zaubermärchen ist die Geschichte von Paddy Ahern nicht, ja man könnte sie auf den ersten Blick für einen etwas makaberen Schwank halten, unterhaltsam-gruselig, aber doch ohne irgendeinen Hinter-Sinn, ohne tiefere Bedeutung. Aber mir scheint, mit diesem Urteil würden wir der Erzählung nicht gerecht.

Zunächst ist das Grundmotiv von dem Mann, der keine Geschichte zu erzählen hat, in Irland geradezu klassisch. Es gibt ein sehr viel älteres Märchen vom Geschichtenerzähler, der keine Geschichte mehr wusste (zum Beispiel bei Frederik Hetmann (Hg.), Der Dornbusch in Donegal, Königsfurt 2002), das erzählt, wie ein Geschichtenerzähler, dem nichts mehr einfällt, in verrückte Abenteuer gerät und so wieder etwas zu erzählen hat. Die Geschichte von Paddy ist knapper, aber vielleicht auch dichter. Paddy, der nichts zu sagen hat, erlebt seine eigene Beerdigung.

Mir fallen zwei gute Gründe ein, warum Paddy dieses Erlebnis zugemutet wird. War er doch einer, der nichts vom Leben wusste, der immer nur dabeisaß und mitlief. Auch in der

Nacht im Traumhaus geht er fügsam mit, trägt sich selbst den Sarg, gräbt sich selbst die Grube, erst im letzten Augenblick wird er lebendig, nimmt sein Schicksal und die Beine in die Hand und läuft davon, von seiner ewigen Passivität kuriert.

Vielleicht ist der Hinter-Sinn aber noch grundsätzlicher. Wenn Paddy seine eigene Beerdigung miterlebt, seinem Tod begegnet, so ist das vielleicht die Voraussetzung, um etwas über das Leben zu wissen und erzählen zu können. Was für die »Große Kunst« gilt, dass sie nicht aus »Spaß an der Freud« entsteht, sondern unter Leidensdruck, das gilt wohl auch für jede Lebensweisheit, die mitzuteilen sich lohnt: Solches Lebenswissen gewinnen wir zumeist erst dann, wenn wir Grenzerfahrungen machen, Erfahrungen von Scheitern und Sterben, Abschied und Schmerz.

Paddy kommt buchstäblich in ein Traumhaus – oder ist es nur ein Albtraumhaus? Vielleicht ist es eine späte Erscheinung des Hauses, das Cormac erreichte auf der Suche nach seinen verlorenen Lieben. Und der seltsame Hausherr meint es gut mit Paddy, wie Mananan MacLir es gut meint mit Cormac. Erfahrung ist nun einmal nie ohne Gefahr und der Weg zur Weisheit oft genug bitter. Paddy nimmt, anders als Cormac in der sehr viel älteren Erzählung, keine Zaubergaben mit in die Alltagswelt, dazu ist er schon zu »aufgeklärt«. Aber er bringt eine Geschichte mit. Das ist immerhin etwas. Und ich bin mir sicher: Nun hat Paddy, dem Tod entkommen, genug zu erzählen über das kostbare kurze Leben.

Jimmy

Betsy White war eine begnadete Geschichtenerzählerin. Sie lebte in Schottland und zog wie eine Zigeunerin in ihrem Wohnwagen umher. Und wer ihr zuhörte, erlebte fantastische Geschichten. Die, um die es sich hier handelt, stammt von einem *céilí*, an dem Betsy White als kleines Mädchen selbst teilnahm.

Ein *céilí* ist ein Treffen, an dem man sich Geschichten erzählt. Diese Treffen finden im Rahmen des Erntefestes statt. Die Ernte ist eingebracht, und alle Arbeiter nehmen daran teil. Nach dem Tanz nimmt der Gutsherr einen Hammer, klopft damit auf den Tisch und ruft: »Genug, ihr habt alle euren Spaß gehabt. Nun bin ich an der Reihe. Alle hier anwesenden Männer, Frauen und Kinder müssen entweder eine Geschichte erzählen, ein Lied singen, ihren blanken Hintern zeigen oder gehen.«

Alle warten nur darauf. Jeder kommt einmal an die Reihe, eine Geschichte, ein Lied oder sonst etwas vorzutragen. Es gibt einen silbernen Pokal für die beste Geschichte und einen goldenen für die größte Lüge. Es ist ein Wettbewerb, ein Wettstreit.

Sie beginnen. Die sieben Jahre alte Betsy White erzählt eine Geschichte, ihre Großmutter legt die Pfeife beiseite und erzählt. Jedem fällt etwas ein, bis ein Mann an die Reihe kommt, ein großer Kerl mit Namen Jimmy. Er steht auf – aber nichts geschieht.

»Los, Jimmy, erzähl!« – Aber er hat nichts zu erzählen.

»Dann sing!« – Aber Jimmy kann nicht.

»Summ eine Melodie!« – Aber Jimmy bringt keine drei Noten zusammen.

Dann sagt der Gutsherr: »Du kennst die Regeln. Du musst etwas für mich tun.« Jimmy sagt: »Gut, alles, was ihr wollt.«

»Geh zum See am Fuße des Hügels. Im Schilf liegt mein Ruderboot. Es steht Wasser im Boot. Du findest dort eine Dose. Schöpf das Wasser ab und komm zurück.«

Jimmy macht sich auf. Ein anderer ist nun an der Reihe, und Jimmy hört im Weggehen das Gelächter der Runde. Er geht bei Sternenschein hinunter zum dunklen Wasser. Dort sieht er das Ruderboot, in dem etwas Wasser steht. Er klettert in das Boot, findet eine Dose und schöpft das Wasser aus. Er steht auf, um auszusteigen. Doch die Bootsplanken sind feucht. Das Boot schaukelt etwas, und er rutscht aus. Er fällt holterdiepolter und stößt sich den Kopf.

Als er wieder zu sich kommt, muss er eine Weile bewusstlos gewesen sein. Er sieht an sich herunter. Aber statt der schwarzen Hose trägt er ein blausamtenes Kleid. Und anstelle seiner schweren Stiefel trägt er nun blausamtene Pantoffeln. Neben ihm liegt auch eine Handtasche. Er öffnet sie und kramt eine Puderdose hervor. Er klappt sie auf, und aus dem Spiegel blickt ihn die schönste Frau an, die er je gesehen hat. Er klappt sie wieder zu. Das Boot liegt am Ufer. Er rafft seine Röcke und watet an Land. Nebel steigt auf, und es regnet etwas.

Ein kleiner Hund kommt und leckt seinen Fuß. Dem Hund hinterher folgt ein schöner junger Mann mit einem Gewehr. Der Mann kommt näher und sagt: »Hallo.« Jimmy antwortet: »Hallo.«

Der Mann fragt: »Was tut eine so schöne Maid hier allein?« Jimmy sagt: »Ich weiß nicht.«

»Wohin willst du?«

»Ich weiß nicht.«

»Woher kommst du?«

»Ich weiß nicht.«

»Wie heißt du?«

»Jimmy.«

»Seltsamer Name für eine Frau. Aber du bist ganz durchnässt und durcheinander. Komm mit zu meiner Großmutter. Sie wohnt in einem kleinen Haus hinter dem Hügel.«

Um es kurz zu machen: Jimmy bleibt den Winter über dort, und sie heiraten. Im ersten Jahr bekommen sie einen Sohn, im zweiten einen zweiten Sohn und im dritten Jahr einen dritten. Im vierten Jahr jedoch stirbt die Großmutter. Sie beweinen sie und erben das Haus. Viele, viele Jahre ziehen ins Land. Als die Söhne 14, 13 und 12 Jahre alt sind, geht die ganze Familie am Seeufer spazieren. Es ist ein Sommerabend. Jimmy sieht ihr Ruderboot. Es steht Wasser im Boot, und das stört Jimmy. Sie sagt zu ihrer Familie: »Wartet hier auf mich. Ich muss das Wasser aus dem Boot schöpfen.« Sie klettert in das Boot, findet eine Dose und schöpft das Wasser aus. Sie steht auf, um auszusteigen. Doch die Bootsplanken sind feucht. Das Boot schaukelt etwas, und sie rutscht aus. Sie fällt holterdiepolter und stößt sich den Kopf.

Als sie wieder zu sich kommt, sieht sie den Sternenhimmel. Sie setzt sich auf und denkt sofort: »Wo ist meine Familie?« Jimmy trägt nun eine schwarze Jacke, schwarze Hosen und schwere Stiefel. Gelächter dringt an ihr Ohr. Jimmy springt aus dem Boot und stürzt zur Scheune.

Jemand ist gerade fertig mit seiner Geschichte. Jimmy marschiert zum Gutsherrn und den Bauern und fragt: »Wo sind sie?« Der Herr fragt: »Wer?«

»Mein Mann und meine Kinder! Was habt ihr mit ihnen gemacht?«

»Dein Mann und deine Kinder?«

»Der Mann, den ich heiratete, und meine drei Söhne! Wo sind sie?«

»Jimmy, Junge, wovon redest du?«

Und Jimmy erzählt die ganze Geschichte. Der Gutsherr brüllt vor Lachen: »Jimmy, du warst nur fünf Minuten weg.«

»Egal, ich will meinen Mann und meine Söhne.«

»Das reicht! War das eine gute Geschichte?« Und alle antworten: »Ja, es war die beste heute Abend.«

»Nimm den Silberpokal.« Der Gutsherr gibt ihm auch den goldenen Pokal: »Wer diese Geschichte glaubt, glaubt alles!« Doch Jimmy sagt: »Ich will eure Pokale nicht, ich will meinen Mann und meine Söhne.« Mit diesen Worten geht er fort. Betsy White war dabei, und sie hat alles gesehen.

Zehn Jahre später an einem großen Lagerfeuer anlässlich eines Pferdemarktes erzählt man sich wieder Geschichten. Betsy White ist da und auch Jimmy. Es wird zu viel Bier getrunken. Und plötzlich ruft einer: »Jimmy, los, erzähl doch, wie du einmal eine Frau warst!«

Der große Jimmy steht auf und erzählt die Geschichte. Als er fertig ist, wendet er sich ab. Betsy bemerkt, wie seine Augen feucht werden. Sie geht zu ihm und fragt: »Was hast du?« Er antwortet: »Ich weiß nicht. Es ist nur so, dass ich irgendwo einen Mann und drei Söhne habe! Und ich frage mich, was sie wohl machen.«

(Schottland)

Nach-gedacht

Die Geschichte von Jimmy ist offenkundig kein altes Volksmärchen, zeigt aber, wie lebendig die keltische Erzähltradition bis in unsere Zeit ist. Wie in der Erzählung von Paddy Ahern geht es um einen Mann, der keine Geschichte kennt. Aber während das irische Märchen trotz allem Grusel doch heiter und optimistisch ist und auch dem Unheimlichen einen guten Zweck zubilligt, liegt über der schottischen Erzählung tiefe Melancholie. Jimmy steht am Ende vor uns als ein Mann, der um seinen Traum betrogen ist, in der Alltagswelt nicht mehr heimisch wird und den anderen als eine komische Figur erscheint.

Jimmy, der beim Erntefest als sprachloser Dummling hinausgeschickt wird, ist ein Außenseiter, wenn auch eher belächelt als geächtet. Beim Versuch, ein Boot (das Lebensschiff?) auszuschöpfen, stürzt er in eine andere Welt, und dort ist aus dem großen ungeschickten Mann eine schöne und anmutige Frau geworden. Vollständiger könnte der Rollentausch nicht sein. Wie soll man das deuten? Psychologisch als Konfrontation mit seiner verdrängten weiblichen Seite? Oder spirituell als Seelen-Gestalt? Ich finde es weder nötig noch besonders erhellend, Jimmys geheimnisvollen Gestaltenwechsel zu rationalisieren. Jimmy findet in seiner Traumwelt sein Traumhaus und darin ein gutes erfülltes Leben. Und ebenso plötzlich stürzt er zurück in die Alltagswelt, in sein altes Dasein als komischer Tollpatsch. Dass er nun etwas zu erzählen hat, sogar die Siegespreise für die beste Geschichte und die größte Lüge bekommt, ist kein Trost, sondern nur bittere Ironie, die seine Einsamkeit verstärkt.

Es gibt entfernte Verwandte dieser Erzählung in der alten keltischen Tradition. Im Sagenmärchen von »Condla Rotschopf und der Frau im gläsernen Schiff« verlässt der Königssohn Condla, auch eher ein etwas merkwürdiger Außenseiter, die Welt der Männer, die Welt seines Vaters, und lässt sich von einer Fee entführen in ein anderes Leben. Condlas Wechsel aus dem männlich dominierten ins weiblich geprägte Leben gelingt freilich und wohl auch zu seinem Glück (obwohl die Deutung strittig war und ist). Jimmy bleibt von dem erträumten anderen Leben nur Ent-Täuschung. Ist sein Traumhaus, aus dem er nicht zurückkehren wollte, doch nur ein Wolkenschloss? Aber sein Traum von einem anderen Leben ist doch mehr als eine billige Illusion, Jimmys Schmerz ist sehr real: Seine Kinder, seine Zukunft sind in einer anderen als seiner Alltagswelt, und anders als Cormac weiß Jimmy keinen Weg zurück. Am Ende steht er vor uns als tragische Gestalt, als eine unfreiwillig komische Jahrmarktsattraktion.

Jimmys Geschichte ist kein Märchen, sie nimmt kein gutes Ende. Und ich vermag nicht einzuschätzen, was seine Traumreise bedeutet. Sicher Schmerz, sicher ein Vermissen eines ganz anderen Lebens. Aber kann nicht auch das Vermissen ein Leben bereichern? Stärker als dumpfe Wunsch- und Traumlosigkeit?

Im Zaubergarten

Ein unglückliches Schicksal trieb mich von zu Hause fort, so wanderte ich los, um anderswo mein Glück zu suchen. Ich zog durch ein zerklüftetes und dicht bewaldetes Gebirge, die Pfade wurden immer enger und einsamer, kein Mensch kam mir entgegen, und endlich verlor ich im Dickicht meinen Weg. Die Sonne sank, Dunkelheit fiel übers Land, ich wusste nicht mehr weiter.

Da hörte ich eine Frauenstimme, rau und heiser, sie singt ein unheimliches Lied. Und zwischen den mächtigen Buchen sah ich die Sängerin: Es war eine alte Frau, ihre Kleider hatte sie abgelegt, nur langes wirres Haar hüllte sie ein, sie suchte im Mondschein nach Kräutern. Hässlich war die Alte, hässlich wie die Nacht, sie hatte einen Buckel, sie hinkte, sie schielte. Dann schaute sie mich an mit bösem Blick, und ich war starr vor Schreck. Doch ihr Blick wurde weicher.

»Jung«, murmelte sie, »so jung«. Rasch warf sie ihre Kleider über und hinkte herbei. »Hast dich verirrt, Junge«, flüsterte sie, »und der dunkle Wald ist voller Gefahr. Aber komm mit mir, da bist du sicher vor den Schrecken der Nacht.« Sie fasste mich an der Hand und zog mich mit sich fort, erst immer tiefer in den Wald hinein – »Gib Acht, hier ist eine Wurzel, hier ein Baumstamm«, warnte sie mich –, dann steil hinab in eine Schlucht, und ich dachte: »Jetzt geht's in die Hölle!«

Tief unten in der Schlucht war eine große Höhle, in einem Winkel brannte ein kleines Licht. Die Alte nahm ein Messer, kauerte sich auf den Boden und zog einen Kreis um sich. Dann holte sie ein kleines Buch hervor, schlug etwas nach und murmelte dann beschwörend vor sich hin. Und ich wartete voll Angst, was dieser Zauber bewirken mochte. Da erschien wie von Geisterhand gebracht ein Tisch, gedeckt mit Brot und Braten, mit Wein und Obst.

»Komm her«, winkte die Alte mich herbei, »setz dich zu mir, iss und trink mit mir. Viel zu lange habe ich allein gespeist!« Zitternd setzte ich mich. »Kommt dieses Essen wohl vom Himmel oder geradewegs aus der Hölle«, dachte ich, aber schon beim ersten Bissen vergaß ich meine Angst, so köstlich schmeckte alles, und während ich mit der Alten plauderte, wurden wir von unsichtbarer Hand bedient. Dann legten wir uns nieder, jeder in einer Nische der Höhle, doch als ich noch einmal hinüberschaute zum Bett der Alten, da schien sie mir im Dämmerlicht ihrer kleinen Lampe wie verwandelt, jung und wunderschön.

»Herrin«, rief ich zu ihr hinüber, »erlaubt mir, bei Euch zu bleiben. Was soll ich mein Glück noch woanders suchen?«

»Du bist willkommen«, gab sie lächelnd zur Antwort, und ihre Stimme klang nicht länger rau und heiser.

Am nächsten Morgen schien die Waldfee wieder alt und hässlich, aber nun wusste ich ja um ihre andere Gestalt. Und die Höhle hatte sich verwandelt in ein kleines Haus, das lag nicht mehr in der Schlucht, sondern auf einer Anhöhe. Von außen sah das Häuschen nicht besonders hübsch aus, doch innen war es geräumig und hell und schön eingerichtet. Und ringsum war keine Wildnis mehr, sondern eine Blumenwiese, sanfter Wind wehte durch das Wiesental, die Luft war voll Blütenduft, nichts unterbrach die friedliche Stille als das Gezwitscher der Vögel und das liebliche Murmeln kristallklarer Bäche, auf deren Grund bunte Steine tanzten. Die Tiere in diesem Tal waren zahm und ohne Scheu, und das Wetter wie ewiger Frühling. Und hatte ich einmal einen Wunsch, den dieser Zaubergarten nicht erfüllen konnte, so schenkte mir die alte junge Zauberin, was mein Herz begehrte.

Oft war die Waldfee unterwegs, und damit ich dann nicht ohne Bedienung wäre, nahm sie einen Stößel, so einen, mit dem man Knoblauch zerstampft, warf ihm ein paar Kleidungsstücke um und stülpte einen Kürbis als Kopf darauf. Dann verriet sie mir die Zauberworte, mit denen ich den seltsamen Diener an die Arbeit schicken sollte, und der führte dann auch pünktlich auf, was ich ihm auftrug.

Doch einmal befahl ich ihm: »Eile zur Quelle, hole mir Wasser!« Er nahm auf der Stelle einen Eimer, lief zum Brunnen, kam mit vollem Kübel zurück und goss ihn ins Haus. Und lief gleich wieder zur Quelle und schöpfte und kam zurück und goss aus und lief und schöpfte und goss und lief und schöpfte und goss, bis das ganze Haus unter Wasser stand. »Hör endlich auf«, schrie ich, »es ist genug«, doch das hob den Zauberspruch nicht auf, auch konnte ich den künstlichen Knecht weder festhalten noch ihm den Kübel entreißen, er wäre zum Wasser gelaufen, solange noch ein Tropfen im Brunnen war. In meiner Verzweiflung packte ich ein Beil und schlug auf den Wasserträger ein, und der Schlag spaltete den Kürbis und den ganzen Stößel mittendurch. Doch die zwei Hälften sprangen gleich wieder auf, jede nahm einen Eimer und lief und schöpfte und goss. Und als ich mich mit der Axt auf die verdoppelten Diener stürzte und sie in Stücke schlug, da griff sich jeder Splitter irgendein Gefäß, Kochtopf oder Schüssel oder Suppenteller, und lief damit zur Quelle – und das Wasser im Haus stieg und stieg, und ich stand schon bis zur Hüfte im Wasser.

Da kam zum Glück die Alte heim, sie machte dem Zauber rasch eine Ende: »Bringt auf der Stelle zurück zur Quelle, was hier geflossen und ausgegossen!« Und für mich ließ sie ein wärmendes Feuer entzünden und trockene Kleider bringen. »Mein Sohn«, sagte sie dann zu mir, »du musst denken, bevor du sprichst. Denn wer sich irrt, wenn er den Zauber spricht, der gerät ins Unglück!«

Den Satz merkte ich mir, den zersplitterten Stößel aber warf ich ins Feuer, und die Waldfee bestellte einen anderen Diener für mich, einen alten Besen.

So lebten wir in Glück und Frieden, und wir liebten einander, denn ich wusste ja um die wahre Schönheit meiner Gastgeberin. Und eines Abends fragte ich sie, wieso sie nachts eine so schöne andere Gestalt hätte.

»Warte ein wenig«, sagte sie nur, »bald sollst du mich ganz und immer in meiner wahren Schönheit sehen.« Aber ich drängte nun jeden Tag, sie solle mir das Geheimnis verraten, aber sie wollte nicht: »Wenn ich es dir sage, kann es dein Unglück bedeuten und meinen Tod.«

Aber schließlich gab sie nach und erzählte mir alles: Dass ihr Mann ein mächtiger Zauberer gewesen, alt, zu alt für eine junge Frau, und eifersüchtig auf all die jungen Männer, die seine schöne Frau umschwärmten, und als er sie einmal in zärtlicher Umarmung ertappt hatte, da hatte er sie hier im tiefen Wald vor den Männern versteckt und hatte sie zudem so verzaubert, dass sie am Tag allen wie eine alte Hexe erschien, nur in der Dunkelheit der Nacht durfte sie ihre Schönheit behalten. Und noch auf seinem Sterbebett hatte der alte Zauberer sie verwünscht: Sollte vor Ablauf von vier Jahren ein Mann sie in ihrer ganzen Schönheit sehen, ohne Kleider, so wäre sie für immer verflucht, als Schlange durch die Welt zu irren. Nach dieser Frist aber habe der Bann seine Macht verloren. »Drei Jahre sind schon vorbei«, sagte sie dann zu mir. »Ich bitte dich, warte noch ein Jahr, dann gehört meine Schönheit dir!«

Ein Jahr noch. Ein ganzes langes Jahr. Noch ein paar Tage kämpften in mir Vernunft und Begierde, dann vergaß die verzauberte Schöne, als sie zu Bett ging, das kleine Licht in ihrer Nische zu löschen, und als sie eingeschlafen war, schlich ich zu ihr, nahm ihre Lampe und ging nah an das Bett heran. So sah ich ihre ganze Schönheit: ihr makelloses Gesicht, ihr prächtiges Haar, die weiße Haut, ihre Gestalt, dort schmal, dort wohl gerundet, ganz so, wie es sein sollte. Und während ich noch verzückt auf sie nieder starrte und ihre langen wohl geformten Beine bewunderte, sah ich, dass die Beine zusammenwuchsen zu einem einzigen, das immer länger wurde, die Arme verschwanden im Körper, die schneeweiße Haut wurde schuppig, der Hals dehnte sich, der Kopf wurde eckig, sie wurde zu einer abscheulichen Schlange. Doch sie erwachte erst, als der böse Zauber ihr Herz erreichte. Da schlug sie die Augen auf und stöhnte: »Ach, dass deine zu große Liebe ...« – und der Rest des Satzes war nicht zu verstehen, war nur noch ein böses Zischen. Sie glitt aus dem Bett, glitt aus der Höhle und verschwand in der Nacht. Ich warf das kleine Licht, das ich noch in Händen hielt, fort und lief ihr nach: »Bleib bei mir, verzeih mir, verzeih ...«, doch ich sah sie nicht wieder.

Ziellos irrte ich durch den finsteren Wald, endlich stürzte ich einen Abhang hinab, dort wartete ich benommen bis zum Morgen. Bei Sonnenaufgang kletterte ich den Hang empor und wollte zurück zum Haus der Fee im Zaubergarten. Aber so lange ich auch suchte, ich fand weder Haus noch Höhle, weder die Waldschlucht noch das Wiesental. Und seit jenem Tag habe ich auch kein Glück und keinen Frieden mehr gefunden.

(Italien)

Nach-gedacht

Auch diese Novelle aus dem späten Mittelalter ist nur märchenartig, aber selbst kein Märchen, der Stil ist recht literarisch, das Ende böse, eine Variante der Geschichte vom Sündenfall, vom verlorenen Paradies.

Drei weitere typische und bekannte Motive prägen die Geschichte. Da ist einmal die unheimlich-geheimnisvolle hässlich-schöne Waldfrau, in ihrer Doppeldeutigkeit ist sie der Feenkönigin verwandt, der Thomas der Reimer verfällt. Aber diese Frau enthüllt mehr und mehr ihre helle Innenseite, und auch die Höhle, in die sie den unbenannten Ich-Erzähler führt, verwandelt sich in ein Häuschen, dessen Inneres weit beeindruckender ist als seine Außenseite. Und ringsum erstreckt sich ein Paradies. Aber anders als in vielen Mythen und Sagen zerstört nun nicht die unheimliche Frau das Männer-Paradies, sondern die Ungeduld des Mannes lässt den Traum zerplatzen und Traumfrau und Traumhaus verschwinden. Dabei zeigt sich uns dann recht originell ein typisches Märchenmotiv »spiegelverkehrt«, als Negativ. Während viele Märchen hinführen zur Erlösung des meist männlichen verwünschten Tierbräutigams aus der Tier- zur Menschengestalt, endet diese Novelle mit der Verwandlung der Frau in eine Schlange.

Auf den ersten Blick willkürlich und ohne zwingenden Zusammenhang ist in diese Beziehungsgeschichte eingefügt das Motiv vom künstlichen Diener, der außer Kontrolle gerät, bekannt vor allem aus Goethes »Zauberlehrling«. Aber für mich macht dieser Einschub doch Sinn. Auch hier zeigt sich die Unreife des »Helden«, der mit den ihm angebotenen traumhaften Möglichkeiten nicht umgehen kann.

Die Geschichte von Jimmy rührt mich mehr, die vom Zaubergarten ruft in mir kritische Fragen an meine Zeit wach, wobei ich nicht behaupten will, ein spätmittelalterlicher Novellist habe das im Sinn gehabt, was mir in der heutigen Konsumgesellschaft durch den Kopf geht. Wir sind in eine Welt geraten, die ein Paradies sein könnte, aber die Gefahr besteht, dass uns die Macht der künstlichen Diener entgleitet und wir überschwemmt werden von dem, was sie uns ins Haus bringen. Und ganz gleich, ob ich die Waldfee betrachte als Bild meiner »Seele«, als Bild der »Frau Welt« oder der »Mutter Natur« oder auch als Bild derer, die ich liebe: Wenn ich nicht abwarten und die dunkle hässliche Seite der Waldfee nicht aushalten will und kann, dann werde ich sie und mich verwünschen, das heißt, sie und mich durch meine falschen Wünsche verlieren.

Der Spiegel, der ins Jenseits führt

Da war einmal ein junges Paar, sie liebten sich sehr, doch kurz nach der Hochzeit wurde der Mann sehr krank, und nach wenigen Tagen starb er. Die junge Frau war außer sich vor Schmerz, sie weinte und klagte: »Warum hat er mich verlassen. Ach, hätte ich doch nur ein Kind von ihm! Dann wäre alles leichter zu ertragen. Dann wüsste ich, wofür ich lebe. Aber so wär' ich lieber tot.«

Nun lebte in ihrem Haus auch die alte Amme der Frau, die hatte das junge Paar bei sich aufgenommen. Die Alte nahm die weinende Witwe beiseite. »Luisa, Liebes«, sagte sie, »es tut mir weh, dich so leiden zu sehen. Vielleicht kann ich dir helfen. Ich sage nur, vielleicht, denn ich bin mir nicht sicher. Aber in meiner Heimat erzählen die Leute sich Folgendes: Wer um einen lieben Toten trauert und sich danach sehnt, ihn wiederzusehen, der soll sich in einer Vollmondnacht vor einen großen Spiegel stellen mit einer brennenden Kerze in der linken Hand – dann wird er im Spiegel den sehen, um den er weint. Und die Leute sagen auch, man könne durch den Spiegel zu dem lieben Toten hinübergehen. Ob man aber auch wieder zurückkehren kann oder für immer auf der anderen Seite bleiben muss, das weiß ich nicht.«

»Ach, das wäre mir ganz gleich«, rief Luisa, »ich habe nichts zu verlieren, denn so allein will ich nicht länger leben. Kann ich nicht zu ihm, dann gehe ich ins Kloster!«

So ist sie in der nächsten Vollmondnacht bis Mitternacht aufgeblieben, hat eine Kerze angezündet, in die linke Hand genommen und sich vor den großen Spiegel im Salon gestellt. Dann wartet sie und starrt und starrt auf das schimmernde Glas, aber sie sieht nichts als nur ihr Spiegelbild. Doch dann bewegt sich etwas im Spiegel, eine Tür geht auf, rasch schaut Luisa über ihre Schulter, nein, die Tür zum Salon ist zu – hinten im Spiegel hat sich eine Tür geöffnet, jemand tritt ein in das Spiegelbild. Ein Mann. Luisa geht ganz nah an den Spiegel heran, jetzt erkennt sie ihn, es ist ihr Mann.

»Luisa, Liebste«, hört sie seine Stimme, leise, aber gut zu verstehen, »ich kann nicht hinüber zu dir, aber du kannst zu mir, wenn du willst.«

»Oh ja, das will ich«, flüstert Luisa, »aber wie? Was muss ich tun, Liebster?«

»Gib mir deine Kerze. Dann schließe die Augen und gehe geradeaus durch den Spiegel hindurch.«

Luisa presst ihre Linke mit der Kerze gegen das Spiegelglas und schließt die Augen, ihr ist, als fühlt sie seine Finger auf ihrer Hand, sie lässt die Kerze los, doch die Kerze fällt nicht zu Boden. Noch einmal holt sie tief Luft und macht einen großen Schritt geradeaus, sie spürt keinen Widerstand, nur einen leisen kalten Hauch, noch einen Schritt weiter, dann nimmt jemand sie in die Arme und küsst sie: »Luisa, Liebste, schau mich an!« Luisa öffnet die Augen, und sie sieht ihrem Mann ins Gesicht. Lange stehen sie so, dann nimmt er sie bei der Hand und geht mit ihr aus dem Zimmer, Luisa schaut nicht zurück, sie gehen durch einen langen dunklen Gang, dann wieder durch eine Tür hinaus in einen großen dämmrigen Park, weiter durch den dunklen Garten bis zu einem stillen Bach, über eine schmale Brücke zu einem kleinen Haus. Dort wohnt er.

Luisa bleibt bei ihm, sie weiß nicht, wie lange, sie kann die Tage nicht zählen. Oft kommt ihr alles wie ein Traum vor, und doch spürt sie: Es ist wirklich wahr. Und später konnte sie alles in dem Haus genau beschreiben, die Zimmer, die Möbel, das Essen – nur an die Gesichter der Diener konnte sie sich nicht mehr erinnern, so sehr sie es auch versuchte.

Eines Tages merkt sie, dass sie schwanger ist. Am Abend erzählt sie es ihrem Mann: »Liebster, ich bekomme ein Kind!« Der schaut sie lange an: »Ja, das ist gut«, sagt er endlich, »aber nun wird es Zeit für dich, zurückzukehren in unser altes Haus, denn hier können keine Kinder geboren werden!«

»Kannst du nicht mit mir kommen?«, hat Luisa gefragt.

»Ein Stück kann ich dich begleiten. Aber nicht ganz hinüber. Doch sei nicht traurig. Nun werde ich dir ja immer nahe sein.«

Dann nimmt er sie bei der Hand und geht mit ihr aus dem Haus, über die schmale Brücke, durch den dämmrigen Park, zurück bis zu dem langen dunklen Gang. Dort zündet er eine Kerze an und umarmt und küsst Luisa noch einmal. »Nun schließe deine Augen«, sagt er, »und gehe sieben Schritte geradeaus. Auf Wiedersehen. Und Gott behüte dich!«

Luisa schließt die Augen und geht weiter, einen Schritt, zwei Schritte, drei, vier, fünf, sechs, sieben. Dann macht sie die Augen auf – sie ist wieder im Salon ihres alten Hauses. Sie schaut zurück, im Spiegel sieht sie ihren Mann, er hält die Kerze in der Linken und winkt ihr noch einmal zu, dann dreht er sich langsam um, geht durch die Tür und verschwindet in dem langen dunklen Gang. Und da war es stockfinster im Spiegel und im Salon. Luisa tastete sich bis in den Flur. Da kam ihr auch schon eine Dienerin entgegen: »Herrin«, hat die gerufen, »seid Ihr endlich zurück von Eurer Reise? Aber warum mitten in der Nacht? Und wo seid Ihr nur so lange gewesen?«

»Ich war bei meinem lieben Mann«, hat Luisa gesagt, und da hat die Dienerin sie nur so seltsam angesehen und geschwiegen.

Am nächsten Morgen stellte Luisa fest, dass sie drei Monate fort gewesen war. Dann hat sie ihrer alten Amme alles erzählt.

»Es stimmt also doch«, hat die gesagt. »Aber warum bist du zurückgekommen?«

»Weil ich ein Kind erwarte.«

»Ja«, sagte die Alte, »daran habe ich nicht gedacht. Das Leben geht weiter.«

Etwa ein Jahr nach dem Tod ihres Mannes hat Luisa einen gesunden Jungen geboren. Es muss viel Gerede darum gegeben haben, doch irgendwie hat Luisa es geschafft, dass das Kind als Sohn ihres verstorbenen Ehemannes anerkannt wurde.

(Argentinien)

Nach-gedacht

Dieses Märchen ist zwar deutlich anders als die Grimm'schen Zaubermärchen, doch es erzählt von einem durchaus märchentypischen Thema, der Reise in die Anderswelt, mit einem doch märchenhaft guten Ende, wenn auch ohne das völlige Glück einer Rückkehr des Toten aus dem Totenreich. Es ist in diesem Buch das erste Beispiel dafür, dass das Jenseits der Anderswelt ausdrücklich als Reich der Toten und das Traumhaus als Ort der Verstorbenen beschrieben wird.

Wie bei allen geglückten Reisen ins Traumhaus ist das Motiv auch hier nicht Neugier oder Abenteuerlust, sondern das Leiden an der Welt, wie sie ist. Vielleicht mag in dem Spiegel, der das Tor zu den lieben Toten, das Tor zum Jenseits ist, die Erinnerung nachklingen an das ältere Bild vom Wasser-Spiegel als dem Eingang zur Anders- und Totenwelt. Luisa erreicht diese Welt und den, den sie schmerzlich vermisst, aber sie kann, auch das ist typisch für die meisten Traumhäuser, nicht auf Dauer bleiben. Sie muss zurück, damit ihr Kind geboren werden, zur Welt kommen kann. Sie findet zu sich selbst und bringt die Frucht ihrer Liebe mit zurück in die Alltagswelt, aus der sie für eine Zeit verschwunden und für die sie »abgetaucht« war.

Vor ein paar Monaten war ich eingeladen in einen Kreis von Eltern, die ein Kind verloren hatten; keiner aus der Gruppe hatte sich je mit Märchen beschäftigt oder war auch nur mit poetischen Texten vertraut. Ich erzählte das Märchen vom »Spiegel, der ins Jenseits führt«. In dem Märchen geht es gar nicht um den Tod eines Kindes, aber alle Eltern in der Runde sagten beim anschließenden Gespräch: »Ja, genau so war es bei uns.« Und dann erzählte jede, jeder eine ganz andere Geschichte, erzählte von gestorbenen Kleinkindern oder tödlich verunglückten erwachsenen Söhnen, und keine dieser Erzählungen hatte äußerlich Ähnlichkeit mit dem Märchen. Aber alle hatten die Bilder des Märchens so angeregt, dass sie ihre Geschichte gespiegelt fanden und ihre tief verwurzelte Hoffnung, und dass es gut wäre, ein Glück und ein Segen, wenn die Liebe Recht hat, die spürt: »Der Tod ist nicht die letzte Wahrheit!«

Für mich erzählt das Märchen von Trauer, und nicht nur von der Trauer um geliebte Verstorbene, sondern auch um gestorbene Beziehungen und Lebensmöglichkeiten. Zur Trauer gehört oft und verständlicherweise ein Stück Selbstmitleid, man bespiegelt, man sieht nur sich selbst. Luisa aber geht durch diese Reflexion hindurch, sie taucht unter und durchlebt noch einmal Zeit mit dem geliebten Toten, und was aus ihrer Verbindung, ihrem gemeinsamen Leben erwächst, das bringt sie zurück in ihre Alltagswelt, wo das Leben weitergehen muss. Und sie erreicht auch, dass dieser Prozess von den anderen respektiert und der nun zurückgewonnene Lebensmut anerkannt wird.

Dieses Märchen zeigt noch einmal deutlich, was ein »Traumhaus«, eine surreale Erfahrung, vom »Wolkenschloss«, der irrealen Scheinwelt, unterscheidet: der bewusste Leidens-Weg dorthin, die Selbstfindung und die Rückkehr, bei der ich etwas mitbringe, was meine Alltagswelt verändert.

Das Mädchen,
das einen Toten heiratete

Da lebte einst ein König, der hatte eine Tochter, die er über alle Maßen liebte, und zwei jüngere Söhne. Eines Tages trat ein Bettler in den Schlosshof, und als die Königstochter ihn sah, rief sie: »Vater, den will ich zum Mann und sonst keinen!«

Zuerst lachte der König, er dachte seine Tochter mache einen Scherz, aber dann merkte er, dass es ihr ganz ernst war. »Liebes Kind«, sagte er, »lass den Unsinn. Hast du denn ganz den Verstand verloren? Du bist eine Königstochter. Was willst du mit einem Bettler?«

»Oh, lieber Vater«, sagte sie, »ich weiß recht gut, was ich will. Glaub mir, wenn ich den nicht zum Mann bekomme, dann muss ich sterben vor Kummer!«

Nun, der König hatte seiner geliebten Tochter noch jeden Wunsch erfüllt, also gab er auch diesmal nach, und sie bekam den Bettler zum Mann. Der war damit ganz zufrieden, doch eine Bedingung hatte er: »Ihr seid Heiden«, sagte er, »ihr müsst euch erst taufen lassen.« Ja, da wurden alle getauft, und bei der Taufe des jüngsten Königssohns stand der Bettler selber Pate. Und nach der Taufe wurde Hochzeit gefeiert, lang und mit Freude und aller Pracht.

Als das Fest vorüber war, sagte der Bettler: »Nun will ich heimkehren mit meiner Frau.« Und er nahm Abschied von dem König und der Königin und allen Hochzeitsgästen. Bevor er aber mit seiner Braut das Königsschloss verließ, gab er seinen Schwägern, den beiden Königssöhnen, einen kleinen weißen Stab: »Wenn ihr eure Schwester besuchen wollt, so geht zu dem großen Felsen mitten im Wald. Berührt ihn zweimal mit dem Stab, dann schlagt ein Kreuz über den Felsen – und ich werde zu eurem Empfang erscheinen.« Sprachs und war mit seiner Frau verschwunden, niemand wusste, wohin.

Nach einiger Zeit sagte der ältere Königssohn: »Jetzt will ich doch einmal meine Schwester besuchen, um zu sehen, wie es ihr geht.« Er nahm den kleinen weißen Stab, ging in den Wald zu dem großen Felsen, zweimal berührte er den Felsen mit dem Stab, dann schlug er ein Kreuz darüber. Und gleich sprang der Felsen auf, und der Bettler stand vor ihm.

»Ah, du bist es, lieber Schwager«, sagte er, »schön, dass du kommst, ich freue mich, dich zu sehen. Sicher willst du deine Schwester besuchen.«

»Ja, ich möchte wissen, wie es ihr geht.«

»Gut, gut. Komm, ich bringe dich zu ihr.«

»Wohin gehen wir denn?«

»Zu meinem Schloss. Steig nur mit mir hinab.«

Der Prinz aber zögerte, in den dunklen Abgrund hinabzusteigen. Da nahm ihn der Bettler bei der Hand: »Komm nur, fürchte nichts, dir wird kein Leid geschehen.«

So stiegen sie hinab in den schwarzen Schlund, tief und immer tiefer in die Erde. Endlich kamen sie zu einem wunderschönen Schloss. Dort fand der Prinz seine Schwester, sie war prächtig gekleidet, und sie saß auf einem goldenen Thron in einem kostbar geschmückten Saal. Und Bruder und Schwester umarmten sich und küssten sich vor Freude.

Als der Herr des Schlosses sie allein gelassen hatte, fragte der Königssohn seine Schwester: »Nun sag, wie geht es dir hier?«

»Sehr gut, lieber Bruder. Ich bekomme alles, was ich mir nur wünschen kann. Nur eines gefällt mir nicht: Mein Mann lässt mich immer allein. Jeden Morgen, wenn die Sonne aufgeht, geht er fort, und dann bin ich den ganzen Tag allein, bis die Sonne untergeht und er heimkehrt.«

»Wohin geht er denn?«

»Ich weiß es nicht, er sagt es mir nicht.«

»Morgen frage ich ihn, dann werden wir ja sehen.«

Und am nächsten Morgen stand der Prinz mit der Sonne auf: »Lieber Schwager, ich möchte auch gern ausgehen. Darf ich dich begleiten?«

»Gewiss, lieber Schwager, komm nur mit!«

Kaum aber hatten sie den Schlosshof verlassen, da fragte der Schlossherr den Prinzen: »Hast du das Tor hinter dir gut und sicher verschlossen?«

»Oh, das habe ich vergessen!«

»Nun, dann sei so gut, schließ ab und komm nach.«

Der Prinz lief zurück und verschloss das Tor, aber als er zurückkam, war sein Schwager bereits verschwunden. »Na schön«, sagte er sich zornig, »dann habe ich hier nichts mehr verloren und nichts mehr zu suchen!«

Er ging zu dem Felsen, der bis tief hinab in die Erde reichte, berührte ihn zweimal mit dem weißen Stäbchen, schlug das Kreuz – und stand wieder daheim im Schloss seines Vaters.

Alle drängten sich um ihn und fragten, ob er seine Schwester gefunden habe und wie es ihr gehe. Und der Prinz erzählte, was er gehört und gesehen hatte.

»Ach, gütiger Himmel«, jammerten der König und die Königin, »was mag es nur auf sich haben mit diesem Mann?«

»Jetzt geh ich meine Schwester besuchen«, sagte da der jüngere Königssohn, »und ich komme nicht eher zurück, als bis ich herausgebracht habe, was mit meinem Paten ist.« Er nahm seinem Bruder den kleinen weißen Stab aus der Hand und ging geradewegs zu dem Felsen im Wald. Und dann war alles so wie bei seinem Bruder: Der Pate erschien, begrüßte ihn freundlich und führte ihn hinab in die Tiefe bis zu dem Schloss, wo er seine Schwester fand.

Und als am nächsten Morgen die Sonne aufging und der Pate aufbrechen wollte, wartete der jüngere Königssohn schon im Schlosshof auf ihn und bat, ihn begleiten zu dürfen.

»Gern, komm mit«, sagte der, und dann, als sie ein paar Schritte gegangen waren: »Hast du das Schlosstor hinter dir verschlossen?«

»Gewiss, lieber Pate«, sagte der Königssohn, »alles ist gut verschlossen und verwahrt!«

»Das ist gut. Dann lass uns gehen!«

Nach einer Weile kamen sie auf eine öde Heide, da wuchs nichts als Farnkraut und Ginster, doch in dem dürren Gestrüpp lagen zwei fette Kühe, rund und prall und mit glänzendem Fell.

»Seltsam«, dachte der Königssohn. »Lieber Pate«, fragte er dann, »wie kommen so schöne fette Kühe auf diese dürre Heide, wo es doch nichts zu kauen gibt?«

Aber der Pate sagte nichts und ging weiter, doch die Kühe öffneten ihr Maul und riefen »Gott segne dich!«

Dann führte ihr Weg über eine grüne Wiese, da standen wieder zwei Kühe, denen reichte das saftige Gras bis zum Bauch. Doch diese beiden Kühe waren elend und mager, nur Fell und Knochen. »Wirklich seltsam«, dachte der Königssohn, und wieder fragte er seinen Paten, was das sei, doch der ging schweigend weiter. Die mageren Kühe aber riefen: »Gott segne dich!«

Dann gelangten sie an einen Fluss, am Ufer standen dicht beieinander zwei hohe Bäume, die schlugen mit ihren Ästen und Zweigen erbittert aufeinander ein, so dass Blätter und Rinde und Splitter weit umherflogen. »Gott ihm Himmel«, rief der Königssohn. »Was soll das bedeuten? Pate, sag ihnen doch, dass sie aufhören sollen!«

Der Pate schwieg, doch die beiden Bäume riefen: »Gott segne dich!«

Endlich kamen sie zu einer alten Kirche, die lag ganz in Trümmern. Sie gingen hinein, und die Kirche war ganz voll. Aber da standen keine lebenden Menschen, nein, die Gestalten sahen aus wie Schatten, dem Königssohn war ganz unheimlich. Nun endlich sprach der Pate: »Ich muss die Messe lesen. Wirst du mein Messdiener sein!«

Der Königssohn überwand seine Furcht: »Ja, das will ich gern«, sagte er ruhig.

Und der Pate legte ein Messgewand an, trat vor den Altar und las die Messe wie ein wirklicher Priester. Als er aber die Hostie hob und die Wandlungsworte sprechen wollte, da spie sein Mund Kröten und Würmer aus, und bei all den Schatten war es ebenso. Den Königssohn graute, aber er lief nicht davon.

Dann war die Messe zu Ende, und all die Schatten drängten sich um ihn und riefen: »Hab Dank! Du hast uns erlöst!«

»Kehren wir heim«, sagte der Priester, sein Pate, und sie gingen zurück, aber auf dem Rückweg sahen sie keine Rätsel mehr, die schlagenden Bäume waren verschwunden und auch die fetten und mageren Kühe.

Da fasste sich der Junge ein Herz: »Lieber Pate, wollt Ihr mir nicht erklären, was ich da gesehen habe?«

»Ja«, sagte der, »nun darf ich reden. Also höre: Die fetten Kühe auf der dürren Heide – das sind Arme, die trotz ihrer Armut ehrlich und glücklich waren und noch denen gegeben haben, die weniger hatten. Die mageren Kühe auf der fetten Weide waren reich, hatten mehr als genug, haben alles für sich behalten und waren doch niemals glücklich in all ihrem Überfluss. Die zwei Bäume, die sich peitschten und schlugen, sind ein Ehepaar, die haben sich unablässig gestritten und das Leben schwer gemacht.«

»Und warum haben mich alle gesegnet?«

»Weil du sie erlöst hast. Denn Gott hat ihnen auferlegt, dass sie bleiben müssen, wie sie waren, bis einer käme, der Mitleid mit ihnen hätte.«

»Und was war in der Kirche?«

»Ich war ein Diener Gottes, aber meiner Aufgabe nicht treu, vielmehr ein arger Sünder wie all die Schatten, die du in der Kirche gesehen hast. Und wie diese war auch ich dazu verurteilt, so lange auf Erlösung zu warten, bis eine Königstochter mich, den armen Bettler, lieben würde, und bis ein Königssohn mir bei der Totenmesse dienen würde. Lange, lange habe ich darauf gewartet. Die Kröten aber und das Gewürm, das wir armen Sünder im Schatten in der Kirche ausgespien haben bei den Worten der Wandlung, das waren die Dämonen, die uns besessen und gequält haben. Doch jetzt sind wir alle erlöst, dank dir!«

»Und was ist nun mit meiner Schwester«, fragte der Königssohn, »kann sie mit mir zurück auf die Erde?«

»Nein, sie hat uns wie du erlöst, und so ist sie erlöst und für immer im Paradies. Und auch du wirst bald dort sein. Aber erst geh noch einmal zurück zu deinen Eltern und deinem Bruder, erzähle ihnen alles, was du gesehen hast, damit sie nicht trauern um deine Schwester. Denn hätte sie nicht meine Frau werden wollen, sie wäre noch immer des Teufels.«

Da nahm der Königssohn Abschied von seinem Paten, kehrte durch den Stein zurück zu seiner Familie und erzählte von seiner Wanderschaft durch das Reich der Toten. Und dann kehrte er zurück zu seiner Schwester in das goldene Schloss.

(Frankreich)

Nach-gedacht

In der Bretagne hat man sich zahlreiche ähnliche Geschichten erzählt, etwa »Die Frau des Todes« oder »Das Kristallschloss«. Immer geht es um die Reise mehrerer Brüder zu ihrer Schwester, die einen Toten geheiratet hat, immer gibt es Proben, die nur der jüngste Bruder besteht, und die Märchen enden nicht im zaubermärchenhaften »diesseitigen« Glück der Hochzeit und des Reiches, sondern mit der Rückkehr des Jenseitswanderers in das erlöste Totenreich zu Schwester und Schwager.

In diesen Märchen ist eine religiös-erzieherische Absicht nicht zu übersehen, die die sicher älteren keltischen Motive der Jenseitsreise überstimmt. Da ist der Bettler-König, ein Sinnbild für die Doppelnatur des Menschen, und die Königstochter weiß, dass sie sterben muss ohne ihn. Der Bettler stimmt der Heirat zu, verlangt aber erst die Taufe der noch ungetauften Königsfamilie, dann verschwindet er mit seiner Frau hinter einem (Grab- (?)) Stein, der nur mit einem (druidischen (?)) weißen Zauberstab und dem Kreuzzeichen zu öffnen ist.

Als der ältere Bruder den Schwager besucht, führt der ihn durch Grabestiefen nicht in die Hölle, sondern in ein himmlisches Schloss. Die Schwester ist dort glücklich, aber über Tag von ihrem Mann getrennt – mag sein, dass in einer früheren Form des Märchens der Bräutigam nicht ein Toter, sondern die Sonne war, die täglich über die Welt reist. Der Bruder, der den Schwager bei seiner Reise begleiten will, scheitert, weil er das Tor nicht verschlossen hat. Der zweite Bruder aber, der auch Patenkind des Schwagers ist, besteht diese Probe – hat er abgeschlossen mit dem, was hinter ihm liegt? Oder spürt er, was seinem unerlösten Paten verschlossen bleibt?

Ihr Weg führt – wie der von König Cormac – vorbei an drei lebenden Fragen, der Bruder kann diese zwar nicht verstehen, aber er fragt – anders als Parzival – nach ihrem Unglück, erlöst sie so durch sein Mitleid und gewinnt absichtslos ihren Segen. Auch in der unheimlichen Kirche überwindet er seine Angst und ministriert bei der Totenmesse, die die Erlösung des Paten besiegelt. Das Ende ist dann weniger »märchenhaft« als »dogmatisch korrekt«: Der Schwager ist erlöst vom Fegefeuer, dem Leiden an einem vergeudeten Leben, die Schwester ist durch die Taufe gerettet vor der Hölle, der Bruder geht kurz in seine alte Welt zurück, um die Eltern zu belehren, dass sie den Verlust ihrer Kindern nicht betrauern sollen, dann kehrt er zurück ins Schloss, ins Paradies.

Ich glaube dem Märchen, was es über die erlösende Macht des mitgehenden Mitleids sagt. Aber sein Paradiesschloss ist nicht mein Traumhaus. Denn es ist ein Ort ohne Wiederkehr, nicht einer, wo man Kraft und Mut und sich selbst gewinnt wie im Haus hinter dem Spiegel, in dem Luisa ihr Kind empfängt, sondern ein Rückzugsort für die, die Abschied nehmen wollen von der Welt. Der Abschied wird früher oder später auch mein Schicksal sein. Aber bis dahin will ich mich – mit meinen Träumen, mit meinen Märchen – dem Leben stellen!

Die Frau,
die das Land der Toten besuchte

Es war einmal eine Frau, zwei Söhne hatte sie, und sie wohnten zusammen in einer Hütte. Große Jäger waren die Söhne, doch eines Tages kam der Jüngere nicht mehr zurück von der Jagd. Die Mutter trauerte und weinte um ihn. Bald darauf blieb auch der Ältere draußen und kam nicht mehr heim. Da war sie ganz verzweifelt, weinte und weinte den ganzen Tag, die ganze Nacht, und als es Morgen wurde, weinte sie immer noch und weinte bis zum Abend. Da verlor sie das Bewusstsein, und die Leute in ihrem Dorf meinten, sie wäre tot.

Die alte Frau aber merkt: Sie ist auf dem Weg ins Land der Toten. Sie sieht ein großes Loch im Himmel oben, sie kriecht hindurch, geht und geht immer weiter und weiß nicht, wohin sie geht. Sie kommt zu einem großen Stein, der dreht sich mahlend im Kreis und versperrt ihr den Weg. Und unter dem Stein sind viele viele Menschenknochen, und der ganze Stein ist voller Blut. Niemand ist zu sehn, aber eine Stimme ruft: »Ist's ein Toter, der da kommt?«

Noch ehe sie antworten kann, sieht sie ihre Großmutter. Die war schon vor vielen Jahren gestorben, aber jetzt kommt die Großmutter auf sie zu und sagt: »Du musst den Sternen Antwort geben. Sag: Bin kein Toter, bin ein lebender Mensch!« Das sagt die Frau, dann darf sie weitergehen. Sie folgt ihrer Großmutter bis zu einem Haus, sie schauen hinein, der ganze Eingang steht unter Wasser. Nur ein einziger Weg führt hinüber, der ist nicht breiter als ein ausgespannter Draht. Und wie sie da stehen, ruft eine Stimme: »Ist's ein Toter, der da kommt?« Die Großmutter sagt wieder, sie solle

Antwort geben, da ruft die Frau zurück: »Bin kein Toter, bin ein lebender Mensch!«

Nun gehen sie in das Haus hinein. Und da erkennt die Frau auch gleich ihre Söhne, und sie ist so froh. Aber da sieht sie: Füße und Waden des jüngeren Sohnes stecken im Eis, es reicht ihm fast bis an die Knie. Sie läuft zu ihm, sie will seine Beine vom Eis befreien. Aber der Sohn sagt zu ihr: »Schlecht steht's um uns, schlecht geht es uns, wenn du so ohne Maßen trauerst. Deine Tränen sind's, die zu Eis gefrieren an unsren Beinen.« Darüber ist die Mutter sehr betrübt. Und dann sieht sie: Auch der ältere Sohn hat Eis an den Beinen. Und sie will auch seine Beine und Füße vom Eis befreien und weiß nicht wie. Da sagt die Großmutter zu ihr: »Weine nur nicht mehr um sie, wenn du nach Hause kommst, denn deine Trauer bringt deinen Söhnen nichts als Leid.«

Die Mutter bleibt noch eine Weile in dem Haus. Als sie sich umdreht, sieht sie ein junges Mädchen, das streckt sich immer wieder nach der Decke und greift nach einem abgenagten Knochen, der an einem Riemen baumelt. Die Frau denkt: »Was macht die da?« Da sagt die Großmutter: »Sie wollte unten auf der Erde niemals mittanzen beim Freudentanz, darum muss sie das jetzt tun.« Die Mutter sieht noch andere merkwürdige Dinge im Land der Toten, und sie wundert sich sehr. Aber dann sagt die Großmutter: »Du musst jetzt wieder auf die Erde zurück, denn du bist noch nicht tot. Erst wenn du gestorben bist, kannst du hier oben bei deinen Kindern bleiben.«

So Leid es der Frau auch tut, sie muss sich wieder auf den Heimweg machen. Und als sie noch überlegt, ob sie gleich aufbrechen oder doch noch ein bisschen bei ihren Söhnen oben bleiben soll, gibt ihr die Großmutter einen Stoß, und da fällt sie hinaus in den Himmelsraum.

Auf ihrem Weg zur Erde hinab kommt sie wieder zu dem großen Stein, der sich mahlend dreht. Doch als die Frau kommt, steht er still, und sie kann vorbei. So kommt sie zu dem Loch im Himmel. Da kommt ihr ein junger Mann aus ihrem Dorf entgegen, der will gerade durch das Loch nach oben klettern. Aber sie stößt ihn zurück zur Erde. Er will nicht, er wehrt sich, sie aber stößt ihn vor sich her nach unten und bekommt ihn mit bis zu seinem Haus. Seine Leute hatten seinen Körper schon auf den Boden gelegt, alle glaubten, er wäre tot. Als aber die Alte jetzt zurückkommt mit seiner Seele, lebt er wieder auf. Und ebenso kriecht die Seele der Mutter in ihren Körper zurück, und sie wird wieder lebendig, grad als die Leute glauben, sie sei endgültig tot.

Jetzt, wo sie ihre Söhne gesehen hatte und wusste, dass sie nach ihrem Tode zu ihnen hinaufkommen und mit ihnen zusammen sein würde, jetzt lebte sie den Rest ihres Lebens in Freude. Und der junge Mann, dessen Leben sie gerettet, dessen Seele sie zurückgeholt hatte, der brachte ihr jeden Tag Fleisch, so konnte sie ohne Sorgen bis ans Ende ihrer Tage leben.

(Grönland)

Nach-gedacht

Auch in dieser Erzählung geht es um eine Reise ins Land der Toten und um ein Traumhaus dort. Aber wie das argentinische Märchen vom Spiegel, der ins Jenseits führt, ist auch diese Geschichte ein Aufruf zur Lebensbejahung in aller Trauer und Dunkelheit. Eine um ihre gestorbenen Söhne trauernde Mutter sucht den Tod, kommt vorbei an einer Menschenmühle ins Totenreich. Dort wird sie von der Großen Mutter, der Ahnin, aufgefordert, sich als Lebende auszuweisen. So findet sie zu ihren Söhnen und erkennt dort, wie ihre maßlose Trauer die Toten belastet – hierin ähnelt das Märchen dem

Grimm'schen »Tränenkrüglein«. Auch sieht sie, wie kümmerlich und »fleischlos« ein Leben ist und bleibt, das sich ganz dem Freudentanz verweigert, der zum Leben ebenso gehört wie die Trauer. Zwar muss die Frau endlich hinausgeworfen werden aus dem Traumhaus des Wiedersehens mit ihren Söhnen, aber sie hat ihre Lektion gelernt. Auf dem Rückweg ins Leben zieht sie einen lebensmüden jungen Mann mit sich in die alte Lebenswelt, und dessen Dankbarkeit ermöglicht ihr, der allein stehenden Witwe, einen sorglosen Lebensabend mit dem Traum von einem endgültigen Wiedersehen mit ihren Kindern.

»Du gehst mit Schmerz, du bist für dich und findest dich selbst, dann musst du und kannst du zurück ins alte Leben mit neuem Mut und neuen Möglichkeiten – das«, sagen die Märchen, »ist die Erfahrung des Traumhauses.«

Die drei kleinen Hühnchen

Es waren einmal drei kleine Hühnchen, ein weißes, ein schwarzes und ein rotes. Vater und Mutter hatten sie aus dem Hause gejagt. Nachdem sie eine Weile geweint hatten, sagten sie zueinander: »Was sollen wir machen?« Sie gingen auf Abenteuer aus und wanderten weit, weit fort. Nachdem sie eine Zeit lang gewandert waren, fanden sie einen großen Steinhaufen. Sie machten Halt und sagten zueinander: »Sollen wir mit diesen Steinen eine kleine Hütte bauen?« Gesagt, getan. Sie machten sich an die Arbeit. Als die Hütte fertig war, sagte das rote Hühnchen, welches das schlauste war: »Ich will versuchen, ob die Tür gut schließt!« Es schloss sich ein und wollte den andern nicht öffnen. Das schwarze und das weiße Hühnchen sahen, dass hier auf keine Barmherzigkeit zu hoffen sei, und gingen weiter.

Sie fanden einen anderen Steinhaufen und sagten zueinander: »Sollen wir eine kleine Hütte bauen?« Gesagt, getan. Sie machten sich an die Arbeit. Als die Hütte fertig war, sagte das schwarze: »Ich will versuchen, ob die Tür gut schließt!« Es schloss sich ein und wollte dem weißen nicht öffnen.

Das arme weiße Hühnchen ging unter Tränen davon; es begann zu laufen, aber das nützte nichts, nirgends fand es etwas. Die Nacht überraschte es, da hielt es inne und weinte: »Was soll aus mir werden?« Im gleichen Augenblick bemerkte es eine schöne Frau, welche zu ihm sprach: »Was machst du da, liebes kleines Hühnchen? Warum weinst du?« Das kleine Hühnchen erzählte ihr, was geschehen war. Die schöne Frau aber sagte zu ihm: »Weine nicht mehr, du wirst eine schönere Hütte bekommen als deine Schwestern. Aber höre, was ich dir sage: Wenn jemand kommt und an deine Türe klopft, so darfst du nicht öffnen, denn es könnte der Wolf sein, der dich fressen will.« Mit diesen Worten verschwand die schöne Frau, aber an ihrer Stelle stand ein schönes Schloss, da ging das Hühnchen hinein.

Da kam der Wolf zur Hütte des kleines roten Hühnchens und sagte zu ihm: »Mach mir auf!« Das kleine Hühnchen antwortete: »Nein, nein, nein, du bist der Wolf, du würdest mich fressen.« Der Wolf sagte zu ihm: »Ich werde trampeln und trampeln, bis deine Hütte einbricht!« Das kleine Hühnchen erwiderte: »Du kannst trampeln und trampeln so viel du willst, meine Hütte bricht nicht ein!« Der Wolf trampelte und trampelte, die Hütte brach ein, und der Wolf fraß das rote Hühnchen.

Dann ging er zur Hütte des kleinen schwarzen Hühnchens und sagte zu ihm: »Kleines Hühnchen, mach mir auf!«

»Nein, nein, nein, du bist der Wolf, du würdest mich fressen!«

»Ich werde trampeln und trampeln, bis deine Hütte einbricht!«

»Du kannst trampeln und trampeln, soviel du willst, meine Hütte bricht nicht ein.«

Der Wolf trampelte und trampelte, die Hütte brach ein, und der Wolf fraß das schwarze Hühnchen.

Er ging zum Schlösschen des kleinen weißen Hühnchens und sagte zu ihm: »Kleines Hühnchen, mach mir auf!«

»Nein, nein, nein, du bist der Wolf, du würdest mich fressen!«

»Ich werde trampeln und trampeln, bis dein Schlösschen einbricht!«

»Du kannst trampeln und trampeln, so viel du willst, mein Schlösschen, das bricht nicht ein!«

Der Wolf trampelte und trampelte und trampelte, aber das Schlösschen, das brach nicht ein, und der Wolf trampelte sich zu Tode.

Kikeriki – mein Märchen ist aus.

(Frankreich)

Nach-gedacht

Traumhäuser, in denen unsere Träume zu uns kommen und wir zu unseren Träumen und zu uns selbst, sind in den Märchen meist Teil der Anderswelt und im Leben meist eine Ausnahmesituation. Aber manchmal mag es gelingen, Heimat mitten in der alltäglichen Welt zu finden und so sehr bei uns zu Hause zu sein, dass es wie ein Wirklichkeit gewordener Traum erscheint. Die drei letzten Märchen dieses Buches erzählen von solchen Traum- und Heimathäusern, in denen wir dauerhaft bleiben können.

Das kleine französische Märchen von den drei Hühnchen ist ein schlichtes Kindermärchen, und doch hält es in seiner Naivität eine wichtige Wahrheit über unsere Traumhäuser fest. Die heimatvertriebenen, von den Eltern verstoßenen kleinen Hühnchen geben sich nicht auf und bauen aus einem Steinhaufen ein Haus. Doch diese Leistung endet mit Betrug, das cleverste, leuchtend rote Hühnchen sperrt die anderen aus. Die unternehmen einen zweiten Versuch, wieder endet der Bau damit, dass das schwarze das weiße Hühnchen überlistet und aussperrt.

Das dritte Hühnchen läuft nun hoffnungslos weiter, aber seine Tränen beschwören Hilfe herbei, eine schöne Frau schenkt ihm ein Schloss, nein, verwandelt sich geradezu in ein Schloss.

Als der Wolf kommt, halten die auf Unrecht gebauten

Häuser nicht stand, aber vor dem geschenkten Schlösschen trampelt er sich zu Tode.

»Du kannst das Traumhaus Heimat nicht auf Unrecht bauen, auf Kosten und unter Ausschluss anderer«, sagt mir das Märchen. Oft werden wir uns unsere Traumhäuser, in denen unsere Träume leben, schenken lassen müssen. Und vielleicht können wir uns erst dann wirklich beschenken lassen, wenn wir spüren, dass wir verloren sind wie ein kleines weißes Hühnchen im dunklen Wald der Welt. Aber, und das ist die Mut machende Überzeugung der Märchen, in der Dunkelheit wartet nicht nur der Wolf, es wartet auch eine Fee auf die, die andere nicht ausschließen vom Glück.

Das Glück des Tagelöhners

Es war einmal ein armer Tagelöhner, der lebte glücklich und zufrieden mit seiner Frau und seinen Kindern in einem kleinen Haus am Rand des großen Waldes. Er fällte Bäume, hackte Holz, schnitt Bretter zu und verdiente so sein tägliches Brot. Das war eine schwere, mühsame Arbeit, viel Schweiß für wenig Lohn, und doch klang am Abend meist Lachen und Singen aus dem kleinen Haus, so dass die Leute sich verwunderten.

Auch der König, der auf dem Weg zum Schloss oft an dem kleinen Haus vorbeikam, hörte das Singen und Lachen. Erst war auch er verwundert, dann verärgert, schließlich war er ganz empört: »Was haben Tagelöhner zu lachen?« Und er schickte seine Soldaten zu dem kleinen Haus.

»Höre, Holzhacker«, sagte der Hauptmann der Soldaten, »dies befiehlt dir unser Herr, der König: Fülle bis zum Morgengrauen fünfzig Sack mit Sägemehl, und schaffst du das nicht, so seid ihr alle des Todes, du, deine Frau und deine Kinder!«

Der Tagelöhner erschrak. »Fünfzig Säcke Sägemehl! In einer Nacht! Das kann kein Mensch schaffen. Ach, wir sind verloren.«

Seine Frau aber tröstete ihn und sprach: »Mein Lieber, wir haben ein gutes Leben gehabt. Wir hatten uns und unsere Kinder, wir hatten Freunde und Freude genug. Die fünfzig Säcke können wir doch nie bis zum Morgen füllen. Darum lass uns in dieser Nacht noch einmal unser glückliches Leben feiern, mit unseren Kindern und Freunden. So, wie wir gelebt haben, wollen wir auch dem Tod entgegengehen!«

Und sie riefen ihre Kinder und luden ihre Freunde ein und feierten in dieser Nacht noch einmal ein Fest, sangen und lachten und waren glücklich bis zum Morgengrauen. Dann schliefen die Kinder ein, und die Freunde gingen, einer nach dem andern, und dann war der Tagelöhner allein mit seiner Frau.

Schweigend standen sie am Fenster und warteten auf die Morgensonne. Und da überfiel sie die Traurigkeit.

»Nun ist es aus mit uns«, sagte die Frau, »ach, es ist schwer, das Leben zu lassen, wenn es so glücklich war.« »Lass gut sein«, sagte der Mann, »es ist doch besser, dankbar für all unser Glück zu sterben, als weiterzuleben in ständiger Angst und Traurigkeit.«

Da klopfte es an die Tür. »Das werden die Männer des Königs sein,« sagte der Tagelöhner. Noch einmal umarmte er seine Frau, dann machte er die Tür weit auf. Draußen stand der Hauptmann des Königs. Nur zögernd trat er über die Schwelle, und lange schwieg er.

»Höre, Holzhacker«, sagte er dann, »schneide zwölf Eichenbretter für einen Sarg. In dieser Nacht ist der König gestorben.«

(Armenien)

Nach-gedacht

Diese Erzählung aus Armenien ist für mich eins der schönsten Traumhaus-Märchen. Er erzählt nicht, wie man ein Traumhaus findet, es erzählt, woran man merken kann, dass man sein Traumhaus gefunden hat.

Das Märchen ist ein Weisheitsmärchen, keine Geschichte von unerklärlichem Zauber, kein Rumpelstilzchen bietet seine magische Hilfe an. Aber es ist auch weder eine moderne Parabel über die Solidarität, die Freunde bringen nicht jeder ein Säckchen Sägemehl mit, noch ein aufgeklärtes

Gedicht wie Schillers »Bürgschaft«, wo das gute Beispiel den Tyrannen belehrt. Nein, unser Märchen erzählt vom bedrohten Glück im Haus des Tagelöhners und von dem, was keine Menschenmacht zerstören kann.

Das Glück im Haus des Tagelöhners – ein Tagelöhner ist einer, der nur von Tag zu Tag leben kann – empört den König, der die Macht und doch, wie es scheint, nichts zu lachen hat. Er stellt den Tagelöhner vor eine unlösbare Aufgabe, damit dem das Lachen und die Lebensfreude vergeht. Nur eine Nacht hat er noch für die unlösbare Aufgabe des Lebens.

In vielen Geschichten und Gedankenspielen geht es um die Frage, was wir anfangen, wenn es mit uns zu Ende geht. Man solle jeden Tag so leben, als sei es der letzte, lautet ein häufiger Ratschlag. Und der fordert nicht auf, ständig Trübsal zu blasen, sondern sein Leben so stimmig zu leben, dass kein Tag, der ja der letzte sein könnte, vergeudet und vertan ist.

Auch in unserem Märchen wird der Tagelöhner von seiner Frau an das erinnert, was keine äußere Macht ihnen nehmen kann, ihre gemeinsame Zeit, ihr Leben, das stimmte. Darum lassen sie dem König, der ihnen ihr Leben nehmen kann, keine Macht über ihre Seele: »So, wie wir gelebt haben, wollen wir auch dem Tod entgegengehen.« Der Tagelöhner und seine Frau flüchten angesichts des nahen Todes nicht blind in besinnungsloses Vergnügen, sie feiern in Dankbarkeit. Und wo einer den Mut verliert, tröstet ihn der andere. Wer so lebt, wer nicht noch schnell etwas nachholen muss, nicht noch rasch etwas gutmachen muss, dessen Leben stimmt, der wohnt in einem Traumhaus.

Im Märchen zerbricht an diesem Traumhaus die Macht des Königs wie die des Wolfes vor dem Schlösschen des weißen Hühnchens. Auch wer sich zum Herrn über Leben und Tod aufspielt, muss erleben, dass alle Menschenmacht im

Tod ein Ende hat. Und zugleich zeigt sich im Todesschatten, was bleibend gültig ist, nicht die Macht, sondern die Liebe zum anderen, die Treue zu sich selbst.

Vom Schafbock und dem Schwein, die im Wald für sich wohnen wollten

Es war einmal ein Schafbock, der stand im Maststall und sollte fett werden; da hatte er ein gutes Leben und wurde rund und prall von all den guten Sachen, die er bekam. Aber eines Tages kam die Bauersfrau und sagte zu ihm: »Friss nur, Schafbock, so lange du's noch kannst, denn morgen werden wir dich schlachten!«

Nun sagt ja ein altes Sprichwort: *Hör immer genau auf den Rat einer Frau.* Und es heißt auch: *Einen Rat gibt es gegen jede Not, nur nicht gegen den Tod.* »Doch wer weiß, vielleicht findet sich selbst dafür ein Rat«, dachte sich der Schafbock. Dann fraß er noch einmal, bis er rundum satt war, nahm Anlauf, rammte mit gesenktem Kopf die Stalltür auf und machte sich davon. Er lief zum Nachbarhof, da stand im Stall ein Schwein, das hatte der Bock auf der Weide kennen gelernt und war gut Freund mit ihm geworden.

»Guten Tag und Dank fürs letzte Mal«, sagte der Bock zum Schwein.«

Guten Tag und selbst auch Dank fürs letzte Mal«, sagte das Schwein.

»Weißt du auch, warum es dir hier so gut geht und sie dich so mästen und pflegen?«, fragte der Bock.

»Nein, weiß ich nicht«, grummelte das Schwein.«

Nun«, sagte der Bock, »aber du weißt doch: *Wo viele Mäuler sind, leert sich der Trog geschwind!* Sie werden dich schlachten und aufessen!«

»Ach, das wollen sie!«, sagte das Schwein. »Na, dann gesegnete Mahlzeit, wenn sie gegessen haben!«

»Willst du dasselbe wie ich«, sprach der Bock, »so lass uns miteinander in den Wald ziehen, ein Haus bauen und da für uns selbst wohnen. *Auf eigner Bank, im eignen Haus, da hält man's doch am besten aus!*«

Ja, das wollte das Schwein denn auch: »*Ein Freund, wenn er klug, bringt Freude genug*«, sagt' es, dann machten sie sich auf den Weg.

Und als sie ein Endchen gewandert waren, trafen sie eine Gans. »Guten Tag, liebe Leute, und Dank fürs letzte Mal«, rief die Gans, »wo wollen die Herrschaften denn hin? Und warum habt ihr's so eilig?«

»Gleichfalls guten Tag und selbst auch Dank fürs letzte Mal«, sagte der Bock. »Daheim hatten wir es allzu gut, drum wollen wir hinaus in den Wald, ein Haus bauen und da für uns selbst wohnen. *Eigner Herd ist Goldes wert.*«

»Und *besser, man steckt den Rüssel nur in die eigene Schüssel*«, stimmte das Schwein ihm bei.

»Ja, ich hab's auch zu gut, da wo ich herkomm'«, besann sich die Gans, »dürfte ich vielleicht mit euch kommen? *Gutes Geleit vertreibt die Zeit!*«

»Na, *mit Geschwätz und Geschnatter baut man weder Haus noch Gatter*«, schnaufte das Schwein, »was wolltest du denn schon beim Hausbau tun?«

»Nun, *mit Geduld und Verstand kommt auch ein Wurm durchs ganze Land*«, sagte die Gans. »Ich könnte Moos pflücken und es in die Ritzen stopfen, damit das Haus schön dicht wird und gemütlich warm.« Ja, dann dürfe sie auch mit, meinte das Schwein, denn es hatte es gern gemütlich warm.

Als sie noch ein Endchen gegangen waren – die Gans kam nämlich nicht so schnell voran –, trafen sie einen Hasen, der kam aus dem Wald gehoppelt. »Guten Tag, liebe Leute, und Dank fürs letzte Mal,« sagte der Hase. »Wie weit soll's denn heut' noch gehn?«

»Gleichfalls guten Tag und selbst auch Dank fürs letzte Mal!«, sagte der Bock. »Daheim hatten wir es allzu gut, drum wollen wir hinaus in den Wald und ein Haus bauen und da für uns selbst sein. *Wer in der Fremde hat gelebt, nach einem eignen Heime strebt!*«

»Nun, ich hab' ja mein Haus in jedem Busch«, meinte der Hase, »doch im letzten Winter hab' ich mir oft gesagt: *Denk schon in der warmen Sommerzeit an ein Haus für den Winter, wenn's stürmt und schneit.* Ich hätte nicht übel Lust, einmal dabei zu sein, wenn eins gezimmert wird – ich will auch mit!«

»Aber wenn wir mal in der Klemme sitzen, wirst du uns nur unser Brot stibitzen«, brummte das Schwein. »Du kannst uns ja doch nicht helfen beim Hausbau.«

»*Wer in der Welt muss leben, kann auch stets was geben*«, sagte der Hase. »Zähne hab' ich, um Dübel zu nagen, und Pfoten, um sie in die Wand zu schlagen, so dass ich mit vollem Recht als Zimmermann gelten kann.« Ja, da durfte er auch mitkommen und am Haus bauen, da gab's nun gar keinen Zweifel mehr.

Nachdem sie noch ein Stückchen weitergelaufen waren, trafen sie einen Hahn. »Guten Tag, guten Tag, liebe Leute, und Dank fürs letzte Mal«, sagte der Hahn. »Wo wollt ihr Leute denn heute noch hin?«

»Gleichfalls guten Tag und selbst auch Dank fürs letzte Mal!«, sagte der Bock. »Daheim hatten wir es allzu gut, drum wollen wir in den Wald, ein Haus bauen und da für uns selbst sein. Denn *wer draußen muss backen und schmoren, dem gehn Kohle und Kuchen verloren!*«

»Na ja, ich hab's, wo ich her bin, auch gut genug«, sagte der Hahn. »Aber *besser ein eignes Häuschen gebaut als nur von fremder Stange die Welt beschaut*. Wenn ich in solch feine Gesellschaft geraten kann, dann möcht' ich wohl auch mit in den Wald und ein Häuschen bauen.«

»Ach, *Flattern und Krähen soll man verschmähen*«, knurrte das Schwein, »*und wo's Mundwerk nur rattert, wird wenig ergattert*. Du kannst nun wirklich nicht helfen beim Hausbau!«

»Oho. *Schlecht ist's aufzustehen, fehlt das Hahnenkrähen*«, rief der Hahn. »Früh bin ich wach, dann mach ich Krach!«

»Nun ja, *Morgenstund hat Gold im Mund!* So lasst ihn mit«, sagte das Schwein, das der eifrigste Langschläfer war, »der Schlaf ist ein großer Dieb, der stiehlt uns die halbe Zeit!«

So zogen sie gemeinsam in den Wald und fingen an, ihr Haus zu bauen. Das Schwein schlug das Holz. Der Schafbock fuhr es nach Hause. Der Hase war der Zimmermann, nagte Holzdübel zu und schlug sie in Dach und Wand. Die Gans pflückte Moos und stopfte es in die Ritzen. Und der Hahn krähte am Morgen, so dass sie nicht die Zeit verschliefen. Und als ihr Häuschen fertig war und das Dach mit Birkenrinde und Rasenstücken gedeckt, so dass sie endlich für sich wohnen konnten, da sprach der Bock: »*Ob Norden, Süden, Osten, Westen, zu Hause ist's am allerbesten*«, und alle gaben ihm Recht.

Doch nicht weit davon entfernt im gleichen Wald wohnten in einer Höhle zwei Wölfe, die Brüder Isegrim. Wie die das neue Haus in ihrer Nachbarschaft entdeckten, wollten sie gern in Erfahrung bringen, was für Nachbarn sie bekommen hätten. »*Einen guten Nachbarn mag' ich gerne, der ist besser als ein Bruder in der Ferne*«, sagte der eine und ging neugierig hin und tat so, als wollte er um Feuer für sein Pfeifchen bitten.

Aber gleich als der Wolf zur Tür hereinkam, versetzte ihm der Bock einen solchen Stoß, dass er kopfüber in den kalten Kamin fiel. Das Schwein schnaufte wütend und biss ihn herzhaft ins Bein. Die Gans zischte ihn an und kniff ihn in die Nase. Der Hase war so erschrocken, dass er in alle Ecken lief und vor Angst an die Wände trommelte. Und der Hahn krähte und krähte von seinem Balken herab.

Nur mit Müh und Not fand der Wolf wieder heraus – ohne Feuer und ohne Pfeife –, und so kam er endlich zu seinem Bruder zurück. »Ja, ja«, sagte der, »*Nachbarschaft manch Wissen schafft. Du bist wohl zu ebener Erde gradwegs ins Paradies geraten, dass du so lange dort geblieben bist. Aber sag: Wie ging's mit deinem Feuer? Du hast ja weder Tabak noch Pfeifchen behalten.«

»Ach, das war schon ein seltsames Pfeifenfeuer und eine artige Gesellschaft«, stöhnte der, der drinnen gewesen war. »Solch wilde Nachbarn hab ich mein Lebtag noch nicht gesehen. Wie heißt es doch: *Besuch bei Nachbarsleut' hat manchen schon gereut.* Und: *Für ungebetene Gäste gibt es selten Feste.* Kaum bin ich durch die Tür gekommen, da schlug ein Schuster mit dem Leisten auf mich ein, dass ich kopfüber in die Herdasche fiel. Beim Herd aber saßen zwei Schmiede, die fauchten mich an mit ihrem Blasebalg, und dann haben sie mich gekniffen mit glühenden Zangen, mit der großen ins Bein, mit der kleinen in die Nase. Ein Schütze rannte polternd durchs Haus und suchte seine Flinte, zum Glück hat er sie nicht gefunden. Auf dem Dachbalken aber saß schon einer mit einem Strick und schrie immer wieder: Zieht ihn hoch! Zieht ihn hoch! Und hätte er mich zu fassen gekriegt, ich wäre nicht wieder lebendig da herausgekommen.«

Ja, und so leben die fünf Freunde noch immer für sich. Und es ist gar kein schlechtes Leben.

(Norwegen)

Nach-gedacht

Das letzte Märchen dieses Bandes ist wieder ein europäischer »Klassiker«, die norwegische Parallele zu den Grimm'schen »Bremer Stadtmusikanten«. Das von Asbjörnsen aufgezeichnete und gestaltete »Eventyr« (Märchen) ist sicher kein sprachliches Juwel wie die Grimm'sche Variante, setzt aber einen interessanten anderen Akzent: Die fünf norwegischen Auswanderer erobern nicht ein Räuberhaus, sie bauen gemeinsam ihr Traumhaus, und anders als die drei kleinen Hühnchen bewohnen und verteidigen sie es auch gemeinsam.

Eine andere Besonderheit dieses Märchens ist, dass es gespickt ist mit Sprichwörtern und Redensarten, in denen sich eher gesunder Menschenverstand als hintergründige Weisheit ausspricht, eher die Haltung des Spießbürgers als die der Boheme. Aber ursprünglich war der »Spießbürger« ja der kleine Mann, der sich, welche Anmaßung, gegen die geistige und politische Elite zur Wehr setzte und sein Schicksal selbst in die Hand nehmen wollte, der lieber frei leben wollte in seiner eigenen Welt, wenn die auch nur einen kleinen Horizont hatte, als fremdbestimmt und nur ein Handlanger in der großen Welt der großen Leute.

Unsere fünf Freunde, angeführt von einem keineswegs dummen Hammel, erkennen rechtzeitig die gefährliche Konsequenz der vollen Tröge, der »Fleischtöpfe Ägyptens«, und sie wagen ihren Auszug in die Freiheit, um im Wald für sich zu leben. Und selbst das Schwein ist so lernfähig, dass es anerkennt, was die kleinen Gefährten beitragen können: »Wer in der Welt muss leben, der kann auch stets was geben!« Und so bauen sie ein Traumhaus, eine kleine Utopie, kein gleichgeschaltetes Orwell'sches »Paradies der Tiere«, sondern eine Lebenswelt voll Harmonie unterschiedlicher Stimmen und Begabungen, in der niemand dem anderen zum Wolf wird. Diese kleinen Utopien warten nicht erst hinterm Horizont auf uns, wir können daran arbeiten. Und die kleinen Utopien müssen auch nicht der selbstzufriedene Ersatz sein für die großen Hoffnungen, sie können ein Aperitif sein für unsere großen Träume, ein Vorgeschmack, der die Hoffnung wachhält und glaubwürdig macht.

So sind wir am Ende unserer Haus- und Schlossbesichtigungen angelangt. Wir haben verschiedene Traumhäuser besucht: Solche, in die man nur einsam und unter Schmerzen gelangt und nur für begrenzte Zeit, aber endlich auch solche, in denen sich auf Dauer leben lässt. Die Märchen erzählen, dass manche dieser dauerhaften Wohnungen denen geschenkt werden, die auf nichts mehr bauen können, andere werden gemeinsam errichtet, bewohnt und bewahrt in Liebe und Freundschaft. Im Leben aber, denke ich, wird jedes Traumhaus zugleich Gabe und Aufgabe sein, verlässliche Heimat und doch nicht unsere ganze Welt, sondern der Ort, an dem wir zu uns kommen, um wieder aus uns herauszugehen und uns dem Leben zu stellen. Und nicht Lage und Grundriss machen ein Traumhaus aus, sondern die Aufrichtigkeit und Aufmerksamkeit, die Freundschaft und Liebe, die darin zu Hause sind und geteilt werden.

Nachwort & Anhang

Heinrich Dickerhoff

Dass die Märchen dich erinnern an das Märchen, das du bist

Warum interessieren wir uns für Märchen? Ist unser Interesse ein rein sachliches? Oder hat es auch mit uns selbst zu tun? Mit unserer »Seele«? Danach möchte ich zunächst fragen mit einer kleinen und, wie ich hoffe, märchenhaft einfachen erkenntnistheoretischen Selbstvergewisserung.

1.
Eine kleine märchenhafte Erkenntnistheorie

Fragen wir also zunächst nach dem »leitenden Interesse« bei der Beschäftigung mit Märchen. Wohl nur für wenige Menschen sind Märchen wie Aktien für einen Börsenmakler, der Stoff, mit dem man seinen Lebensunterhalt verdient, vielleicht mit Leidenschaft, vielleicht mit professioneller Distanz. Aber etliche lieben und sammeln Märchen so wie andere Schmetterlinge oder Briefmarken; sie haben sich eine große Sammlung angelegt, freuen sich an den verschiedenen Farben und Formen und stecken eine Menge Zeit und Geld in dieses schöne Hobby. Die Sammler selbst sind allerdings weder Schmetterling noch Briefmarke noch kommen sie in den Märchen vor, sich selbst erkennen sie in den gesammelten Objekten nicht wieder.

Ich bin kein Sammler, und ich interessiere mich weit mehr als für Fragen der Märchenkunde, der Typologie und Motivvergleiche für Menschen und das Leben. Aber weil Märchen auf eine so poetische wie einfache Weise spiegeln, wie es uns Menschen ergeht in diesem Leben und wie grenzenlos unsere Träume vom wahren Glück sind, darum interessieren mich auch Märchen sehr. Und darum schaue ich auf Märchen nicht wie in ein Fernglas oder Teleskop, wie das die Volkskundler tun mögen, die Entferntes und Vergangenes beobachten wollen. Ich schaue auch nicht wie in ein Mikroskop, wie das vielleicht die tiefenpsychologischen Märchendeuter tun, die etwas heraus zu finden suchen, was man nicht mit dem bloßen Auge des gesunden Menschenverstandes erkennen, sondern nur mit einer gewissen Methodik und Theorie entdecken kann. Ich schaue auf Märchen wie in einen Spiegel, ich suche in ihnen weder Vergangenes noch Verborgenes, weder bronzezeitliche Initiationsriten oder matriarchalische Strukturen noch die geheimen Komplexe meiner Kindheit. Ich suche das Gesicht des Menschen.

Zunächst sehe ich im Spiegel – auch im Spiegel der Märchen – natürlich nicht »das Gesicht des Menschen«, sondern mein Gesicht und meine Sichtweise. Aber vielleicht kann ich an meinem Gesicht ja manches ablesen, was für jedes menschliche Gesicht gilt, vielleicht erkenne ich mit Hilfe der Spiegelung im Märchen Züge an mir, die nicht nur individuell sind, sondern typisch.

Um in einen Spiegel zu schauen, brauche ich kein besonderes Fachwissen, ich muss nur den grundlegenden Unterschied erfasst haben zwischen dem Blick aus dem Fenster und dem Blick in den Spiegel. Der Spiegel zeigt mir nicht die Außenwelt und ihre Realität, die ich durch Fenster, Fernglas und Mikroskop sehe, der Spiegel eröffnet mir einen Blick auf mich selbst, wenn auch seitenverkehrt, seltsam verdreht und verwandelt.

Märchen als Spiegel – das klingt sehr subjektiv. Aber wir können die Welt gar nicht völlig objektiv erfassen, und jede noch so sachliche Aussage, ja, schon jede Fragestellung, ist auch eine – zumeist unbewusste – Selbstmitteilung. Andererseits: meine rein subjektiven Ansichten sind belanglos für die Welt außer mir. Das ist ein erkenntnistheoretisches Dilemma. Es gibt jedoch zum Anspruch auf objektive Deutung der Welt – die Wahrheit ist genau so! – wie zum Rückzug auf die subjektive Beliebigkeit – meine Wahrheit ist so, deine kann ja ganz anders sein – eine Alternative: die inter-subjektive Deutung, bei der unsere subjektiven Erfahrungen uns nicht voneinander trennen, sondern miteinander verbinden, weil sie typisch und darum ähnlich sind – nimmst du auch wahr, was ich wahrgenommen habe, als ich mich verliebte? Als mein Kind geboren wurde? Als ich meine Mutter begrub?

Die Märchen erscheinen mir wie Spiegel unserer inter-subjektiven, weil typisch menschlichen Lebens-Erfahrungen, die gerade in ihrer märchenhaften Verdichtung und Abstraktion vielen vertraut sind. Darum sind viele Märchen für mich im doppelten Sinne »Seelen-Geschichten«: Einerseits spiegeln sie nicht eine vergangene und verzerrte Welt-Wahrnehmung, sondern etwas, was seit alters her und bis heute an die Seele vieler Menschen rührt. Andererseits können wir diese Wahrheiten nicht »seelenlos« entdecken, sie lassen sich nicht »von außen« herausanalysieren, sondern gehen nur dem auf, der sich auch hineinversteht in das Märchen, der das Märchen für seine Seele und seine Seele für das Märchen öffnet. Aber damit sind wir wieder bei der Schlüsselfrage: was ist denn die »Seele«?

2.
Das Märchen der Seele

Manchmal werde ich gebeten, eine Widmung in ein Märchenbuch zu schreiben, und meist schreibe ich dann den Satz, den ich über diesen Beitrag gestellt habe: *dass die Märchen dich erinnern an das Märchen, das du bist.* Diese Widmung ist angeregt durch ein kurzes Gedicht von Rose Ausländer: »Kennst Du das Märchen/vom Du/Du bist es.« Und Gedicht wie Widmung verdichten, warum und wozu ich Märchen erzähle. Ich musste mir – der ich doppelt verdächtig bin als Theologe und Märchenfreund – schon des Öfteren von Naturwissenschaftlern und Psychotechnikern sagen lassen, es gäbe natürlich angeborene Reiz-Reaktions-Muster, frühkindliche Prägungen, traumatische Störungen. Aber dass wir eine Seele hätten, das wäre ein Märchen. Und ich habe ihnen immer zugestimmt. Denn Märchen sind wohl phantastisch, aber doch nicht Phantasterei, sie sind wahr, sie bewahren, spiegeln und erinnern, was wesentlich ist im Menschenleben, und dieses Wesentliche nenne ich mit einer langen religiösen und philosophischen Tradition »Seele«.

Möglicherweise – aber das ist nicht sicher – stammt das deutsche Wort »Seele« ursprünglich von der Wortwurzel »See«, vom Abgründigen, Tiefen, nicht Auslotbaren. Aber wie immer die Herkunft des Wortes »Seele« auch sein mag, »Seele« gehört zu den undefinierbar tief-sinnigen Worten – wie Leben, Liebe, Glück und Gott. Zu den Worten also, die wir immer nur umschreiben und andeuten, aber nie ganz begreifen und auf den Begriff bringen können. Diese wesentliche und unaufhebbare Unschärfe der Seelenvorstellung wird noch verstärkt vom jeweiligen kulturellen oder professionellen Zusammenhang, in dem wir von Seele sprechen – in Indien meint Seele etwas anderes als im Abendland, in der Psychologie etwas anderes als in der Philosophie oder Religion. Wenn ich nun von Seele spreche, dann als Abendländer, als jemand, der in der abendländischen Denktradition seine Wurzeln hat wie auch im abendländisch-christlichen Lebensgefühl. So möchte ich im Folgenden dem nachdenken, ob und wie das, was abendländische Nachdenklichkeit und biblische Weisheit zu sagen wissen über die Seele, sich in den Märchen spiegelt.

3.
Drei Seiten der Seele im abendländischen Denken

3.1.
Die Seele: mein **verborgenes Wesen**, als eine **innere Wirklichkeit**

Wir Menschen können reflektieren, d. h. uns spiegeln, können uns selbst in Gedanken gegenübertreten und dabei unterscheiden zwischen Leib und Seele. »Leib« – das war für die alte Symbolsprache sehr viel mehr als der Körper, Leib meinte die ganze äußere Lebenswirklichkeit, die messbare äußere Lebensgestalt und -geschichte, die Biographie. Und davon unterscheidbar nehmen wir eine unbegreifliche, nicht definierbare innere Wirklichkeit wahr, die ich mit der Tradition »Seele« nenne. Seele meint das, was wesentlich ist im Menschenleben, aber kaum zu begreifen.

Diese Unterscheidung von Leib und Seele ist keine abgehobene Spekulation, sondern eine Erfahrung, die jeder Mensch machen kann. Wir müssen nur an einen Menschen denken, der uns lieb und teuer ist; ich nehme als persönliches Beispiel meinen heute 17jährigen Sohn Jonathan, den ich nach seiner Geburt mittels Kaiserschnitt als erster Mensch in den Armen gehalten habe. Mehr als 17 Jahre ist das also her, der Knabe sieht heute sehr anders aus als damals – und doch liebe ich ihn nicht weniger als an jenem fernen Tag. Aber was ist das, was ich an ihm liebe? Nicht einfach die äußere Gestalt, die sich sehr verändert hat. Aber die äußere Gestalt ist auch nicht nur unwesentliche Hülle, denn ich liebe ihn doch immer in einer sich wandelnden äußeren Gestalt, die sich in 17 Jahren bei aller Wandlung auch eine Identität bewahrt hat. Ich liebe eine Lebensgeschichte, die sich in einem Leib verkörpert. Der Leib, die Lebensgeschichte, die äußere Erscheinung ist also weder belanglos noch alles entscheidend. Dieser Lebensgeschichte, diesem leibhaftigen Leben, wohnt etwas inne, das mehr ist als das, was jeder messen und ermessen kann, was sich nur erschließt innerhalb einer Beziehung, in diesem Fall: in der Beziehung eines Vaters zu seinem Kind.

Und was ich über meinen Sohn gesagt habe, bemerke ich ja auch bei mir selbst. Ich kann vieles über mich sagen: Namen, Daten und Fakten, Erlerntes und Erlebtes. Aber wer ich wirklich bin, das ahne und spüre ich vielleicht manchmal, aber ich kann es nicht definieren. Ich erlebe mich als einen sich verändernden Menschen und empfinde in mir doch auch eine bleibende Identität. Ich bin Leib, ein Leben, das sich ändert, wächst und welkt, wird und vergeht, und ich bin Seele, etwas, das in allem Wandel zu mir gehört. Ich habe nicht Leib und Seele, so wie man Haus und Auto haben kann, Titel oder Beruf, ich bin Leib und Seele, so wie ich Mann bin und Vater und tief drinnen auch immer noch der kleine Junge, der sich seit mehr als 50 Jahren durchs Leben bangt und wagt und staunt.

Dass wir Menschen eine Außenseite haben und eine Innenseite und dass wir dann und erst dann erlöst und glücklich sind, wenn Außen und Innen einander entsprechen, davon erzählen viele Märchen: all die Aschenputtel und Dummlinge, all die Kleinen und Kleingemachten mit der großen Seele und Berufung sind auf dem Weg, dass ihr Inneres auch das Außen prägt, dass sie Licht werden. Und auch das Gegenteil wird uns erzählt, wenn – heimgekehrt aus der Tiefe der Frau Holle – die mit der »schwarzen Seele« am Ende sichtbar so dastehen, wie sie im Inneren immer schon waren: pechschwarz.

Aber Märchen erzählen nicht nur davon, dass in uns oft mehr wartet, als wir außen zu leben wagen. Märchen können auch unser inneres Wachsen anregen. Dies kann ich hier nicht weiter begründen und belegen, aber viele haben die gleiche Erfahrung gemacht an sich und bei anderen.

3.2.
*Die Seele: das **Selbst**,*
*als eine ganz **persönliche** Wirklichkeit*

Wir Menschen erfahren uns also als Leib und als Seele, unterscheiden unsere äußere Erscheinung von unserem inneren Wesen, den objektiv messbaren Ist-Stand unseres Lebens von seiner subjektiven, nie ganz eingeholten Bestimmung. Diese Doppeldeutigkeit unserer Existenz war allen Kulturen bewusst, keineswegs aber wird diese Doppeldeutigkeit überall gleich gedeutet. Die klassische Weisheit Indiens – und in ihrem Gefolge oft auch die moderne Esoterik – nennt die individuelle Leib- und Lebensgeschichte, die äußere Erscheinung des Lebens in seiner Vielfalt und Verschiedenheit »maya« – Täuschung. Die einzig wahre Wirklichkeit ist hingegen die »Weltseele«, eine alles durchströmende trans-personale Lebensenergie, die alle Erscheinung im Kern durchwirkt und belebt und immer neu Gestalt annimmt in den verschiedenen Lebensformen. In der traditionellen abendländischen Zuordnung von Leib und Seele, Persönlichem und Allgemeinem, Vergänglichem und Bleibendem, ist die Seele hingegen nicht der transpersonale Anteil des Menschen, sondern der Kern der Persönlichkeit, sein einmaliges und unverwechselbares Selbst. Die indische Tradition hat die äußeren leiblichen Unterschiede in der philosophischen Theorie bis zur Bedeutungslosigkeit relativiert und zugleich in der gesellschaftlichen Praxis im Kastenwesen zementiert.

Auch in der jüdisch-christlichen Tradition des Abendlandes wurden die Machtverhältnisse oft genug abgesegnet und stabilisiert. Aber es gab immer auch den Protest gegen die Ungleichheit, wohnte doch jedem Leib und Leben eine Seele inne: eine Seele, die als gleichermaßen von Gott geschaffen galt, gleich einzigartig und einmalig, darum gleichwertig und gleichberechtigt. »Als Adam grub und Eva spann, wo war da der Bauer und Edelmann«, sangen rebellische Bauern im ausgehenden Mittelalter.

Wo nur das Transpersonale als Seele zählt, kann das personale, individuelle Leben unwichtig erscheinen, nicht mehr als eine von vielen Durchlaufstationen auf dem Weg zur Erlösung. Wenn das Wesentliche das Personale ist, dann ist jedes Leben in gleicher Weise wichtig und begründet, und jede individuelle Menschen-Seele hat ein Recht auf ein individuelles leibhaftiges Leben in Würde, wie es die zutiefst abendländische Menschenrechtstradition formulierte. Jedes Menschen-Kind verkörpert einen einmaligen Lebensentwurf, keines ist eine mehr oder weniger gelungene Kopie eines Originals, jedes ist ein Original. Und das Originellste an uns nennt die abendländische Tradition Seele.

Mit dieser Menschen-Würdigung des Einzelnen sind also personale Rechte verbunden – das Recht, ein eigenes Ich zu sein und eigene Weg zu finden – , aber ebenso personale Pflichten: zur Seele gehört in der abendländischen Tradition auch das Gewissen, die eigene Verantwortlichkeit, die Pflicht, mich ansprechen zu lassen als ein Du, das sich nicht herausreden kann mit dem Hinweis auf »alle« oder »man«, auf Gesellschaft oder Schicksal.

»Du bist der Mensch«, sagt mir die Welt, wenn sie mich braucht.

»Du bist der Mensch«, sagen auch die Märchen. Freilich, die Märchen theoretisieren nicht über Personales und Transpersonales. Aber sie erzählen wie selbstverständlich vom eigenen Weg, den ein Menschenkind suchen, finden und gehen muss. Natürlich ist der Lebens-Weg uns allen aufgegeben, aber die Märchen zeigen das uns allen aufgegebene Leben doch als ganz eigene persönliche Aufgabe. Allen Menschen sagen die Märchen: Geh deinen Weg!

Nimm dein Leben in die Hand! Aber dass das Leben Hand und Fuß bekommt, ist im Märchen fast immer Aufgabe Einzelner, die wagen, eigene Wege zu gehen. Und immer wieder erzählen Volksmärchen nicht nur aus Europa, dass in dem einem leibhaftigen Leben die königliche Würde jeder Menschen-Seele aufleuchten kann und soll. Und diese Selbstwerdung, oder märchenhafter gesagt, der eigene Weg ist nicht nur Thema der Märchen, sondern auch ihre Wirkung, nicht nur ihr Inhalt, sondern auch die Haltung, die sie sicher nicht allein bewirken, aber doch bestärken und unterstützen können

3.3.
Die Seele: **göttlicher Funke,**
als über uns hinausreichende Wirklichkeit

Die Seele als innere Wirklichkeit, die nicht deckungsgleich ist mit der Biographie, ist eine unmittelbare Erfahrung; der Wunsch danach und das Bewusstsein von Einmaligkeit ist Teil unserer »Natur«, zumindest im abendländischen Kulturraum. Nicht so unmittelbar einleuchtend und vertraut ist eine dritte Bedeutungsebene, die man »metaphysisch« nennen könnte, übernatürlich, oder auch religiös, »mystisch« oder spirituell. Im Platonismus wie in der Mystik gilt die Seele als göttlicher Funke im Menschen. Dieses transzendente oder transzendierende, über die begreifbare Wirklichkeit hinausreichende Verständnis unterscheidet jede religiöse oder spirituelle Seelenkunde von der psychologischen oder psychoanalytischen Betrachtung. Versuchen wir aber, auch dieses Seelenverständnis einzuordnen in unsere inter-subjektive Erfahrung und Wahrnehmung.

Seele meint in dieser religiösen, spirituellen oder auch mystischen Sicht so etwas wie die »Transzendenzfähigkeit« des Menschen, meint die – losgelöst von jeder konkreten religiösen Überzeugung – zum Menschen wesentlich gehörende Ahnung von und Sehnsucht nach »mehr«. Wer in diesem religiösen Sinn von Seele spricht, der spürt und weiß, dass wir in der Welt und in uns nie fraglos und wie selbstverständlich zu Hause sind. Diese Sehnsucht nach »mehr« drängt uns in jeder Hinsicht zum Fort-Schritt über den Ist-Stand hinaus, ist Ausdruck unserer zugleich großartigen und tragischen Fremdheit in der Welt.

Eine spirituelle Seelenkunde nimmt diese Sehnsucht aber nicht nur wahr, sie hält sie auch für wahr. Sie glaubt, dass unsere Sehnsucht nicht Illusion ist oder Angstphantasie, sondern Anpassung an eine tiefere Wirklichkeit. So wie – nach einem Wort von Konrad Lorenz – die Flosse des Fisches die Antwort ist auf das Meer, so wie unsere Beine auf das Festland antworten, auf dem wir leben, und unsere Augen auf das Licht der Sonne, so antwortet unsere Seele auf die unfassbare göttliche Wirklichkeit. Und wie das Auge die Sonne nur wahrnehmen kann, weil es sonnenhaft ist, so wächst in uns, in unserer Seele, eine Ahnung des Göttlichen, weil sie selbst ein göttlicher Funke ist, Licht vom unendlichen Licht.

Märchen sind weder theologische noch metaphysische Texte, aber sie erzählen vom Wünschen, das hilft, weil es Blick und Seele weitet, von der Sehnsucht, der wir mehr trauen dürfen als unserer Verzweiflung, und von der königlichen Bestimmung jedes Menschen. Und sie erzählen, dass wir am Ende nicht am Ende sind, sondern dass am Ende Hoch-Zeit gehalten wird und zusammenfindet, was zusammen gehört.

Lassen sie mich diese Überlegungen zum Geheimnis der Seele noch einmal veranschaulichen mit einem Sinn-Bild, einem Stück Kohle. Auf den ersten Blick ist das nur ein Klumpen Dreck, Staub und Asche. Und überall auf der Welt haben Menschen sich mit Staub und Asche verglichen: »Gedenke, Mensch, dass du Staub bist und zum Staube zurückkehrst«, heißt es in meiner Kirche am Aschermittwoch. »Asche zu Asche, Staub zu Staub«, heißt es bei vielen Beerdigungen. Und überall in Europa erzählen Märchen vom »Aschenputtel«, ursprünglich der unterste Küchenjunge, der den Kamin auskratzen musste. Wir sind Staub und Asche, unsere Vergänglichkeit ist uns wohl bewusst. Aber unser Dasein in und als Staub und Asche ist weniger als die halbe Wahrheit. Denn wie kommt es, dass dieser schmutzige Staubklumpen brennt? Sich verwandeln kann in Licht und Wärme? Nun, die Kohle brennt, weil sie im Kern nichts anderes ist als Sonnenenergie, verkleidet in schwarze Materie. Um es platonisch zu sagen: Die Idee der Kohle ist die Sonne, und das Sonnenlicht, das einst die Bäume wachsen ließ, die Kohle wurden, erwacht erneut, wenn die Kohle brennt. Auf den ersten Blick könnte nichts verschiedener sein als das ferne Feuer der Sonne und der dunkle Kohlenstaub. Und doch ist dieser Staub nichts anderes als gespeichertes Sonnenlicht, das aufersteht aus seinem schwarzen Kleid, wenn ein zündender Funke überspringt. Im kohlschwarzen Leib der Materie wohnt und wartet eine sonnenlichte Seele. Der Staub ist nicht schlecht oder böse, nicht der Feind des Lichtes, denn das Licht braucht den Kohlenstaub, um in die Welt zu kommen. Aber der – uns Menschen einleuchtende – Sinn des Kohlenstaubs ist, Licht zu werden, Feuer und Wärme.

Gefährlich wird es im Märchen und im Leben aber da, wo wir uns verkrampfen und verkrallen in unsere Staubgestalt und vergessen, dass wir zum Licht bestimmt sind.

4.
Drei biblische Seelenbilder

Ich möchte nach den drei Seeleneinsichten der abendländischen Denktradition drei biblischen Bildworten nachspüren, die auch in vielen Märchen anklingen, weil diese biblischen Bilder allgemein menschliche Erfahrungen verdichten.

4.1.
Welt gewonnen – Seele verloren

»Was nützt es dem Menschen, die ganze Welt zu gewinnen – und seine Seele einzubüßen. Was hätte ein Mensch denn einzutauschen für seine Seele!«

So lautet ein Jesus-Wort im Markus-Evangelium (Mk 8,46f.), und dieses Wort meint nicht, wie man manchmal miss-verstanden hat, alles leibliche Glück, das man der knappen Erdenzeit abpressen könne, wiege nicht die ewige Verdammnis der Seele auf. Nein, in dieser unserer Welt – so meint Jesus, so schreibt Markus – kann ein Mensch höchst erfolgreich sein, keineswegs psychisch krank, ganz und gar nicht depressiv, und doch kann dieser Erfolgsmensch seine Seele verlieren. Ein Mensch kann sich so identifizieren mit seiner Außendarstellung, seinem »Leib«, mit dem was er kann und macht und darstellt und hat, dass er vergisst, wer er ist, wenn nicht mehr Leistung und Besitz zählen – biblisch gesprochen: wer er am Sabbath ist, an jenem Tag, an dem der Mensch nicht arbeiten und Geld anfassen darf, sondern das Leben feiern soll und dass und was er mehr ist als Kaufkraft und Arbeitskraft, Produzent und Konsument.

Kein Märchen bringt für mich diese Weisheit so schlicht und zugleich anschaulich und einprägsam zum Ausdruck wie das norwegische Ketten-Kindermärchen »Die gefräßige Katze«:

Es war einmal ein Mann, der hatte eine Katze, die war so gefräßig, dass er es nicht mehr herbeischaffen konnte. Da sagte er sich: ›Morgen früh soll sie noch einmal zu fressen haben, und dann will ich sie ersäufen!‹ Am Morgen brachte er der Katze ein Töpfchen mit Fett und ein Schälchen mit Brei: ›Da, das friss‹, sagte er, ›und dann werd' ich dich ersäufen.‹[1]

Die Katze aber läuft davon, nicht, um sich ein neues Leben aufzubauen wie die Bremer Stadtmusikanten oder Schafbock und Schwein und ihre Gefährten in der norwegischen Variante. Die Katze frisst an gegen ihre Lebens- und Todesangst:

> Die Katze verschlang das Fett und den Brei mit einem Haps! und sprang aus dem Fenster. Im Hof fegte ein Mann. ›Guten Tag, Katze‹, sagte er. ›Guten Tag, Mann im Hof‹, sagte die Katze. ›Nun, wie geht es dir?‹ ›Schlecht‹, sagte die Katze, ›denn ich hatte heute noch nichts zu fressen nur ein Töpfchen mit Fett und ein Schälchen mit Brei, und dich, Mann im Hof, fress' ich auch!‹ – und haps! verschlang sie den Mann mit einem Bissen.

Und weiter geht ihre verzweifelte Hetzjagd, und je mehr sie frisst, umso schlechter geht es ihr, bis sie am Ende zum Teufel geht »[…] und nichts blieb übrig von ihr als ein bisschen Fett und ein bisschen Brei – und das Märchen ist vorbei!«

Ein zweites eindrucksvolles Märchenbild für diese biblische Warnung finde ich in dem tausend Jahre alten irischen Sagenmärchen »Wie König Cormac zu den Feen ging«. König Cormac hat aus Gier leichtfertig seine Familie verspielt, nun geht er ihr nach in die Anderswelt, und auf dem Weg zieht seine Welt an ihm vorüber:

> […] und dann lichtete sich der Nebel wieder und er fand sich auf einer weiten wunderschönen Ebene.

Dort sah er viele stolze Reiter, die versuchten, das Dach eines Hauses zu decken, aber nicht mit Stroh, sondern mit den Federn fremdartiger Vögel. Darum jagten die Reiter hin und her und haschten im Wind nach den Federn. Und hatten sie endlich eine Handvoll zusammengeklaubt, so ritten sie zu dem Haus zurück und legten die Federn aufs Dach. Und dann jagten sie gleich wieder los, um mehr Federn zu fangen. Doch wenn sie zurückkamen, war nichts mehr auf dem Dach, waren längst alle Federn wieder vom Wind verweht.[2]

Später gibt ihm der Feenkönig Mannanan MacLir folgende Erklärung:

Die stolzen Reiter, die ihr Haus mit Federn decken, sind Menschen, die in deiner Welt stets auf der Jagd nach Glück und Ruhm und Reichtum sind. Sie hetzen hin und her, solange sie leben, und klauben Federn zusammen, aber nie bekommen sie genug, und wenn sie heimkommen, ist ihr Haus nackt und leer und es weht sie davon.

4.2.
Unsere Seele ist wie ein Vogel

Ein zweites Seelenbild entnehme ich nicht dem Evangelium, sondern dem Alten Testament, der hebräischen Bibel. Allerdings ist dieses Seelenbild weltweit verbreitet. »Unsere Seele«, heißt es in Psalm 124, »ist wie ein Vogel […]«. Diese Metapher ist unmittelbar nachvollziehbar. Gewiss träumt niemand davon, als Nacktschnecke am Boden zu kriechen oder wie ein Schaf durchs Leben getrieben zu werden. Aber wer hätte noch nicht mit Wehmut oder Sehnsucht einem Vogel nachgeschaut. »Unsere Seele ist wie ein Vogel der Schlinge des Jägers entkommen [...].« Donnai, das anrührende jiddische Lied aus der Zeit des Holocaust, beschreibt diese Sehnsucht im Dialog zwischen dem Vogel und dem gebundenen Kalb im Karren auf dem Weg zum Schlachthof.

Und auch in den Märchen begegnet uns immer wieder der Seelenvogel, etwa im Märchen »Von dem Machandelboom« (KHM 47). Ich weiß nicht, woher die Redensart: »Du hast einen Vogel« kommt, aber es scheint typisch für uns Menschen zu sein, dass wir dieses Vogelartige in uns tragen, das abheben will, fliegen, die Erdenschwere überwinden. Unsere Seele ist wie ein Vogel, der durch die Mondnacht des Lebens fliegt. »Und meine Seele spannte weit ihre Flügel aus flog durch die stillen Lande als flöge sie nach Haus« (Eichendorff). Und das geheimnisvolle Flug- und Nachttier Fledermaus, das im Indio-Märchen von der »Beutelratte, die sich fledermauste«[3], die innere Fliehkraft aus unserer Begrenztheit verkörpert wie auch unsere Verwandlungskraft in aller Begrenztheit, ist zwar biologisch kein Vogel, ihm symbolisch aber durchaus verwandt, wie auch die rätselhafte Vogelfrau im Signet der EMG.

4.3.
Näfäsch – die Seele in der Kehle

Auch das dritte Seelenbild ist aus der hebräischen Bibel. Diese hat nämlich kein eigenes Wort für das, was wir mit Seele übersetzen, vielmehr meint das Wort »näfäsch« zugleich »Seele« und »Kehle«. Und der Mensch hat nicht, er ist eine lebendige »Seele« und »Kehle«, durch Seele wie Kehle strömt der Atemwind »ruach«, und »ruach« meint neben dem Atem und dem Windhauch auch das, was viel abstrakter mit »Geist« übersetzt wird, eine Lebensenergie, die nicht aus dem Menschen an sich kommt, sondern ihm von Gott eingehaucht, also inspiriert wird.

Sagen wir es weniger theologisch: Im Menschen, so schien es den Hebräern, gibt es ein unsichtbares Organ, das man am besten mit der sichtbaren Kehle vergleichen kann: Wie mit der sichtbaren näfäsch-Kehle schnappt er auch mit der unsichtbaren näfäsch-Seele nach Luft, durch beide bekommt er, was er zum Aufatmen braucht, beides kann vor Angst wie zugeschnürt sein, beide – Kehle wie Seele – schreien nach Freiheit.

In fast allen Religionen weiß man um den Zusammenhang von Atem und Bewusstsein und verbindet deshalb Gebet und Meditation mit Atemübungen. In einer volkstümlichen Form ist mir dieser Zusammenhang in der Kindheit begegnet, nämlich beim Blasius-Segen am 3. Februar. Dieser Segen, den ich später als kritischer Jugendlicher ablehnte, weil ich ihn missverstand als magischen Schutzzauber gegen Gräten und Grippe, dieser Segen zeigt an, wann Glauben zum Segen wird: wenn er uns aufatmen lässt, uns Kehle und Seele freier macht.

Mir ist kein Märchen bekannt, in dem die Kehle eine ähnliche Schlüsselbedeutung hat oder in dem die Atmung oder der Atem zum Thema wird. Aber mir scheint, es gibt ein verwandtes Bild für den Atemweg und die ein- und ausströmende Luft: das Singen. Und in ungezählten Märchen wird gesungen, und das ist keine fröhliche Volksmusik, sondern Zauber, der aus den Tiefen der Welt- und Menschenseele kommt. In der Tradition des Sufismus, der islamischen Mystik, gibt es das wunderschöne Bild, dass die Seele eines jeden Menschen Musik sei, eine einmalige Melodie, die durch sein Leben Laut werden will. Im karibischen Märchen vom Pfefferbaum singt ein Mädchen, das hilflos einer mörderischen Mutter ausgeliefert ist, gegen seine Verzweiflung an, bis das Lied das rettende Eingreifen des Vaters heraufbeschwört.[4] In der aus der Wolfsfrau bekannten Inuit-Erzählung von der Skelettfrau[5] singt ein anderes um sein Leben gebrachtes Mädchen sich und sein Leben wieder zusammen. Und in dem von Ella Young rekonstruierten irischen Mythenmärchen Etain[6] ist das Singen zugleich die Verbindung mit der Anderswelt, die Erinnerung an das eigene Wesen und die Erinnerung, die bleibt, wenn wir gehen müssen.

Ich möchte auch diese biblisch-märchenhafte Seelenkunde zusammenfassen und veranschaulichen in einem Sinn-Bild, der Klang-Schale. Auch ich bin Schale und Klang, Leib und Seele, begreifbare Lebensgeschichte und unbegreifliches Geheimnis, das kein Lebenslauf und kein Meldebogen fassen kann. Und dieses Seelengeheimnis wohnt in meinem Leib und Leben wie der Klang in der Schale. Dabei ist der Klang keine zufällige Funktion der Schale, sondern ihr Wesen und ihr Daseinsgrund: Im fernen Indien formte ein Mann dieses Stück Metall so lange, bis der Klang, den er im Ohr hatte, durch die Schale Laut wurde. Die Idee, die Seele der Schale ist der Klang.

Gott, sagt die Mystik, hat, als Er die Schale der Welt schuf, die vergängliche Schale meines und jedes Menschen-Lebens, uns, Seiner Schöpfung, Seinem Instrument, Seinen ewigen Klang ein-gebildet, dass Er durch uns Laut wird.

Aber wir können diesen Seelen-Klang in uns zum Schweigen bringen. Stopfen wir unsere Lebens-Schale voll mit Konsum aller Art, mit Essen oder Alkohol, mit Ohrenschmaus und Augenweide, oder mit Arbeit und Terminen, mit Wissen oder mit Sorgen, so klingt nichts mehr. Und halten wir die Schale ganz fest in der Hand, wollen wir alles in der Hand haben, so ist der Klang ganz tot. Wo wir aber leerer werden und loslassen können, da können wir entdecken, in der Schale unseres Lebens wartet ein Klang, Laut zu werden.

Dazu muss er freilich wachgerufen werden durch den Klöppel, den Anstoß, der sich an uns reibt. Für mich sind solche Klöppel und Anstoßgeber vor allem Menschen, aber auch – mit anderen überlieferten Lebens-Weisheiten – die Märchen.

5.
Ausklang

Die Seele ist ein Märchen – und die Märchen sind wahr. Es ist ein wahres Märchen, dass wir mehr sind als Erfolg und Ansehen und die Rollen, die wir übernehmen, dass wir ein Original sind und sein können und sollen, dass jedes Leben eine Premiere ist und eine einmalige Chance. Es ist ein wahres Märchen, dass in uns etwas wie ein Vogel ist, kein nachplappernder Papagei auf der Stange, kein Käfighuhn, sondern ein Zugvogel, der von der Ferne träumt oder eine Lerche, die gerade in der Dämmerung singend aufsteigt.

Kennst du das Märchen vom Du – Du bist es. Und die Märchen können uns daran erinnern, das Märchen unseres Lebens wahr werden zu lassen, das Märchen, dass wir ein Ich sind und immer wieder ein Du werden können.

Anmerkungen

1 Asbjörnsen, Per Christen/Moe, Jörgen: *Samlede eventyr.* Bd. 2. Oslo 1995[4], S.75 ff.; vgl. dazu Dickerhoff., Heinrich: *Trau deiner Sehnsucht mehr als deiner Verzweiflung.* Mainz 2004[3], S.34 ff.

2 Jacobs, Joseph: *Celtic Fairy Tales.* Bristol 1998 (Erstausgabe 1892); vgl, dazu Dickerhoff, Heinrich: *... und webte etwas, das niemals stirbt.* Krummwisch 2004, 73 ff.

3 Vgl. dazu auch Dickerhoff (wie Anm. 1), S. 85 ff.

4 Vgl. dazu auch Dickerhoff (wie Anm. 1), S. 27 ff.

5 Pirkola Estes, Clarissa: *Die Wolfsfrau.* Düsseldorf 1993; und Dickerhoff (wie Anm. 1), S. 114 ff.

6 Vgl. Young, Ella: *Keltische Mythologie.* Stuttgart 1996[4], S.79 ff.; und Dickerhoff (wie Anm. 2), S. 41 ff.

Abkürzungen und Literaturangaben

AaTh Aarne, Antti/Thompson, Stith: *The Types of the Folktale.* A Classification and Bibliography. Helsinki 3. Aufl. 1973.

ATU Uther, Hans-Jörg: *The Types of International Folktales.* A Classification and Bibliography. Based on the System of Antti Aarne and Stith Thompson. Helsinki 2004 (FFC 284).

BP Bolte, Johannes/Polívka, Georg: *Anmerkungen zu den Kinder- und Hausmärchen der Brüder Grimm.* Bd. I–V. Leipzig 1913–1932. Nachdruck Hildesheim 1963.

EM *Enzyklopädie des Märchens.* Handwörterbuch zur historischen und vergleichenden Erzählforschung. Herausgegeben von Kurt Ranke u. a. Berlin/New York 1977 ff.

FFC *Folklore Fellows Communications* (Schriftenreihe). Helsinki 1907 ff.

HDA Hoffmann-Krayer, Eduard/Stäubli Hanns: *Handwörterbuch des deutschen Aberglaubens.* Bd. 1–10. Berlin/Leipzig 1927–1942. Nachdruck Berlin 1986.

HDM *Handwörterbuch des deutschen Märchens.* Bd. 1–2. Herausgegeben von Lutz Mackensen. Berlin/Leipzig 1930–1940.

KHM Brüder Grimm: *Kinder- und Hausmärchen.* Zitiert nach der Großen Ausgabe von 1857; verschiedene Ausgaben sind genannt.

Mot. Thompson, Stith: *Motif-Index of Folk-Literature.* A Classification of Narrative Elements in Folktales, Ballads, Myths, Fables, Mediaeval Romances, Exempla, Fabliaux, Jest-Books and Local Legends. Copenhagen 1955.

MSP *Märchenspiegel.* Zeitschrift für internationale Märchenforschung und Märchenpflege. Herausgegeben von der Märchen-Stiftung Walter Kahn. Bayersoien 1990 ff.

VEMG *Veröffentlichungen der Europäischen Märchengesellschaft.* Kassel 1980 ff., 1998–2003 München (Diederichs); ab 2004 Krummwisch (Königsfurt/ Königsfurt-Urania).

Quellenverzeichnis

Märchen, an denen mein Herz hängt

Eine Unterweltsfahrt
Hitchcock, Romyn: The Ainos of Yezo, Japan.
Washington 1892, S. 485.
Nach Kunike, Hugo (Hrsg.): Märchen aus Sibirien.
Jena 1940, S. 297–299.

Die beiden Alten, die alles wussten
Karlinger, Felix (Hrsg.): Italienische Volksmärchen.
Düsseldorf 1973, S. 249–254.

Goldene Äpfel
An Nachtfeuern der Karawan-Serail. Märchen und
Geschichten alttürkischer Nomaden. (Nach)erzählt
von Elsa Sophia Kamphoevener. Hamburg 1975,
Bd. 1, S. 13.
Erzählbearbeitung: Christel Bücksteeg.

Lumpenkind
Kellner, Anna (Hrsg.): Englische Märchen.
Wien/Leipzig/Berlin/Stuttgart 1898, S. 7 ff.
Nach Digitale Bibliothek, Bd. 110: Europäische
Märchen und Sagen, S. 3764–3770.
Erzählbearbeitung: Heinrich Dickerhoff.

Zweimal Glück
[o.V.:] Ungarische Märchen, Wien o.J. [1926].

Der Arme und die Groschen
Megas, Georgios A. (Hrsg.): Griechische Volksmärchen.
Düsseldorf/Köln 1965, S. 271–272.

Elena die sehr Weise
Afanas'ev, Alexander N.: Narodny russkie skazki.
Moskau 1855–1863, Nr. 236
Nach Gobrecht, Barbara: Märchenfrauen.
Von starken und schwachen Frauen im Märchen.
Freiburg/Basel/Wien 1996, S. 62–68.

Der goldene Schlüssel
Brüder Grimm: Kinder- und Hausmärchen. Ausgabe
letzter Hand. Herausgegeben von Heinz Rölleke.
Stuttgart 1991–1995, Bd. 2, S. 429–430.

Die Kristallkugel
Grimm, Jacob und Wilhelm: Kinder- und Hausmärchen
1–2. 7. Aufl. Berlin 1857, S. 798–800
Nach Digitale Bibliothek, Bd. 80: Deutsche Märchen und
Sagen, S. 25710–25714.

Von Dukhu der Glücklichen und Sukhu der Unglücklichen
Mode, Heinz/Arun, Ray (Hrsg.): Bengalische Märchen.
Leipzig 1984, S. 381 ff.
Originaler Titel: »Die beiden Stiefschwestern«.
Erzählbearbeitung: Gertrud Hempel.

Das Haar an seinem Mantel
Arabische Geschichten von Gaunern und Schelmen.
Nacherzählt von C.G. Campbell, übersetzt von Wolfgang
von Einsiedel. Hamburg 1964, S. 38–44.

Originaler Titel: »Die Geschichte von etwas, das nicht vorhanden ist«.
Leicht gekürzt von Ingrid Jacobsen.

Die vier Brahmanen und der Löwe
Pantschatantra. Das Fabelbuch des Pandit Wischnu Scharma. Düsseldorf 1971, S. 225 ff.
Erzählbearbeitung: Jürgen Janning.

Die Befreiung der Sonne
Gazak, Viktor (Hrsg.): Das Buch aus reinem Silber. Eine Märchenreise vom Amur bis zur Wolga. Düsseldorf 1984, S. 329.
Erzählbearbeitung: Linde Knoch.

Von Piet Jan Clas, der den Tod suchte
Wolf, Johannes Wilhelm (Hrsg.): Deutsche Märchen und Sagen. Leipzig 1845, S. 47–52.

Die Königin der Kesselflicker
Macmanus, Seumas: Hibernian Nights. New York 1963, S. 99–107.
Im Deutschen veröffentlicht unter: Hetmann, Frederik: Am Torffeuer im grünen Tal. Die schönsten Märchen und Sagen aus Irland. Frankfurt am Main. 1994. S. 57–66.
Aus dem Englischen übersetzt und bearbeitet von Sabine Lutkat.

Der Kaiser und der Abt
Gottfried August Bürgers Gedichte. Herausgegeben von Arnold E. Berger. Leipzig/Wien o.J., S. 218–222.

Diebe, Dummlinge, Faulpelze & Co.

Der kluge Dieb
Tetzner, Lisa: Die schönsten Märchen der Welt für
365 und einen Tag. Zürich 1946, S. 129–130.

Götterjunge Hermes und Battus der Zeiger
Ovid: Metamorphosen 2, 683–707 und Weber, Anton
(Hrsg.): Homerische Hymnen. München 1950, S. 62 ff.
Kontamination, Übersetzung und Erzählbearbeitung:
Werner Schmidt.

Der Lachpilz
Japonskie skazki. Moskau 1958. Übersetzung aus dem
Japanischen ins Russische von Vera Markowa und
B. Bejko. Der russische Text wurde 2008 in der Göttinger
Arbeitsstelle der Enzyklopädie des Märchens ins Deutsche
übertragen. Nach dieser Rohübersetzung entstand die hier
veröffentlichte Fassung durch Renate Vogt.

Der starke Hansl
Woeller, Waltraud (Hrsg.): Deutsche Volksmärchen von
arm und reich. Berlin 1959, S. 260–264.

Die beiden Buckligen
Câmara Cascudo, Luís da: Contos Tradicionais do Brasil.
Rio de Janeiro 1946, S. 21–23.
Übersetzung und Erzählfassung: Ingrid Jacobsen.

Der halbe Mann
Erzählt von Rudolf Geiger. CD 02: 50 Jahre Europäische
Märchengesellschaft. Märchen aus aller Welt. Rheine 2006.

Die Geschichte von Catarina und ihrem Schicksal
Tetzner, Lisa: Die schönsten Märchen der Welt für 365
und einen Tag. Zürich 1949, S. 141–144.

Der rollende Rindermagen
Maurer, Konrad von: Isländische Volkssagen der
Gegenwart.Leipzig 1860, S. 317–319.
Erzählbearbeitung: Heinrich Dickerhoff.

*Die Schwanfrau als Stamm-Mutter der burjatischen
Schamanen*
Findeisen, Hans/Gehrts, Heino: Die Schamanen.
Jagdhelfer und Ratgeber, Seelenfahrer, Künder und Heiler.
München 1989, S. 170–173. Aufzeichnung von Hans
Findeisen (1927/28) nach dem Diktat eines burjatischen
Schamanen aus dem Echirit-Bulagatischen Aimak, einem
Verwaltungsbezirk um Irkutsk, der in das Land am
unteren Jennissej verbannt war.

Traumhaus und Wolkenschloss

Frau Holle
Kinder- und Hausmärchen der Brüder Grimm, Urfassung
1812, ergänzt nach der 2. Auflage 1819 und der Ausgabe
letzter Hand 1857;
Erzählbearbeitung: Heinrich Dickerhoff

Die Mammadráa
Rudolf Schenda/Doris Senn (Hg.), Märchen aus Sizilien,
München 1991;
Erzählbearbeitung: Ursula Thomas

Hans und Grete und das verwünschte Schloss
Siegfried Neumann (Hg.), Volksmärchen aus dem
historischen Vorpommern, 1984;
Erzählbearbeitung: Gertrud Hempel

Das Königsschloss unter der Alm
Romuald Pramberger (Hg.), Märchen aus der Steiermark,
Hildesheim 1975;
Erzählbearbeitung: Gertrud Hempel

Die Reise zur Sonne
Märchen aus Osteuropa, Wien 1979;
Erzählbearbeitung: Heinrich Dickerhoff

Wie König Cormac zu den Feen ging
»How Cormac MacArt went to Faery«, aus: Joseph Jacobs,
Celtic Fairy Tales, Bristol 1998 (Erstausgabe 1892);
Übersetzung und Bearbeitung: Heinrich Dickerhoff

Thomas der Reimer im Land der Elfen
Christiane Agricola (Hg.), Schottische Sagen von Elfen
und Zauber, Frankfurt 1996;
Frederik Hetmann (Hg.), Wo König Arthur schläft.
Keltische Märchen, Krummwisch 2002
Erzählbearbeitung: Heinrich Dickerhoff

Finna Forvitna
Heinz Bariske (Hg.), Isländische Märchen, München 1996;
Erzählbearbeitung: Heinrich Dickerhoff

Die geschwätzige Alte
Alexander N. Afanasjew, Russische Volksmärchen. In neuer

Übertragung von Swetlana Geier, München 1985;
Erzählbearbeitung: Linde Knoch

Der siebte Vater im Haus
Nach: P. Chr. Asbjörnsen/Jörgen Moe, Samlede Eventyr,
Bd. 1, Oslo 1995, und: Die Kormorane von Utröst,
Norwegische Märchen, Stuttgart 1965;
Erzählbearbeitung: Heinrich Dickerhoff

Reb Eisiks Suche nach dem Schatz
Chassidische Erzählung, entnommen: Elie Wiesel,
Chassidische Feier, Wien 1972;
Erzählbearbeitung: Heinrich Dickerhoff

Der Bursche, der keine Geschichte kannte
»The boy who had no story«, aus: Kevin Danaher,
Folktales from the Irish Countryside, Dublin 1998
(first published in 1967). Übersetzung: Sabine Lutkat;
Erzählbearbeitung: Sabine Lutkat/Heinrich Dickerhoff

Jimmy
Schottische Volkserzählung, aufgezeichnet bei einer
Fernsehsendung über Märchen und Geschichten der
Völker (ARTE 2001);
Erzählbearbeitung: Elisabeth Beckmann

Im Zaubergarten
Nach »La Fabula del pistello da l'agliata« (Das Fabelmärchen über den Knoblauchstößel), italienisches Novellenmärchen aus der Renaissance, aus: Italienische Märchen,
Jena 1929;
Erzählbearbeitung: Heinrich Dickerhoff

Der Spiegel, der ins Jenseits führt
Felix Karlinger/Johannes Pögl, Märchen aus Argentinien und Paraguay, Köln 1987;
Erzählbearbeitung: Heinrich Dickerhoff

Das Mädchen, das einen Toten heiratete
Bretonische Märchen, übersetzt von Wolfhart Klee, München 1948;
Erzählbearbeitung: Heinrich Dickerhoff

Die Frau, die das Land der Toten besuchte
Eskimo-Märchen, Frankfurt 1996;
Erzählbearbeitung: Heinrich Dickerhoff

Die drei kleinen Hühnchen
Linde Knoch, Praxisbuch Märchen, Gütersloh 2001

Das Glück des Tagelöhners
Mündliche Überlieferung aus Armenien;
Erzählbearbeitung: Heinrich Dickerhoff

Vom Schafbock und dem Schwein, die im Wald für sich wohnen wollten
P. Chr. Asbjörnsen/Jörgen Moe, Samlede Eventyr, Bd. 1, Oslo 1995;
Übersetzung und Erzählbearbeitung: Heinrich Dickerhoff

Typen- und Motivregister

AaTh Aarne, Antti/Thompson, Stith: The Types of the Folktale. A Classification and Bibliography. Helsinki, 3. Aufl. 1973.

ATU Uther, Hans-Jörg: The Types of International Folktales. A Classification and Bibliography. Based on the System of Antti Aarne and Stith Thompson. Helsinki 2004. Bei den AaTh/ATU-Typen sind – soweit es möglich war – die Stichwortbezeichnungen aus der Enzyklopädie des Märchens übernommen worden.

Mot. Thompson, Stith: Motif-Index of Folk-Literature. A Classification of Narrative Elements in Folktales, Ballads, Myths, Fables, Mediaeval Romances, Exempla, Fabliaux, Jest-Books and Local Legends. Copenhagen 1955.

Märchen, an denen mein Herz hängt

Eine Unterweltsfahrt
Mot. F 4: Journey to otherworld as hunt; Mot F 80: Journey to lower world

Die beiden Alten, die alles wussten
Mot. H 310: Suitor tests; Mot. H 1292: Answer found in other world to question propounded on the way; Mot. H 971: Task performed with help of old person; Mot. D 1581: Tasks performed by use of magic objects; Mot. H 982: Animals help man perform tasks

Goldene Äpfel
Motive nicht klassifiziert

Lumpenkind
AaTh/ATU 510A: Cinderella

Zweimal Glück
AaTh/ATU 735: Glück und Unglück

Der Arme und die Groschen
AaTh/ATU 754: Glückliche Armut

Elena die sehr Weise
AaTh/ATU 329: Versteckwette

Der goldene Schlüssel
AaTh/ATU 2260: The Golden Key

Die Kristallkugel
AaTh/ATU 522 III: Tierschwäger + AaTh/ATU 518: Streit um Zaubergegenstände + AaTh/ATU 302: Herz des Unholds im Ei

Von Dukhu der Glücklichen und Sukhu der Unglücklichen
AaTh/ATU 480: Mädchen: Das gute und das schlechte M.

Das Haar an seinem Mantel
AaTh/ATU 1620: Kaisers neue Kleider +
cf. AaTh/ATU 1804: Scheinbuße

Die vier Brahmanen und der Löwe
Mot. J 563: Man resuscitates a lion which devours him

Die Befreiung der Sonne
Mot. A 721.2: Sun swallowd and spit out

Von Piet Jan Clas, der den Tod suchte
AaTh/ATU 326: Fürchtenlernen

Die Königin der Kesselflicker
AaTh/ATU 900: König Drosselbart

Der Kaiser und der Abt
AaTh/ATU 922: Kaiser und Abt

Der goldene Schlüssel
AaTh/ATU 754: The Golden Key

Vom Mannl Spanneland
Cf. AaTh/ATU 430: Haus im Walde

Sonne, Mond und Talia
AaTh/ATU 410: Schlafende Schönheit

Dümmling
AaTh/ATU 402: Maus als Braut

Wer ist der Sünder?
Cf. Mot. Q 200 -399: Deeds punished

Der Schatz
AaTh/ATU 1645: Traum vom Schatz auf der Brücke

Der Streit der Glieder
AaTh/ATU 293: Magen und Glieder

Diebe, Dummlinge, Faulpelze & Co.

Der kluge Dieb
Cf. Mot. J 1141: Confession obtained by a ruse;
Mot. J 1210: Clever man puts another out of countenance

Götterjunge Hermes und Battus der Zeiger
Cf. Mot. D 231: Transformation: man to stone;
Mot. Q 551.3.4: Transformation to stone as punishment

Der Lachpilz
Cf. Mot. H 341: Suitor test: making princess laugh

Der starke Hansl
AaTh/ATU 650 A: Starker Hans + AaTh/ATU 1000,
1002: Zornwette + AaTh/ATU 1029, 1091, 1092:
Frau als unbekanntes Tier

Die beiden Buckligen
AaTh/ATU 503: Gaben des kleinen Volkes

Der halbe Mann
Mot. F 525.1: One-sided man

Die Geschichte von Catarina und ihrem Schicksal
AaTh/ATU 938 A-B: Besser in der Jugend

Der rollende Rindermagen
Cf. Mot. P 18.1: After highly mourned wife's death the
king marries another who turns out to be an evil witch;
Mot.G 205: Witch stepmother; Mot. S 31: Cruel
stepmother; Mot. M 411.1.1.: Curse by stepmother;
Mot. G 263: Witch injures, enchants or transforms;
Mot. D 683.2: Transformation by witch (sorceress);
Mot. D 721.3: Disenchantment by destroying skin
(covering)

*Die Schwanfrau als Stamm-Mutter der burjatischen
Schamanen*
AaTh 400*: The Swan Maid/ATU 400,3: Mann auf
der Suche nach der verlorenen Frau. In der Enzyklopädie
des Märchens behandelt unter: Schwanjungfrau +
Mot. A 1654:
Origin of priesthood (shamanism etc.)

Traumhaus und Wolkenschloss

Frau Holle
AaTh/ATU 480: Mädchen: Das gute und das schlechte M.

Die Mammadráa
AaTh/ATU 480: Mädchen: Das gute und das schlechte M.

Hans und Grete und das verwünschte Schloss
Cf. Mot. F771.4.3.: Abandoned castle + Mot. H1411.:
Fear test: staying in haunted house + cf. Mot. D758.1.:
Disenchantment by three nights' silence under
punishment; cf. Qualnächte

Das Königsschloss unter der Alm
Cf. AaTh/ATU 554: Dankbare (hilfreiche) Tiere +
Mot. H1242.: Youngest brother alone succeeds on quest +
Mot. B11.11.4.: Dragon fight in order to free princess

Die Reise zur Sonne
Cf. AaTh/ATU 461: Haare: Drei H. vom Bart des Teufels
+ AaTh/ATU 460A-B: Reise zu Gott (zum Glück)

Wie König Cormac zu den Feen ging
Cf. Mot. F0.: Journey to otherworld + Mot. F278.2.:
Fairies create magic concealing mist + Mot. F171.0.1.:
Enigmatic happenings in otherworld, which are later
explained + Mot. F340.: Gifts from fairies

Thomas der Reimer im Land der Elfen
Cf. Mot. F0.: Journey to otherworld + Mot. F210.:
Fairyland + Mot. F373.: Mortal abandons world to live
in fairyland + Mot. F377.: Supernatural lapse of time in
fairyland + Mot. F304.2.: Fairy queen's beauty temporarily
destroyed + Mot. D1812.1.1.: Power of prophecy from fairy

Finna Forvitna
Cf. Mot. H1199.5.: Task: disenchantment + Mot. D791.2.: Disenchantment by only one person + Mot. D758.1.: Disenchantment by three nights' silence + cf. Mot. D1741.3.: Silence under punishment breaks power of enchantment

Die geschwätzige Alte
Cf. Mot. S31.: Cruel stepmother

Der siebte Vater im Haus
AaTh/ATU 726: Alten: Die drei A.

Reb Eisiks Suche nach dem Schatz
AaTh/ATU 1645: Traum vom Schatz auf der Brücke

Der Bursche, der keine Geschichte kannte
Cf. Mot. E261.4.: Ghost pursues man

Jimmy
Cf. Mot. D10.2.: Change of sex after crossing water + Mot. F377.: Supernatural lapse of time in fairyland + Mot. F300.: Marriage or liaison with fairy

Im Zaubergarten
Cf. Mot. F234.2.2.: Fairy in hideous form + Mot. F162.1.: Garden in otherworld + Mot. D1651.: Magic object obeys master alone + Mot. C31.1.1.: Tabu: looking at supernatural wife too soon + Mot. C932.: Loss of wife for breaking tabu

Der Spiegel, der ins Jenseits führt
Cf. Mot. F81.1.2.: Journey to land of dead to visit deceased + Mot. T211.: Faithfulness to marriage in death + Mot. T510.: Miraculous conception + Mot. E474.1.: Offspring of living and dead person

Das Mädchen, das einen Toten heiratete
AaTh/ATU 471: Brücke zur anderen Welt

Die Frau, die das Land der Toten besuchte
Cf. Mot. F81.1.2.: Journey to land of dead to visit deceased + Mot. C762.2.: Tabu: too much weeping for dead + cf. Mot. E361.: Return from the dead to stop weeping

Die drei kleinen Hühnchen
AaTh/ATU 124: Wolf im Schornstein

Das Glück des Tagelöhners
–

Vom Schafbock und dem Schwein, die im Wald für sich wohnen wollten
AaTh/ATU 130A: Hausbau der Tiere

Anhang

Die Europäische Märchengesellschaft e.V.

wurde 1956 im Kloster/Schloß Bentlage bei Rheine in Westfalen gegründet als Vereinigung von Wissenschaftler/innen unterschiedlicher Fachrichtungen, von Erzähler/innen und Künstler/innen, vor allem aber von Märchenliebhabern, die sich und andere immer neu aufmerksam machen wollen für die Wahrheit, Weisheit und Schönheit der Märchen.

Darüber hinaus will die Europäische Märchengesellschaft (EMG) der Völkerverständigung dienen: denn wer sich mit Märchen beschäftigt, wird entdecken, dass sie überall in Europa, ja in der Welt, ähnlich und verwandt sind – weil auch wir Menschen bei allen Unterschieden zwischen Kulturen, Völkern und Individuen einander ähnlich und tief verwandt sind. Immer und überall bildet sich uns eine Welt ein, die ausgespannt ist zwischen Tod und Liebe; immer und überall fordert das Leben heraus, den eigenen Weg zu suchen. Und diese zu jedem Menschenleben gehörenden Erfahrungen wurden verdichtet zu Geschichten über das, was uns glücklich macht oder traurig, was uns zum Schmunzeln bringt oder zum Träumen: zu Märchen, die auf uns deuten und auf die Großen Fragen, die uns – wie im mährischen Märchen »Die Reise zur Sonne« – das Leben stellt: »Woher kommst du? Wohin gehst du? Wonach suchst du?«

Die EMG richtet Jahr für Jahr im In- und Ausland Tagungen und Internationale Kongresse aus, die märchenkundliche Themen aus unterschiedlichen Aspekten beleuchten. Sie veranstaltet zudem jährlich ca. 60 Seminare in ganz Deutschland; Seminare zur Märchenkunde, zur Märchendeutung, zur

Erzählförderung und zum kreativen Umgang mit Märchen. Weiterhin gibt die EMG eine eigene Buchreihe heraus und dokumentiert auf Kassetten namhafte Erzählerinnen und Erzähler. Schließlich unterhält sie eine Spezialbibliothek mit Primär- und Sekundärliteratur im Nordflügel von Kloster/Schloß Bentlage, wo sich auch die Geschäftsstelle befindet.

Zurzeit hat die Gesellschaft fast 2.700 Mitglieder. Und wer immer Märchen liebt, wer sie tiefer oder neu kennenlernen will, den laden wir herzlich ein, Mitglied zu werden. Er oder sie wird bereichernde Einsichten aus den Märchen schöpfen können und dabei gewiss Freude und Freunde finden.

Europäische Märchengesellschaft
Kloster/Schloss Bentlage
Bentlager Weg 130
D-48432 Rheine
Fax +49 (0) 59 71 91 84 29, www.maerchen-emg.de

Die Schweizerische Märchengesellschaft

Die Schweizerische Märchengesellschaft (SMG) wurde 1993 als Sektion der Europäischen Märchengesellschaft EMG gegründet, ist heute mit ihr assoziiert und hat wie diese die Förderung der Märchenforschung und die Pflege und Verbreitung des Märchengutes zum Ziel. Die SMG fühlt sich zur Offenheit gegenüber den verschiedenen Themen und Forschungsrichtungen verpflichtet. Wichtige Aspekte der Märchen- und Sagenforschung finden hier ein Forum. Die SMG bedient sich der verschiedensten Veranstaltungsformen wie: Seminare, Workshops, Referate, kleine Tagungen, interdisziplinäre Gespräche, um ihre Ziele zu erreichen. Ähnlich gut wie diese sind die häufig durchgeführten, regionalen wie überregionalen Erzählanlässe besucht. Mitglieder der Märchengesellschaft profitieren von ermäßigten Eintritten zu den Veranstaltungen.

Als Ziele der wissenschaftlichen SMG-Veranstaltungen gelten prinzipiell: Vertiefung der Märchenkunde, Hilfe für den Einstieg in die Forschung, das Kennenlernen verschiedener Methoden, Gattungen und Völker, die Vermittlung von Grundelementen in der literaturwissenschaftlichen, volkskundlichen, psychologischen, pädagogischen und kulturhistorischen Märchenforschung.

Die SMG-Erzählanlässe sollen vor allem stimulierend wirken, also Freude am Volksmärchen vermitteln. Gute Erzählerinnen und Erzähler können die innere Verbindung der Zuhörenden mit den Bildern und Motiven bewirken. Der eigene Stil, die Persönlichkeit des Erzählers, der Erzählerin soll – sowohl in Engagement wie in vorsichtiger Zurückhaltung – der Aussagekraft des Märchens Gestalt verleihen, das heißt sich dem Märchen zur Verfügung stellen. Besondere Bedeutung in der SMG hat das mundartliche Erzählen.

Über aktuelle Märchen-Veranstaltungen informiert dreimal jährlich das mehrsprachige Vereinsblatt der SMG, die »PARABLA«, das die Mitglieder gratis erhalten. Informationen über die Tätigkeit der SMG findet man im Internet unter www.maerchengesellschaft.ch, hier können Sie auch je ein aktuelles Märchen hören und lesen.

SMG-Geschäftsstelle: Christine Brenner-Stettler
Lindenmattweg 4
3423 Ersigen, Schweiz
Tel. 0041 (0)34/ 445 51 20
E-Mail: geschaeftsstelle@maerchengesellschaft.ch

MÄRCHENLAND
Deutsches Zentrum für Märchenkultur

Märchenland versteht sich als eine Institution für das traditionsgebundene und literarische Genre der Märchen, Sagen und Geschichten. In deren Verbreitung und Förderung in den verschiedensten kulturellen und gesellschaftlichen Aspekten liegt das Hauptaugenmerk des Zentrums.

Im Vordergrund stehen dabei: Förderung von Literaturverständnis, Lesefähigkeit und Sprachvermögen; Erziehung zu Toleranz und zur Verständigung zwischen den Kulturen; Erkennung der Bedeutung der Märchenkultur für das Leben; Förderung der kreativen Fantasieentfaltung.

Märchenland organisiert Events wie das weltgrößte Märchenfestival »Berliner Märchentage«, ist Dienstleister für verschiedene Groß- und Kleinveranstaltungen, übernimmt Programm- und Konzeptionsarbeit für den Schul- und KITAbereich und arbeitet für die Durchführung von Symposien und Kolloquien eng mit Wissenschaftlern aus vielen Fachgebieten zusammen. Mittlerweile organisiert das Zentrum jährlich mehr als 1.500 Veranstaltungen bundesweit und auch im Ausland.

Märchen, so heißt es, sind Nahrung für die Seele.

Märchenland e.V., Spreeufer 5, D–10178 Berlin,
Telefon: 030/34 70 94 78, www.maerchenland-ev.de